寅恪

陳寅恪印

陳寅恪集

柳如是別傳

（下）

生活·讀書·新知 三聯書店

圖書在版編目（CIP）數據

陳寅恪集．柳如是別傳／陳寅恪著．—3 版．—北京：生活 · 讀書 · 新知三聯書店，2015.7 （2023.5 重印）
ISBN 978－7－108－05404－3

Ⅰ．①陳… Ⅱ．①陳… Ⅲ．①陳寅恪（1890 ～ 1969）－文集 ②柳如是（1618 ～ 1664）－傳記 Ⅳ．① C52 ② K828.5

中國版本圖書館 CIP 數據核字（2015）第 131969 號

第五章　復明運動　附：錢氏家難

此章所欲論證者，較前諸章尤爲困難。蓋關於河東君之行事，自以牧齋之著作爲主要資料，但牧齋詩文於此期內，多所避忌，故往往缺略，不易稽考。牧齋外集貳伍「題爲黃子羽書詩册」（寅恪案，黃子羽名翼聖，太倉人。事蹟見有學集叁柒蓮蕊居士傳。）云：

> 余自甲申後，發誓不作詩文。間有應酧，都不削藁。戊子之秋，因繫白門，身爲俘虜。閩人林叟茂之僂行相勞苦，執手慰存，繼以涕泣。感嘆之餘，互有贈答。林叟爲收拾殘棄，楷書成册，題之曰秋槐小稿。蓋取王右丞落葉空宮之句也。

斯則牧齋詭託之辭，非其實情也。至若同時諸人之記載，以門戶恩怨之故，所言亦未可盡據以定是非。今就能見及之資料，互相參校，求一最可能之眞實，然殊不敢自信也。茲先迻錄顧云美河東君傳關於此期者於下：

> 乙酉五月之變，君勸宗伯死，宗伯謝不能。君奮身欲沈池水中，持之不得入。（寅恪案，塔影園集壹河東君傳「沈」作「投」。）其奮身池上也，長洲明經沈明掄館宗伯寓中見之，而勸宗

伯死，則宗伯以語兵科都給事中寶豐王之晉，之晉語余者也。（寅恪案，塔影園集「之晉」上有「給事」二字，似無此二字更佳。）是秋宗伯北行，君留白下，宗伯尋謝病歸。丁亥三月捕宗伯亟，君絜一囊，從刀頭劍鋩中，牧圉饘橐惟謹。事解，宗伯和蘇子瞻御史臺寄妻韻，賦詩以美之。（寅恪案，塔影園集「捕宗伯亟」作「宗伯有急徵。」「和」作「次」，「妻」作「子由」。）至云「從行赴難有賢妻」。時封夫人陳氏尚無恙也。（寅恪案，錢曾注本有學集壹秋槐詩集「和東坡西臺詩韻」六首之一及牧齋遺事本「從行」皆作「從行」。但涵芬樓本作「徒行」，塔影園集本作「徒步」。俱非。）宗伯選列朝詩，君爲勘定閨秀一集。庚寅冬絳雲樓不戒於火，延及半野堂，向之圖書玩好略盡矣。宗伯失職，眷懷故舊，山川間阻，君則知子之來之，雜佩以贈之，知子之順之，雜佩以問之。有雞鳴之風焉。（寅恪案，「閨秀」應作「香奩」。塔影園集「問之」作「報之」。誤。）久之，不自得。生一女，既昏。癸卯秋下髮入道。（寅恪案，塔影園集無「生一女，既昏。癸卯秋」等八字。）宗伯賦詩云：「一翦金刀繡佛前。裹將紅淚灑諸天。三條裁製蓮花服，數畝誅鋤穲稏田。朝日裝鉛眉正嫵，高樓點黛額猶鮮。（寅恪案，錢曾注有學集壹肆及涵芬樓本有學集壹叁東澗詩集下「病榻消寒雜詠詩」「黛」作「粉」。是。）橫陳嚼蠟君能曉，已過三冬枯木禪。鸚鵡紗窗晝語長。（寅恪案，錢曾注本及涵芬樓本有學集並塔影園集及牧齋遺事本，「紗」均作「疏」。較佳。）又教雙燕話雕梁。（寅恪案，錢曾注本有學集

「話」亦作「話」，涵芬樓本及牧齋遺事本作「語」。恐非。）雨交灃浦何曾溼，風認巫山別有香。初著染衣身體澀，乍抛稠髮頂門涼。（寅恪案，此二句各本均同，惟涵芬樓本異。餘詳前論。）縈煙飛絮三眠柳，颺盡春來未斷腸。」（寅恪案，塔影園集此句下有「時癸卯秋也」五字。）明年五月二十四日（寅恪案，塔影園集無「二十四日」等字。）宗伯薨，族子錢曾等爲君求金，（寅恪案，塔影園集「子」作「孫」。其實遵王乃牧齋之族曾孫也。牧齋遺事作「族人」亦通。「爲君求金」牧齋遺事同。塔影園集作「求金于君」。是。）于六月二十八日自經死。（寅恪案，塔影園集無「于」字。牧齋遺事「于」作「以」，可通。「八」作「七」誤。）宗伯子曰孫愛及壻趙管爲君訟冤，邑中士大夫謀爲君治喪葬。（寅恪案，近影得瀋陽市博物館所收羅振玉舊藏河東君過訪半野堂小影並云美河東君傳此句「謀」作「課」，蓋誤。）宗伯門人顧苓曰，嗚呼！今而後宗伯語王黃門之言，爲信而有徵也。宗伯諱謙益，字受之。學者偁牧齋先生。晚年自號東澗遺老。甲辰七月七日書於眞孃墓下。（寅恪案，塔影園集「趙管」作「趙某」，「黃門」作「給事」，「甲辰七月七日」作「甲申閏六月七日」。「申」自是「辰」字之誤。「七月七日」或取陳鴻長恨歌傳意，「閏六月七日」則取牧齋前七夕合歡詩意，皆可通也。「眞孃」塔影園集作「貞娘」。至顧公燮消夏閑記摘抄下「柳如是」條，有「甲辰七月七日東海徐賓爲葬於貞娘墓下」等語，見前論河東君崇禎十四年冬留蘇州養疴條，茲不贅。）

又虞陽說苑甲編牧齋遺事附載顧云美河東君傳。其文與華笑廎本及塔影園本頗有異同，且傳後附注云「顧云美河東君傳墨跡，文字與此略異。」前已述及，差異之處或是云美原稿，蓋此傳乃顧氏極意經營之作，必累加修改。故今日流傳之本未能一致，亦事理所當然。茲因參考便利，並節錄此段文字特異者於後，讀者可取相參校也。其文云：

乙酉五月之變，君勸宗伯死，奮身自沈水中，侍兒持之不得入。（中略。）是秋宗伯北行，尋謝病歸。丁亥三月捕宗伯甚急，時君病，力疾挈一囊，從刀鋌箭簇中，饘橐牧圉，晝夜不舍。事解歸，三十設帨，宗伯和坡公御史臺寄妻韻以美之，至云：「從行赴難有賢妻。」時封夫人陳氏尚無恙也。宗伯撰集列朝詩，君爲勘定閨秀一册。戊子夏宗伯復繫白門，判年始歸。庚寅冬絳雲不戒於火，延及半野堂，圖書玩好，盡爲煨燼。宗伯隱居芙蓉莊，抑鬱無聊，日懷故舊，山川間阻。君則知子之來之，雜佩以贈之。知子之順之，雜佩以問之。久之，不自得，生一女，既婚。癸卯秋下髮入道。（中略。）明年五月廿四日宗伯薨，族人錢曾等爲君求金，要挾蜂湧，以六月廿七日自經死。長子孫愛與所生女暨宗伯門下嚴熊爲君訟冤，邑之士大夫王夢鼎陳式等爲君治喪葬。靈巖儲和尚聞之曰，善哉！愧宗伯矣。（寅恪案，嚴熊事蹟見光緒修常昭合志稿貳陸嚴惇傳附父熊傳。王夢鼎事蹟見同書貳伍王夢鼒傳附兄夢鼎傳。陳式事蹟見程嗣立水南先生遺集伍陳式傳。靈巖儲和尚即理洪儲。事蹟見小腆紀傳伍

玖方外門、南嶽和尚退翁傳。）嗚呼！宗伯諱謙益，字受之，學者稱牧齋先生，亦稱虞山先生

云。吳郡顧苓撰。

云美此傳於弘光元年乙酉之前，即崇禎十七年甲申一歲間有關牧齋事，皆從闕如，固文章體例使然。但今日考河東君本末者，其主要事蹟則不應概從刪削也。玆約略論述之於下。

初學集末附「甲申元日」七律云：

又記崇禎十七年。千官萬國共朝天。偷兒假息潢池裏，倖子魂銷槃水前。天策紛紛憂帝醉（自注云：「賊入長安。」）台堦兩兩見星聯。衰殘敢負蒼生望，自理東山舊管絃。

寅恪案，初學集本迄於崇禎十六年癸未。既刻成之後，附補此詩於後者，其理由殆有三端。一因此集最後之壹捌，壹玖，及貳拾上下共四卷，爲東山詩集，遂以七八兩句結束之。前已論及。二因第肆句第陸句謂政敵周玉繩已死，代其位者，舍我其誰？謝安石東山再起，正是此時。特賦此詩，所以表見意旨所在也。三因集名東山，實取義於河東君半野堂初贈詩「東山葱嶺莫辭從」之句。顧云美塔影園集壹東澗遺老錢公別傳云：

崇禎庚辰辛巳間，延儒再召，疑忌未消，公乃寄情聲伎，稍以自汙。近陳平之婦人，開馬融之絳帳。趙德甫校讎金石，不離易安之堂，蘇子瞻不合時宜，獨出朝雲之口。

夫河東君嘗爲崇禎初年宰相周道登之妾，以讒譖被逐，幾至殺身，乃其一生憾事。牧齋爲當時之

蘇子瞻，不合時宜，未躋相位。雖世人習知，然河東君知之獨稔。況又曾自稱楊朝，字朝雲，尤與東坡妾錢塘王朝雲之故事相符合。由是言之，牧齋賦此一詩於初學集東山詩集之末，蓋所以慰塞河東君平生欲作裴柔之「興慶首行千命婦」之願望，（見才調集伍及元氏長慶集貳貳「初除浙東，妻有沮色，因以四韻曉之。」七律。）且藉以一快細君胸中恩讐之微意也。

又檢顧公燮消夏閑記選存「錢牧齋」條略云：

乙酉王師南下，錢率先投降。滿擬入掌綸扉，不意授爲禮侍。尋謝病歸，諸生郊迎，譏之曰，老大人許久未晤，到底不覺老。（原注：「覺」與「閣」同音。）錢默然。一日謂諸生曰，老夫之領，學前朝，取其寬。袖依時樣，取其便。或笑曰，可謂兩朝領袖矣。

寅恪案，牧齋在明朝不得躋相位，降清復不得爲「閣老」，雖稱「兩朝領袖」，終取笑於人，可哀也已。寬領狹袖之語，甚得其實。他記載或有誤倒領袖之寬狹者，如牧齋遺事「牧齋遊虎丘，衣一小領大袖之服。」條之類。蓋由記者距離明末清初已遠，懵於兩朝衣服形式所致耳。顧公燮所記吳音「覺」與「閣」同讀，殊有風趣。可參第肆章論「烏個頭髮，白個肉。」節。顧書所記錢柳兩事，俱保存原語，誠是有價值之史料也。

牧齋於崇禎十七年甲申元日，雖附補一詩於初學集之末，以微見其東山再起之可能性。但此後諸詩概從刪削，故幾無痕迹可尋。檢有學集柒高會堂詩集「贈雲間顧觀生秀才」（寅恪案，錢曾注本此題「間」誤作「開」，「秀」字下脫「才」字。）詩並序云：

崇禎甲申皖督貴陽公（寅恪案，錢注本此序「貴陽」均作「桂陽」。）抗疏經畫東南，請身任大江已北援剿軍務，南參贊史公專理陪京兼制上游。特命余開府江浙，控扼海道。三方鼎立，連結策應，畫疆分界，（寅恪案，錢注本「界」作「間」。）綽有成算。拜疏及國門，而三月十九之難作矣。（寅恪案，錢注本「十九」下有「日」字。）顧秀才觀生實在貴陽幕下，與謀削藁。余游雲間，許玠孚爲余言，始知之。請與相見。扁舟將發，明燈相對，撫今追昔，慨然有作。讀予詩者，當憫予孤生皓首，亦曾闌入局中，備殘棋之一着，而貴陽賓主苦心籌國，楸枰已往。局勢宛然，亦將爲之俯仰太息，無令泯沒於斯世也。丙申陽月八日漏下三鼓，書於白龍潭之舟中。

東南建置畫封疆。幕府推君借箸長。鈐索空教傳鐵鎖，泥丸誰與奠金湯。旌麾寂寞盈頭雪，書記蕭閒寸管霜。此夕明燈撫空局，朔風殘漏兩茫茫。

朱緒曾編金陵詩徵肆壹「顧在觀」條云：

在觀字觀生，華亭人。居金陵。晚號東籬子。

此條下注云：

觀生爲楊文驄所引，入馬士英幕。嘗言阮大鋮不可用。士英不從。大鋮欲起鉤黨之獄，觀生

> 復使士英子鑾泣諫，賴以稍止。南都亡，歸守二頃，復以逋賦，遂棄產遁。居金陵衡陽寺以終。

寅恪案，今取牧齋此詩並序就涵芬樓有學集本與錢遵王注本相校，注本雖有譌脫，然「貴陽」二字，三處皆作「桂陽」，必非傳寫偶誤所致。蓋「桂陽」實指馬士英。牧齋殆因「桂」「貴」古通，遂改「貴陽」作「桂陽」，以諱飾其與瑤草之關係耶？觀有學集叁柒「蓮蕊居士傳」中「乙酉之亂，桂陽相挾掖廷南奔。」及「桂陽亦嘆賞」等語，可爲旁證。遵王在當日，自知其師之微意，故仍用「桂陽」，而不改作「貴陽」。金鶴沖撰錢牧齋先生年譜，於崇禎十七年甲申條，亦作「桂陽」，固沿用遵王注本原文，但未加說明，恐尚不了解牧齋當日之苦心也。又顧云美東澗遺老錢公別傳云：

> 鳴鏑銅馬，騷動中外，江南士民爲桑土計者，欲叩閽援豫楚例，請以公備禦東南。上亦於甲申三月十一日賜環召公，而遇十九日之變。

寅恪案，錢曾有學集詩注肆絳雲餘燼集「哭稼軒留守相公詩一百十韻，用一千一百字。」五言排律「甘陵錄牒寢，元祐黨碑鐫。」一聯，牧齋自注云：

> 余與君以甲申三月初十日同日賜環，邸報遂失傳。

即云美傳語之所本。但云美作「十一日」與牧齋自注相差一日。檢國榷壹佰崇禎十七年甲申三月（十一日）己亥有：

復罪廢諸臣冠帶。

之記載。云美「賜環」之語，與此有關。寅恪初未解牧齋自注，何以與顧談不合之故。後又檢明實錄懷宗實錄壹柒載：「三月己丑朔。」明史貳肆莊烈帝本紀載：「三月庚寅朔。」亦相差一日，始知牧齋自注，乃依明實錄所根據之材料計算也。餘可參夏燮明通鑑玖拾「崇禎十七年三月庚寅」條下考異。至云美不著瑤草疏薦本末，豈欲爲其師諱，而避免呂步舒之嫌疑耶？鄙意云美宅心忠厚，固極可嘉，殊不知牧齋此次之起廢，由於瑤草之推薦，實爲牧齋一生前後打成兩橛之關鍵所在。若諱言此點，則於當日之情事，不可通解矣。檢明史叁佰捌奸臣傳馬士英傳略云：

> 馬士英貴陽人，萬曆四十四年與懷寧阮大鋮同中會試。又三年成進士授南京户部主事。（崇禎）五年擢右僉都御史，巡撫宣府。坐遣戍，流寓南京。時大鋮名掛逆案，失職久廢，以避流賊至，與士英相結甚歡。大鋮機敏猾賊，有才藻。頗招納遊俠，爲談兵說劍，覬以邊才召。無錫顧杲，吴縣楊廷樞，蕪湖沈士柱，餘姚黄宗羲，鄞縣萬泰等皆復社中名士，方聚講南京，惡大鋮甚，作留都防亂揭逐之。大鋮懼，乃閉門謝客，獨與士英深相結。周延儒内召，大鋮輦金錢，要之維揚，求湔濯。延儒曰，吾此行謬爲東林所推，子名在逆案，可乎？大鋮沈吟久之。曰，瑤草何如？瑤草士英別字也。延儒許之。十五年六月鳳陽總督高斗光以失五城逮治。禮部侍郎王錫衮薦士英才，延儒從中主之，遂起兵部右侍郎兼右僉都御史，總

督盧鳳等處軍務。

據此瑤草之起廢，由於圓海，而牧齋之起廢又由於瑤草。瑤草既難不與圓海發生關係，牧齋自更不能不直接與瑤草，間接與圓海斷絕聯繫。世情人事，如鐵鎖連環，密相銜接，惟有恬淡勇敢之人，始能衝破解脫，未可以是希望於熱中怯懦之牧齋也。苟明乎此，則牧齋既已是袁紹弦上之箭，豈能不作黃祖腹中之語乎？於是遂有云美「東澗遺老錢公別傳」所謂「前此異同，藩棘一旦破除，非得已也。」之語。噫！

小腆紀年附考捌順治元年甲申十月條(可參國榷壹佰貳崇禎十七年八月丙子貢生朱統鐼誣奏姜曰廣，夏完淳續幸存錄「南都大略」中「錢謙益請用楊維垣」條及南沙三餘氏南明野史上「錢謙益心豔揆席」條等。)

丁巳(初三日)明錢謙益疏頌馬士英功，雪逆案冤。謙益以定策異議自危，遂諂附馬阮以自解。士英欲起用蔡奕琛楊維垣，恐物論不容，以謙益人望也，屬薦之。謙益乃阿士英指，疏列四事，曰嚴內治，定廟算，振紀綱，惜人才。其請定廟算也，有云：「先臣孫承宗言，以文統武，極是弊端。臣觀三十年來，文臣出鎮專征，鮮不覆敗。其綽有成算，克奏膚功者，承宗之後，馬士英一人耳。先帝以楚事付左良玉，而舊疆恢復，以閩事付鄭芝龍，而嶺海無虞，此專任武將之明效也。」其請惜人才也，「一曰資幹濟。今天下非才乏也，分門户，競愛憎，修恩怨，即其胸中了然，如喑者之不能言，魘者之不能寐，有物以限之也。今人才當摧殘剝落之秋，以眞心愛惜，以公心搜訪，庶可共濟時艱。臣所知者，有英穎特達如蔡奕琛，馮元颺及某某者，謀國任事，急病攘夷之選也。有老成典型如唐世濟，范鳳翼，鄒之麟及某某者，端委廟堂，疏穢鎭浮之選也。有公望著聞者，詞臣余煌，道臣陳洪謐之流也。有淪落可惜者，科臣陶宗道，楊兆升及某某之流也。二曰雪冤滯。欽定逆案諸臣，未免軒輊有心，上下在手。陛下既以贊導無據，拔阮大鋮而用之矣。若虞廷陛、楊維垣，虞大復，吳孔嘉，周昌晉，乞下部詳察錄用，許其自新，亦涣羣破黨之一端也。」又云：「蔡奕琛曾以復社抗疏攻臣，臣心知其誤，固已釋然置之矣。天下多事，將伯助予。中流遇風，吳越相濟。果有嫌隙，固當先國家之急而後私仇，況臣本無仇於奕琛乎？臣親見門户諸臣，植黨營私，斷送社稷，斷送君父，何忍復師其故智。且他日獨不思見先帝於九原乎？逆案之賈繼春，阮大鋮者，皆慷慨魁壘男子也。」疏數千言，煩猥不盡錄。大旨在頌馬士英功，雪逆案諸臣冤，而奕琛見中有「魁壘男子」語，則不喜，颺言於朝曰：「我自宜錄用，何藉某之薦牘誚我？」聞者笑之。

臣鼒曰，特書何？罪謙益之無恥也。謙益謬附東林，以爲名高，既以患得患失之心，爲倒行逆施之舉，勢利薰心，廉恥道喪，蓋自漢唐以來，文人之晚節莫蓋，無如謙益之甚者。純廟斥毁其書，謂不足齒於人類。蓋以爲有文無行者戒哉！

國榷壹佰叁崇禎十七年十月戊午（初四日）記「南京協理詹事府禮部尚書錢謙益上言」條云：

謙益覲相位，日逢馬阮意游宴，聞者鄙之。

同書壹佰肆弘光元年正月辛丑條云：

南京吏部左侍郎蔡奕琛兼東閣大學士，直文淵閣。枚卜時，錢謙益阮大鋮李沾等，各有奥援，而奕琛以誠意侯劉孔昭薦得之。大鋮築堡江上，聞之馳還，怒馬士英，無及。

寅恪案，彝舟所引牧齋上疏原文較孺木爲詳，因全錄之。至其痛詆牧齋之言，固是事實。但亦因清高宗欲毁滅牧齋文字，不使流傳，徐氏著書時禁網已稍疏，然以特錄錢氏原疏之故，仍不得不作自解之語，庶免違旨之嫌也。細繹牧齋此疏，措辭巧妙，内容固極可鄙。若就文章論，則殊令人欣賞不置。吾人今日讀史，應注意其所言馬士英左良玉鄭芝龍一節，蓋此三人乃當時之實力派。牧齋自崇禎晚年至清順治末歲，約二十餘年，前後欲依賴利用此三人以作政治活動，雖終無所成，然亦可藉是窺見明清間政治軍事關鍵之所在矣。孺木謂「謙益覲相位，日逢馬阮意游宴。」此數語最能道出牧齋及河東君心事。但河東君僅得爲汧國夫人之李娃而終不得作河東郡君之裴淑，其故雖如東澗遺老別傳所言「東林以國本爲終始，而公與東林爲終始。」然尚未窮溯其淵源，遂亦未盡通其本末也。史惇慟餘雜記「東林緣起」條云：

東林之局，始於神廟寵鄭貴妃，有母愛子抱之意，而一二賢者，杯蛇弓影，形諸章奏，乃神廟不加嚴譴，望風者遂疑眞有其事而競起，欲因以爲名高，且欲結知東宮，以爲厚利。

寅恪案，少時讀史見所述東林本末頗多，大抵與顧史兩氏之言無甚差異。故僅擇錄一二條，聊見梗概而已，不遑亦不必廣徵也。近歲偶檢明史，始悟昔人所論，只從光宗與福王競爭皇位，即所謂「國本」開始，殊不足説明後來南都政局之演變，似有更上一層樓之必要，兹節錄明史最有關之材料於下。

明史壹壹肆后妃傳孝定李太后傳略云：

孝定李太后神宗生母也。漷縣人。侍穆宗於裕邸。隆慶元年三月封貴妃。〔神宗〕即位，上尊號曰慈聖皇太后。舊制天子立，尊皇后爲皇太后。若有生母稱太后者，則加徽號以別之。是時太監馮保欲媚貴妃，因以並尊風大學士張居正下廷臣議。尊皇后〔陳氏〕曰仁聖皇太后，（寅恪案，陳氏乃穆宗爲裕王時之繼妃，隆慶元年册爲皇后。實神宗之嫡母也。）貴妃曰慈聖皇太后，始無別矣。仁聖居慈慶宮，慈聖居慈寧宮。居正請太后視帝起居，乃徙居乾清宮。太后教帝頗嚴。帝事太后惟謹，而諸内臣奉太后旨者，往往挾持太過。帝嘗在西城曲宴，被酒，令内侍歌新聲，辭不能，取劍擊之。左右勸解，乃戲割其髮。翼日太后聞，傳語居正具疏切諫，令爲帝草罪己御札，又召帝長跪數其過。帝涕泣請改乃已。〔萬曆〕六年帝大婚，太后將返慈寧宫，敕居正曰，吾不能視皇帝朝夕，先生親受先帝付託，其朝夕納誨，終先帝憑几之誼。四十二年二月崩。后性嚴明，萬曆初政，委任張居正，綜覈名實，幾於富強，后之力居多。光宗之未册立也，給事中姜應麟等疏請，被謫。太后聞之，弗善。一日帝入侍，太后問故。帝曰，彼都人子也。太后大怒曰，爾亦都人子。帝惶恐伏地不敢起。蓋内廷呼宫人曰都人，太后亦由宫人進，故云。光宗由是得立。羣臣請福王之藩，行有日矣，鄭貴妃欲遲之明年，以祝太后誕爲解。太后曰，吾潞王亦可來上壽乎？貴妃乃不敢留福王。

同書同卷孝靖王太后傳云：

孝靖王太后光宗生母也。初爲慈寧宫宫人。年長矣，帝過慈寧，私幸之，有身。故事宫中承寵，必有賞賚，文書房内侍記年月及所賜以爲驗。時帝諱之，故左右無言者。一日侍慈聖宴，語及之，帝不應。慈聖命取内起居注示帝，且好語曰，吾老矣，猶未有孫，果男者，宗社福也。母以子貴，寧分差等耶？〔萬曆〕十年四月封恭妃。八月光宗生，是爲皇長子。既而鄭貴妃生皇三子，進封皇貴妃，而恭妃不進封。二十九年册立皇長子爲皇太子，仍不封如故。三十四年元孫生，加慈聖徽號，始進封皇貴妃。四十年病革，光宗請旨得往省，宫門猶閉，抉鑰而入。妃目眚，手光宗衣而泣曰，兒長大如此，我死何恨？遂薨。

同書壹貳拾諸王傳潞簡王翊鏐傳略云：

潞簡王翊鏐穆宗第四子。隆慶二年生，生四歲而封。萬曆十七年之藩衛輝。初翊鏐以帝母弟居京邸，王店王莊徧畿内。比之藩，悉以還官，遂以内臣司之。皇店皇莊自此益侈。翊鏐居藩，多請贍田食鹽，無不應者。其後福藩遂緣爲故事。景王〔載圳〕就藩時，賜予槩裁省，楚地曠，多閒田。詔悉予之。景藩除，潞得景故籍田，多至四萬頃，部臣無以難。至福王常洵之國，版籍更定，民力益絀，尺寸皆奪之民間，海内騷然。論者推原事始，頗以翊鏐爲口實云。翊鏐好文。四十二年薨。四十六年常淓嗣。後賊躪中州，常淓流寓於杭，順治二年六月降於我大清。

同書同卷福恭王常洵傳略云：

福恭王常洵神宗第三子。初，王皇后無子，王妃生長子，是爲光宗。常洵次之，母鄭貴妃最幸，帝久不立太子，中外疑貴妃謀立己子，交章言其事，竄謫相踵，而言者不止，帝深厭苦之。〔萬曆〕二十九年始立光宗爲太子，而封常洵福王。至四十二年始令就藩。〔崇禎〕十六年秋七月由崧襲封。明年三月京師失守，由崧與潞王常淓，俱避賊至淮安。四月鳳陽總督馬士英等迎由崧入南京。庚寅稱監國。壬寅自立於南京，僞號弘光。由崧性闇弱，湛於酒色聲伎，委任士英及士英黨阮大鋮。二人日以鬻官爵，報私憾爲事。未幾有王之明者，詐稱莊烈帝太子，下之獄。又有婦童氏，自稱由崧妃，亦下獄。於是中外譁然。明年三月寧南侯左良玉舉兵武昌，以救太子，誅士英爲名，順流東下。阮大鋮黄得功等帥師禦之，而我大清兵以是年五月己丑渡江。辛卯夜由崧走太平，蓋趨得功軍也。癸巳由崧至蕪湖。丙申大兵至南京城北。文武官出降。丙午執由崧至南京。九月甲寅以歸京師。

寅恪案，光宗生母王太后，乃其祖母，即神宗生母李太后之宫人。李太后亦是宫人出身。光宗生母與福王常洵生母，雖俱非正嫡，但常洵之生母，其出身遠勝於光宗之生母。光宗所以得立爲太子，純由其祖母李太后之壓力使然。李太后享年頗長，故光宗遂能維持其太子之地位，而不爲福王所替代。潞王翊鏐亦李太后所生，與光宗血親最近。由是言之，東林者，李太后之黨也。嗣潞王常淓之親祖母即李太后。此東林所以必需擁戴之以與福王由崧相抵抗。斯歷史背景，恩怨系統，必致之情事也。至若常淓之爲人，或優於由崧。然生於深宫之中，長於婦人之手，其賢不肖，外人甚難察知。就昔時繼承權論，自當以親疏爲標準。由崧之血統，與熹宗思宗共出於神宗。常淓之血統與熹宗思宗共出於穆宗。故兩者相較，常淓之皇帝繼承權，較由崧疏遠一級。據是言之，馬阮之擁立由崧，實爲合法。東林諸賢往往有認王之明爲眞太子慈烺者，殆亦知常淓之繼承權不及由崧之合法歟？至認童氏爲眞福王繼妃者，蓋欲藉此轉證弘光爲假福王，似亦同一用心也。（參舊題婁東梅村野史鹿樵紀聞上「兩太子」條及「兩疑案」條所載：「野史氏曰，余聞大悲初稱崇禎帝，又稱齊王，繼復稱神宗子，因宫闈有隙，寄育民間，長而爲僧。其言詭誕不足信，然知其決非妖僧也。童氏之爲繼妃，爲司寢，爲淮上私奔，亦未可定。然知其決非周王婦，與福王全無瓜葛也。餘姚黃宗羲，桐城錢秉鐙，皆以福王爲李伴讀，非朱氏子也，而童氏乃眞妃。故當時譏刺詩有：「隆準幾曾生大耳，可哀猶自唱無愁。白門半載迷朱李，青史千年紀馬牛。」說者又謂東林復社之事，深憾馬阮，故造此謗，似矣。然觀童氏之哭求一見，而不可得，後之人猶不能無疑焉。」）昔年嘗見王船山之書，痛詆曹子建，以爲陳思王之詩文，皆其門客所代作，殊不解何以發此怪論。後來細思之，朱明一代，宗藩固多賢者，其著述亦甚豐富，儻詳悉檢察稽考，其中當有非宗藩本人自撰，而倩門客書傭代爲者。薑齋指桑罵槐，殆由於此耶？然則常涝果優於由崧與否，猶待證實。東林愛憎之口，未必盡可信據。有學集捌長干塔光集「一年」七律云：

一年天子小朝廷。遺恨虛傳覆典刑。豈有庭花歌後閣，也無杯酒勸長星。吹唇沸地狐羣力，剺面呼風蜮鬼靈。（寅恪案，「蜮」錢曾注本作「羯」，是。）奸佞不隨京雒盡，尚流餘毒螫丹青。

牧齋此詩所言，固是偏袒弘光之辭，但亦應取與東林黨人之記載，以由崧爲天下之惡皆歸焉者，參互比較，求一平允之論也。華笑廎雜筆壹「黃梨洲先生批錢詩殘本」條，「一年詩」批云：

金陵一年，久將滅沒，存此作詩史可也。

然則，梨洲以牧齋此律爲詩史，則其意亦不盡以弘光爲非，可以窺見矣。又關於阮大鋮王鐸二人，就鄙見所及，略述數語。圓海人品，史有定評，不待多論。往歲讀詠懷堂集，頗喜之，以爲可與嚴惟中之鈐山，王修微之樾館兩集，同是有明一代詩什之佼佼者，至所著諸劇本中，燕子箋春燈謎二曲，尤推佳作。(寅恪案，張岱石匱書後集肆捌阮大鋮傳，引羅萬象奏言：「大鋮實未知兵，恐燕子箋春燈謎未見枕上之陰符而袖中之黃石也。」亦足證當日阮氏兩劇本盛行，故萬象據以爲言。又夏燮明通鑑附編壹附記壹下大清世祖章皇帝順治元年十二月辛巳條云：「阮大鋮以烏絲闌寫己所作燕子箋雜劇進之。歲將暮，兵報迭至。王一日在宮，愀然不樂。中官韓贊周請其故。王曰，梨園殊少佳者。贊周泣曰，奴以陛下或思皇考先帝，乃作此想耶？時宮中楹句有：萬事不如杯在手，一年幾見月當頭？旁注：東閣大學士王鐸奉敕書云。」亦可旁證圓海之戲劇，覺斯之書法俱爲當時之絕藝也。)其痛陳錯認之意，情辭可憫。此固文人文過飾非之伎倆，但東林少年似亦持之太急，杜絕其悔改自新之路，竟以「防亂」爲言，遂釀成讐怨報復之舉動，國事大局，益不可收拾矣。夫天啓亂政，應以朱由校魏忠賢爲魁首，集之不過趨勢羣小中之一人。揆以分別主附，輕重定罪之律，阮氏之罪，當從末減。黃梨洲乃明清之際博雅通儒之巨擘，然囿於傳統之教訓，不敢作怨懟司馬氏之王偉元，而斤斤計較，集矢於圓海，斯殆時代限人之一例歟？(寅恪檢明季稗史本夏完淳續幸存錄「南都雜志」中「阮圓海之意」條云：「圓海原有小人之才，且阿璫亦無實指，持論太苛，釀成奇禍，不可謂非君子之過。阮之阿璫，原爲枉案。十七年田野，斤斤以十七年合算一疏，爲楊左之通王安，呈秀之通忠賢，同爲通內。遂犯君子之忌。若目以阿瑺，烏能免其反擊乎？」存古之論，頗爲公允。至「十七年合算一疏」之「十」字應删去，蓋寫刻者涉上文「十七年田野」之語而衍也。）後來永曆延平傾覆亡逝，太冲撰「明夷待訪錄」，自命爲殷箕子，雖不同於嵇延祖，但以清聖祖比周武王，豈不愧對「關中大儒」之李二曲耶？惜哉！

王覺斯者，明末清初之大藝術家。牧齋爲王氏作墓誌銘盛稱其書法，而有關政治諸事，多從省略，不僅爲之諱，亦以王氏之所長，實在於此故也。（見有學集叁拾「故宫保大學士孟津王公墓誌銘」。）當崇禎十七年三月北京岌岌不可終日之時，錢王二人同時起用，思宗之意似欲使之治國治軍以振危亡之局，誠可歎可笑也。清史稿肆世祖本紀云：

（順治二年五月）丙申多鐸師至南京，故明福王朱由崧及大學士馬士英遁走太平。忻城伯趙之龍，大學士王鐸，禮部尚書錢謙益等三十一人以城迎降。

夫此文官班首王錢二人，俱是當時藝術文學大家。太平之世，固爲潤色鴻業之高才，但危亡之時，則舍迎降敵師外，恐别無見長之處。崇禎十七年三月二人之起用，可謂任非其材。弘光元年五月二人之迎降，則得其所矣。兹有一事可注意者，即二人在明季俱負盛名，覺斯果位躋宰輔，牧齋終未列揆席，蓋亦有特殊理由。國榷壹佰壹崇禎十七年五月條云：

癸巳南京詹事兼翰林院侍讀學士姜曰廣，前禮部尚書兼翰林院學士王鐸並爲禮部尚書兼東閣大學士，直文淵閣。時同推前禮部右侍郎陳子壯，少詹事黄道周，右庶子徐汧，而監國故與鐸有舊。

同書同卷崇禎十七年十月乙卯朔條云：

王庸王無黨世授南京錦衣衛指揮僉事。俱大學士王鐸子。以舟渡慈鑾也。

據此覺斯之得爲宰相，由於與由崧有舊。牧齋之不得爲宰相，由於與東林即主立潞王常淓者有關。大悲之獄，牧齋亦被牽連（見鹿樵紀聞上福王條下，國榷壹佰叁崇禎十七年甲申十二月丙寅條，小腆紀年附考捌順治元年甲申十二月己巳「明下狂僧大悲於鎮撫司」條及同書玖順治二年乙酉二月癸未「明僧大悲伏誅」條並夏完淳續幸存錄「南都大略」中「妖僧大悲」條等。）故知李太后光宗之黨與鄭貴妃福王之黨，其分野恩怨始終不變。牧齋之未躋宰輔乃佛教「中陰身錯投母胎」，如西遊記小說之猪八戒，即是其例。聾騃道人（見金氏錢牧齋先生年譜首。）往往以老歸空門自許，儻亦通解此妙諦耶？

第叁章引玉臺畫史載黃媛介畫扇題有「甲申夏日寫於東山閣」之語，因論皆令作畫之際似在崇禎十七年首夏，河東君將偕牧齋自常熟往南京翊戴弘光之時。兹更據國榷壹佰壹崇禎十七年四月條略云：

甲申（廿七日）史可法迎（福王）於邵伯鎮。

丙戌（廿九日）福王至燕子磯。

丁亥（卅日）福王次龍江關。

五月條略云：

庚寅（初三日）福王監國。

壬寅（十五日）監國福王即皇帝位於武英殿。

六月條云：

壬戌（初六日）錢謙益爲南京禮部尚書，兼翰林院侍讀學士、協理詹事府。

同書卷首之三部院上南京禮部尚書欄載：

甲申崑山顧錫疇□□□□進士，五月任，署吏部。

弘光實錄鈔壹崇禎十七年甲申條略云：

（五月）乙卯召陳子壯爲禮部尚書。

（六月）辛酉起錢謙益協理詹事府事，禮部尚書。

（六月）丙子禮部尚書顧錫疇上言，刻期進取。

同書貳崇禎十七年甲申條云：

（九月）甲辰起黃道周爲禮部尚書，兼侍讀學士，協理詹事府事。

同書叁弘光元年乙酉條云：

〔二月〕己巳禮部尚書顧錫疇致仕，以錢謙益代之。

明史貳伍伍黃道周傳略云：

福王監國，用道周吏部左侍郎。道周不欲出，馬士英諷之曰，人望在公，公不起，欲從史可法擁立潞王耶？乃不得已趨朝。拜禮部尚書，協理詹事府事，而朝政日非，大臣相繼去國，識者知其將亡矣。明年三月遣祭告禹陵。甫竣事，南都亡。

綜合推計之，則錢柳二人同由常熟赴南京之時間，當在甲申七月廿五日福王催其速赴南京任以後。（見下引臥子「薦舉人才疏」批語。）其所以赴任之理由，或與黃道周被迫之情勢相同，亦未可知。考當時原任禮部尚書爲顧錫疇，顧氏署吏部，至弘光元年乙酉二月致仕，牧齋乃補其原任實缺。所以不以石齋補顧氏原缺者，因漳浦求去之志已堅，藉故出都，馬阮輩知之甚審，遂不以黃而以錢代顧。至牧齋是否在此以前，獨往南京，然後還家坐待新命，尚俟詳檢。據明季稗史初編壹肆夏允彝幸存錄云：「錢謙益雖家居，往來江上，亦意在潞藩。」然則牧齋似曾至金陵，謀立潞王也。餘見下所論。關於錢柳同往南京事，舊籍有涉及此時之記載，茲擇引數條，略辨之於下。

鹿樵紀聞上（參趙祖銘國朝文獻邁古錄貳拾。）略云：

先是錢謙益入都，其妾柳如是戎服控馬，插裝雉尾，作昭君出塞狀。服妖也。

明季稗史初編壹陸夏完淳續幸存錄「南都雜志」條（參南明野史上「起錢謙益陳子壯，轉黃道周，各禮部尚書」條等。）云：

錢謙益家妓爲妻者柳隱，冠插雉羽，戎服騎入國門，如明妃出塞狀。（寅恪案，昭君出塞之裝束，可參一九五七年戲劇報第拾期封面尚小雲漢明妃圖。）

牧齋遺事云：

弘光僭立，牧翁應召，柳夫人從之。道出丹陽，同車攜手，或令柳策蹇驢，而己隨其後。私語柳曰：「此一幅昭君出塞圖也。」邑中遂傳錢令柳扮昭君妝，炫煌道路。吁！衆口固可畏也。

然則，錢柳自常熟至南京，道出丹陽時，得意忘形，偶一作此遊戲，亦有可能，遂致衆口譌傳，仇人怨家，藉爲詆誚之資。遺事之言，最爲近情。其他如吳夏諸書所記，殊不足信也。噫！當揚州危急之時，牧齋自請督師，河東君應可隨行。然弘光不許牧齋作韓世忠，（見錢曾有學集詩注捌長干墖光集「雞人」七律「刺閨痛惜飛章罷」句下自注云：「余力請援揚，上深然之。已而抗疏請自出督兵，蒙溫旨慰留而罷。」）故河東君雖願作梁紅玉而不能。迨南都傾覆之後，牧齋隨例北遷，河東君亦可偕行，但終留江南。故河東君雖可作漢明妃而不願。其未能作梁紅玉，誠是遺憾。但不願爲王昭君，殊堪欽服也。又檢林時對荷牐叢談叁「鼎甲不足貴」條云：

吳偉業辛未會元榜眼，薄有才名，詩詞佳甚。然與人言，如夢語囈語，多不可了。余久知其謎心。鼎革後，投入土撫國寶幕，執贄爲門生，受其題薦，復入詞林。未有子，多攜姬妾以往。滿人詗知，以拜謁爲名，直造内室，恣意宣淫，受辱不堪，告假而歸。又以錢糧奏銷一案，褫職，慚憤而死。所謂身名交敗，非耶？

寅恪案，林氏之語過偏，未可盡信，然藉此亦得窺見當建州入關之初，北京漢族士大夫受其凌辱之情況。河東君之獨留南中，固由於心懷復楚報韓之志業，但其人聰明絕世，似亦懸知鬴翁所述梅村困窘之狀歟？

自崇禎十七年五月十五日至次年，即弘光元年五月十五日，此「一年天子小朝廷」之歲月，實河東君一生最榮顯之時間也。牧齋投筆集上後秋興之三「八月初十日小舟夜渡，惜別而作」八首之二「幾曾銀浦（「浦」似應作「漢」。）共仙槎」句，蓋惜河東君得意之時間甚短也。關於此時間涉及河東君者亦有數事，茲略述之於下。

計六奇明季北略貳肆五朝大事總論中，門戶大略「韓錢王鄒才既相伯仲」條（參南明野史上「起錢謙益陳子壯轉黃道周各禮部尚書」條等。）云：

錢（謙益）聲色自娛，末路失節，既投阮大鋮而以其妾柳氏出爲奉酒。阮贈以珠冠一頂，價值千金。錢令柳姬謝阮，且命移席近阮。其醜狀令人欲嘔。嗟乎！相鼠有體，錢胡獨不之聞？

寅恪案，前引談孺木之言謂「謙益覬相位，日逢馬阮意遊宴，聞者鄙之。」牧齋與馬阮遊宴，自是當然之事。頗疑錢阮二人遊宴尤密，蓋兩人皆是當日文學天才，氣類相近故也。牧齋既與圓海遊宴，河東君自多參預，此亦情勢所必至。圓海乃當日編曲名手，世所推服。鹿樵紀聞上「馬阮始末」條云：

諸公故聞其有春燈謎燕子箋諸劇本，問能自度曲否？即起執板，頓足而唱，諸公多北人，不省吳音，則改唱弋陽腔，諸公於是點頭稱善曰，阮君眞才子。

據此集之不僅能製曲，且能度曲。河東君之能度曲，自不待言，前多論及，不必復贅。觀戊寅草中諸詞，頗有似曲者，如「西河柳」之類，即是例證。然則牧齋招宴圓海筵上，柳阮二人，必極彈絲吹竹之樂。但歌唱音樂牧齋乃門外漢，白香山新樂府杏爲梁篇云：「心是主人身是客」一語，眞可作南都禮部尙書官署中招宴阮氏之綺席寫照矣。圓海珠冠之贈，實爲表達賞音知己之意，於情於禮，殊應如此，然牧齋此際，則不免有向隅之歎也。

夫牧齋雖不善編劇度曲。然最擅長詩什。其與圓海遊宴所賦篇章應亦不少。河東君想亦間有酬和阮氏之作。前引牧齋「題爲黃子羽書詩册」云：「余自甲申後，發誓不作詩文。間有應酬，都不削藁。」所謂「文」者，即甲申十月丁巳日所上「嚴內治，定廟算，振紀綱，惜人才。」四事疏之類。所謂「詩」者，即與圓海等所賦篇章之類。「間有應酬」一語，其「應酬」，固是事實，而「間有」則恐不確耳。牧齋之刪棄此時作品，雖可掩飾其醜行，但河東君之詩篇流傳於天壤間者，轉因是更減少一部分，殊可惜也。

在此時間內錢柳二人除與馬阮遊玩外，尚有招宴當日名士，即河東君舊交一事，最堪注意。第叁章論河東君與李待問之關係節，已引王澐虞山柳枝詞第陸首及自注並其他有關李氏事蹟諸條。讀者可取參閱，茲不重述。但存我在明南都時爲中書舍人。前所引史料，雖已言及之，至其何時始離去南都，則未能確知。檢張岱石匱書後集叁肆江南死義列傳李待問傳云：

李待問南直華亭人。崇禎癸未進士。甲申北變，以歸里不及難。弘光登極，待問之南都，授中書舍人。南都繼陷，逃至松江。

是存我之離南都，乃在弘光元年五月十五日前後也。王勝時所述牧齋招宴存我，河東君遣婢送還玉篆一事，究在何時，尚待考證。又檢宋尚木含眞堂集陸有：「元宵同陳實庵太史集錢宗伯齋，張燈陳樂，觀魚龍之戲。」云：

疎鐘箭漏思冥冥。盡醉芳筵日暮情。葭谷漸回春乍暖，金吾不禁月偏明。星橋匝樹連銀漢，鵝管吹笙跨玉京。莫道上林誇角觝，大官俱得戲長鯨。

寅恪案，陳實庵太史者，陳忠裕公全集壹柒湘眞閣集「詶陳實菴翰林」七律附考證據紹興府志疑實菴即陳美發。今檢乾隆修紹興府志叁壹選舉志貳進士欄明崇禎元年戊辰科劉若宰榜云：

陳美發。左贊善，上虞人。

考證所言，當即出此。又檢光緒修上虞縣志玖陳堌傳云：

> 子美發，字木生。幼奇穎，善屬文。天啓丁卯（七年）舉人，戊辰（崇禎元年）進士，授翰林院庶吉士。辛未（四年）陞檢討，分校禮闈，稱得士，晉東宮日講官。丁外艱，特恩賜祭，服闋赴都，轉翰林諭德。時會推閣臣，廷議以非祖制，事寢。奉敕封藩。歸里，卒，年三十九。
>
> （康熙志）美發與族父達生，族弟元暎，時稱陳氏三鳳。

但美發是否號實菴，未見明文，且傳文所記甚簡略，或有所忌諱，尚須詳考。若果是實菴者，則與尚木爲天啓丁卯科舉人同年也。（參光緒修華亭縣志壹貳選舉上舉人表。）或疑尚木詩題所謂「陳實菴太史」，乃陳于鼎。其名號「鼎」與「實」有相關之意。其官職與太史又相符合，且陳臥子兵垣奏議上「薦舉人才疏」有「庶吉士陳于鼎，英姿壯志。」之語。故此說殊有可能。由是觀之，臥子詩題下莊師洛之考證，未必確切。于鼎事蹟見小腆紀傳陸叁本傳。其人即下引林時對荷牐叢談叁所謂「小王八」者，是也。尚木詩題中僅言弘光元年元夕與實庵同集牧齋齋中，然此夕既是張燈陳樂，觀魚龍之戲，如是盛會，所招之客，絕不止陳宋二人。讓木不過舉實庵以概其餘。或者實庵亦有同賦此題之詩，遂語及之耳。讓木此時與存我同爲中書舍人（見下論。）又同爲松江籍，更俱是河東君舊友。揆以物以類聚之義，牧齋此夕頗有招宴存我之可能。問郎玉篆之送還，恐即在此夕。蓋預宴者既甚多，依當日禮俗之限制，河東君若以女主人身分，親出陪客，且持此紀念品面交問郎，在河東君方面，雖可不介意，在牧齋方面，則難免有所顧忌，故遣雙鬟代送耶？俟考。

第叁章論河東君居松江時最密切之友人爲宋轅文，李存我，陳臥子。當錢柳南都得意之際，轅文在何許，尙無確證。據陳忠裕公全集貳陸「三子詩選序」略云：

三子者何？李子雯宋子徵輿及不佞子龍也。今天子起淮甸，都金陵，東南底定。予入備侍從，請急還里。宋子閒居，則梓三人之詩爲一集，大率皆庚辰以後之作也。

並雲間三子新詩合稿陸轅文「野哭」題下自注云：「五月初一日始聞三月十九事，越數日，始得南都新詔，臣民哭臨，服除而作。」及同書捌「聞吳大將軍率關寧兵以東西二虜大破李賊志喜二律」等，（參國榷壹佰壹崇禎十七年甲申四月丁丑「吳三桂大破賊於關內」條。）可略見轅文此時蹤跡，而其詳則不得而知。（今峭帆樓叢書重校刻雲間三子新詩合稿王培孫植善序，誤以宋徵璧所撰陳子龍平露堂集序中「乙丙之際」爲順治二年乙酉，三年丙戌。其實宋序之「乙丙」乃指崇禎八年乙亥，九年丙子也。特附正之於此。）但河東君早與轅文絕交，假使此時在南都，亦必與錢柳不相往來無疑也。存我此際供職南都，河東君既已送還問郎玉篆，則昔日一段因緣，亦於此了結。至於臥子則爲河東君始終眷戀不忘之人，前述崇禎十七年甲申夏日黃媛介畫扇，河東君題有臥子滿庭芳詞即是其證。故寅恪戲作一絕，中有「一念十年拋未得」之語，實能道出河東君之心事也。今所欲論者，即臥子在南都之時間，是否亦曾與李存我宋讓木陳實庵輩同被牧齋招宴等問題。茲擇錄臥子自撰年譜，兵垣奏議，焚餘草及讓木含眞堂集並參以國榷等，綜合考釋之於下。

陳忠裕全集年譜中崇禎十七年甲申條略云：

弘光帝監國南都，予補原官（兵科給事中），隨奉命巡視京營。予以國家傾覆之後，義不敢中前請（辭兵科給事中）。而又決江左事尚可爲，決計赴召。

予遂以六月望後入都，而是時貴陽（指馬士英。）入輔，祥符（指史可法。）出鎭，國事稍變矣。貴陽一至，即薦懷寧（指阮大鋮。）當大用，衆情大譁，攻者四起。

貴陽先君同籍也。遇予亦厚。其人儻蕩不羈，久歷封疆，於門户之學，非素所深研也。當困厄時，與懷寧爲狎邪之交，相歡如父子，浸潤其言，且曰，苟富貴，無相忘。及貴陽柄用，而懷寧挾其權智以御之，且責前盟。見攻之者多，則曰，彼黨人者，不殺我兩人不止。又造作蜚語以爲主上之立，非諸君子意，故力攻擁戴定策之人，以孤人主之勢。蓋懷寧挾貴陽以爲援，而貴陽挾主上以自解。予因正告貴陽曰，懷寧之奸，海内莫不聞，而公之功亦天下所共推也。公於人無豪髮之隙，奈何代人犯天下之怒乎？且公之冒不韙而保任者，以生平之言不可負也。公以素交而薦之，衆以公義而持之，使公既信友又不害法，則衆之益公者大矣。而公何怒爲？今國家有累卵之危，束手坐視，而爭此一人，異日責有所歸矣。貴陽曰，逆案本不可翻也。止以懷寧一人才不可廢耳。予曰，公既不能負懷寧，而獨用之，則懷寧又何辭以拒同科之數百人而獨登膴仕乎？一小人用，衆小人進。必然之勢。一踰短垣，雖公亦無如之何矣。且公爲宰輔，苟能眞心以求天下之才，何患無人？如懷寧者，何足數哉！予私念時事必不可爲，而祖父俱在淺土，甚懼。請急歸營窀穸之事，蒙恩允放。予在言路，不過五十日，章無慮三十餘上，多觸時之言。時人見嫉如仇。及予歸，而政益異。木瓜盈路，小人成羣，海內無智愚，皆知顛覆不遠矣。

同書同卷弘光元年乙酉條云：

時羣小愈張，諸君子多被彈射。予爲此輩深忌，而未有以中。私念大母年益高多病，再出必重禍以爲親憂，陳情侍養，得遂宿志焉。

陳臥子先生兵垣奏議上「薦舉人才疏」略云：

已補者如錢謙益黃道周徐汧吳偉業楊廷麟等，皆一時人望，宜速令赴闕。庶吉士陳于鼎英姿壯志見累門閥。既以不阿鄉衮，浮沈至今，困衡之士，荏苒足惜。當量才錄用也。（寅恪案，林時對荷鍤叢談叄「東林依草附木之徒」條云：「江南有老亡八小亡八之謠，老謂謙益孌柳影，小則陳于鼎溺韻珠云。」藕庵之書語多偏激，未可盡信，但所記江南之謠，或是實錄。噫！臥子爲人中之龍，此時薦舉二龜，豈神州陸沈之先兆乎？由今思之，可嘆亦可笑也。）

此文後附批語略云：

崇禎十七年七月二十五日奉旨：人才宜乘時徵用，説得是。錢謙益等速催來京到任。

同書下「請假葬親疏」批語云：

崇禎十七年八月十一日奉旨：陳子龍准給假三個月，即來供職，不得遲延。該部知道。

國榷壹佰貳崇禎十七年八月癸酉(十八日)「南京兵科給事中陳子龍言中興之主莫不身先士卒。」條云：

子龍尋省葬。

同書壹佰肆弘光元年二月丙寅(十三日)條云：

許兵科給事中陳子龍終養。

同書壹佰貳崇禎十七年六月壬戌(初六日)條云：

錢謙益爲南京禮部尚書兼翰林院侍讀學士。

寅恪案，臥子以崇禎十七年甲申六月望後至南都，八月十八日准假還里葬親。其在南都之時間不過五十日。牧齋是否在崇禎十七年七月廿五日以前曾一度獨至南都預謀立君之事，今難確考。但牧齋於是年六月初六日已補授禮部尚書，至七月廿五日尚未至都就職。姍姍來遲，頗覺可怪。據國榷壹佰貳崇禎十七年八月廿一日丙子「宗貢生朱統鑍又誣奏姜曰廣陳必謙等」條略云：

丙子宗貢生朱統鑍又誣奏姜曰廣及陳必謙等。初陳必謙北轉，邑人錢謙益求復官未遂。今入京首詆之，結歡馬士英，同諸勳貴，專言定策，意逐高弘圖姜曰廣代之，而謙益先入金陵，亦謀迎潞王，又心昧之矣。

夏彝仲幸存錄云：

錢謙益雖家居，往來江上，亦意在潞藩。（此條上已引。）

談遷棗林雜俎仁集逸典類「異議」條云：

錢謙益侍郎觸暑步至膠東（指高弘圖）第中，汗渴解衣，連沃豆湯三四甌。問所立，膠東曰，福藩。色不懌，即告別。膠東留之曰，天子毋容抗也。錢悟，仍坐定。遽令僕市烏帽，謂：我雖削籍，嘗經赦矣。候駕江關，諸臣指異之。監國初，復官。八月入朝，陰附貴陽，（指馬士英）日同朱撫寧（國弼），劉誠意（孔昭），趙忻城（之龍），張冢宰捷，阮司馬大鋮，聯疏訐異議者。膠東解相印，欲卜居虞山，謙益恐忤貴陽，却之，且不祖送。

可爲牧齋在福王即位以前已先入南京之一旁證。然則牧齋先至南京預謀擁立潞王之後，始還常熟，坐待機會耶？茲姑不深究其遲滯不前之故，惟有一事可以決言者，即河東君之至南都，當與牧齋同行赴任。計其抵都之日，至早亦必在七月下旬之末，距臥子准假還家之時，僅十餘日。陳錢交誼素篤，觀臥子自撰年譜崇禎十年丁丑條略云：

會吳中奸民張漢儒訐奏錢牧齋瞿稼軒以媚政府。有旨逮治。予與錢瞿素稱知己。錢瞿至西郊，朝士未有與通者，予欲往見，僕夫曰，較事者耳目多，請微服往。予曰，親者無失其爲親，無傷也。冠蓋策馬而去，周旋竟日乃還。其後獄急，予頗爲奔奏。（寅恪案，蓼齋集肆貳有「上牧齋年伯於獄中」五古一首，然則不獨臥子即舒章亦與牧齋交誼甚篤也。）

及陳忠裕全集壹壹湘眞閣稾「東皐草堂歌」序云：

東皐草堂者，給諫瞿稼軒先生別墅也。丙子冬奸民奉權貴意，訐錢少宗伯及先生下獄。賴上明聖，越數月而事得大白。我友吳駿公太史作東皐草堂歌以記之。時予方廬居，駿公以前歌見寄，因爲屬和。辭雖不工，而悲喜之情均矣。

然則錢陳兩人之舊日關係，既如臥子所自述，牧齋之赴南都就禮部尚書任，復經臥子之催促，故錢陳此次兩人同在金陵，雖爲時甚短，揆以常情，必無不相見之理。儻臥子造訪牧齋，或牧齋招宴臥子，不知河東君是否採取如對待李存我之方式，以對待臥子，抑或如元微之鶯鶯傳所載，鶯鶯適人後，張生求與相見，終不爲出，賦詩謝絕。今日俱無從得悉。若河東君採取雙文對待張生之方式，以對待臥子者，則雙文詩「棄置今何道，當時且自親。還將舊時意，憐取眼前人。」之「眼前人」，即臥子崇禎十四年辛巳所納之沈氏。但不知此宜男之良家女，（見臥子年譜後附王澐撰三世苦節傳。）能及崇禎六年癸酉秋間白龍潭舟中，八年乙亥春間生生庵南樓中舊時「眼前人」百分之幾耶？噫！吾人今日追思崔張楊陳悲歡離合之往事，益信社會制度與個人情感之衝突，誠如盧梭王國維之所言者矣。寅恪曾寄答朱少濱叟師轍絶句五首，不僅爲楊玉環李三郎陳端生范菼道，兼可爲河東君陳臥子道。茲附錄之於下，以博讀者一笑。

甲午春朱叟自杭州寄示觀新排長生殿傳奇詩，因亦賦答絶句五首。近戲撰「論再生緣」一文，故詩語牽連及之也。

洪死楊生共一辰。美人才士各傷神。白頭聽曲東華史，（叟自號「東華舊史」。）唱到興亡便掩巾。

淪落多時忽值錢。霓裳新譜聖湖邊。文章聲價關天意，搔首呼天欲問天。（用再生緣語。）

艷魄詩魂若可招。曲江波接浙江潮。玉環已遠端生近，暝寫南詞破寂寥。

一抹紅牆隔死生。百年悲恨總難平。我今負得盲翁鼓，説盡人間未了情。

豐干饒舌笑從君。不似遵朱頌聖文。願比麻姑長指爪，儻能搔著杜司勳。

又檢陳忠裕全集壹柒七律補遺「乙酉上元滿城無燈」云：

江皋夜色徧烽屯。鼓吹聲銷萬户春。幕府但聞嚴戍火，冶城不動踏歌塵。九枝瓊樹沈珠箔，半榻香風散錦茵。獨有淒涼霜塞月，偏乘畫角照杯頻。

寅恪案，前論宋尚木弘光乙酉元夕集牧齋齋中「張燈陳樂觀魚龍之戲」詩，謂此夕盛會或有李待問在座之可能。尚木存我臥子三人同爲河東君雲間舊友，而陳李與河東君之交誼，時間尤爲長久，儻讀者取尙木臥子兩人同時異地所賦之詩以相對照，則是夕南宗伯署中（參前引有學集貳拾贈黃皆令序。）與松江城內普照寺西之宅內（見王澐雲間第宅志「陳工部所聞給諫子龍宅」條。）一熱一冷之情景大有脂硯齋主（寅恪案，脂硯齋之別號疑用徐孝穆玉臺新詠序「然脂暝寫」之典，不知當世紅學專家以爲然否？）評紅樓夢「壽怡紅羣芳開夜宴」回中，「芳官嚷熱」一節之感慨。（見脂硯齋重評石頭記庚辰四閱評過本陸叁回。）唯脂硯齋主則人同時異，而潁川明逸（見王澐續臥子年譜順治二年乙酉八月條後附案語。）則時同人異，微有區別而已。至續幸存錄於阮大鋮有恕辭，論者或據以爲幾社與復社不同之點在此。今觀臥子自撰年譜「崇禎十七年甲申」條，涉及馬士英之語，則知幾社領袖如陳氏者，其對阮氏之態度，實無異復社。或說之未當，不待詳辨矣。

抑更有可論者，宋徵璧含眞堂集陸「予以病請假，戲摘幽蘭緘寄大樽。」云：

采采緘題寄所思。水晶簾幙弄芳姿。朱絃乍奏幽蘭曲，郢客長吟白雪詞。君子名香心自賞，美人皋佩意何遲。巖阿寂寂堪招隱，不信東風有別離。

寅恪案，此詩之作成當在弘光元年二月丙寅即十三日，准臥子終養後不久之時間。蓋尙木得知此訊，故賦詩寄臥子。觀七八兩句及蘭花開放季節可以證明。其緘封蘭花，與崇禎六年癸酉寒日兩人同在北京待會試時，臥子臥病因緘封臘梅花一朵以表慰問之意者，正復相似。（見陳忠裕公全集陳李唱和集「寒日臥邸中讓木忽緘臘梅花一朵相示」五古及本文第叁章所論。）不過前時爲臥子臥病旅邸，此時則爲尚木以病請假，略爲不同。宋氏往往緘封花朵，寄慰友人，何其喜作此兒女子之戲，豈當日習俗如是耶？俟考。以常情論，臥子必有答宋氏之篇什。今檢陳氏詩集未發見有類是之作。唯陳忠裕公集貳拾詩餘中有念奴嬌「春雪詠蘭」一闋，雖未能確定其何時所賦，但必是與尚木寄詩時相距不久之作，故疑是因宋氏之詩有所感會而成。此闋甚佳，因迻錄之於下。其詞云：

問天何意，到春深，千里龍山飛雪。解珮凌波人不見，漫説蕋珠宮闕。楚殿烟微，湘潭月冷，料得都攀折。嫣然幽谷，只愁又聽啼鴂。當日九畹光風，數莖清露，纖手分花葉。曾在多情懷袖裏，一縷同心千結。玉腕香銷，雲鬟霧掩，空贈金跳脱。洛濱江上，尋芳再望佳節。

又含眞堂集陸有「東大樽」七律云：

時同侍從武英，陳曰，所謂君隨丞相後，吾住日華東。予答曰，不若婉孌崑山陰。

何期束髮便相親，百尺樓邊美卜隣。十載浮沈隨木石，一時憔悴識君臣。東風苦雨愁啼鴂，南浦扁舟問采蓴。知有崑陰堪婉孌，可容觴詠倦遊人。

寅恪案，此詩作成當在弘光元年春暮或即詶答臥子念奴嬌「春雪詠蘭」詞亦未可知。蓋兩人詩詞中其語意可以互相證發也。檢陳忠裕全集貳陸宋尚木詩稿序云：

予與尚木同里閈稱無間，相倡酬者，幾二十年。自予治獄東土，而尚木往來舊都，蓋四五祀不數見也。今上定鼎金陵，而兩人皆以侍從朝夕立殿上，退則各入省治事。諸公相過從報問，忽忽日在桑榆間矣。予既廢筆墨，而尚木亦未見所謂吟詠者。及予請急東歸，明年尚木以奉使過里門，則出新詩數卷見示。

及嘉慶修松江府志伍陸宋徵璧傳云：

宋徵璧字尚木，華亭人，懋澄子。初在幾社中名存楠。崇禎十六年進士，授中書，充翰林院經筵展書官，奉差督催蘇松四府柴薪銀兩，未復命，以國變歸里。

頗疑尚木將往蘇松四府督催柴薪銀兩時，先以此詩柬大樽，故第陸句有「南浦扁舟問采蓴」之語。「南浦」指松江而言。第捌句「可容觴詠倦遊人」之「倦遊」，出史記壹壹柒司馬相如傳「長卿故倦遊」。裴駰集解引郭璞曰「厭游宦也。」漢書伍柒司馬相如傳王先謙補注曰：「倦遊謂游宦病免而歸耳。言其曾爲官也。」葵園即襲用景純之解，而不著其名。尚木以長卿自比，謂將因奉使歸里也。宋氏賦詩之時，當在弘光元年暮春。其至松江，以所作詩稿示臥子，屬爲之序，未及復命，而南都傾覆矣。尚木此詩所言，可與臥子所作「宋尚木詩稿序」所述兩人同在南都供職時事相印證。故尚木詩題序所言，即崇禎十七年甲申六月望後至八月十一日間陳宋兩人之情況，讀者不可誤會，以爲尚木賦此詩時之事也。尚木詩題序中引臥子之語，出杜工部集拾「奉答岑參補闕見贈」五律第壹聯。蓋是時尙木任中書舍人，臥子任兵科給事中，正與杜岑當日情事符合。詳見諸家杜詩注，不須贅述。尙木答語出文選貳肆陸士衡「贈從兄車騎」五古，其詩云：

孤獸思故藪，離鳥悲舊林。翩翩遊宦子，辛苦誰爲心。髣髴谷水陽，婉孌崑山陰。營魄懷茲土，精爽若飛沈。寤寐靡安豫，願言思所欽。感彼歸塗艱，使我怨慕深。安得忘歸草，言樹背與衿。斯言豈虛作，思鳥有悲音。

尙木詩語意全從士衡此篇得來，故不避鈔胥之嫌，特迻錄之，並以見幾社名士之熟精選理及玩習盛唐詩什之一斑也。

當南都錢柳得意之際，河東君男性舊友如李存我宋尙木二人確有相與往來之事蹟，陳臥子是否亦有一見之機緣，尙待研考。其他男性故交，更不易詳知矣。至女性朋輩，則據前引牧齋「贈黃皆令序」中「南宗伯署中閑園數畝，老梅盤拏，柰子花如雪屋。烽烟旁午，訣別倉皇。」等語，知皆令自弘光元年正月至五月，必在南都留宿禮部尙書署中，爲河東君之女伴兼作牧齋之清客。或者錢柳崇禎十七年甲申秋季，就南宗伯任時，皆令即已隨行。若不然者，皆令倣傚程孟陽至常熟伴牧齋度歲之成例，亦至南都伴河東君度歲。今以缺乏資料，無從詳考。但有可注意之一事，即皆令留居錢柳家中，河東君璧還問郎玉篆之際，能否從青瑣中窺見是夕筵上存我及牧齋並諸座客之面部表情如何耳。一笑！

明南都傾覆，牧齋迎降清兵，隨例北遷。關於錢氏此時之記載頗多，有可信者，有不可信者。但其事既絕不涉及河東君，非本文主旨所在，若一一詳加考辨，則不免喧賓奪主。故皆從省略。上引顧苓河東君傳云：

乙酉五月之變，君勸宗伯死，宗伯謝不能。君奮身欲沈池水中，持之不得入。其奮身池上也，長洲明經沈明掄館宗伯寓中見之，而勸宗伯死，則宗伯以語兵科都給事中寶豐王之晉，之晉語余者也。是秋宗伯北行，君留白下。宗伯尋謝病歸。

同治修蘇州府志捌捌沈明掄傳云：

沈明掄字伯敘。精春秋，得安成聞喜之傳，與同里徐汧李模鄭敷教友善，從遊甚衆。崇禎癸酉以恩貢中順天副榜。乙酉亂後，授徒自給。三十餘年卒。

重刻雍正修河南通志伍貳選舉貳明天啓五年乙丑科余煌榜載：

王之晉，寶豐人，給事中。

寅恪案，云美特記南都傾覆時河東君欲自沈，並勸宗伯死一事，備列人證，所以明其非阿私虛構，有類司馬溫公撰涑水紀聞之體，故吾人今日可以信其爲實錄也。復次，顧公燮消夏閑記選存「柳如是」條云：

宗伯暮年不得意，恨曰，要死，要死。君叱曰，公不死於乙酉，而死於今日，不已晚乎？柳君亦女中丈夫也哉！

虞陽說苑本牧齋遺事云：

乙酉五月之變，柳夫人勸牧翁曰，是宜取義全大節，以副盛名。牧齋有難色。柳奮身欲沈池中，（原注：瞿本有「牧翁」二字。一本「牧翁」下有「抱」字。）持之不得入。是時長洲沈明掄館於尚書家，親見其事，歸說如此。後牧齋偕柳遊拂水山莊，見石澗流泉，澄潔可愛，牧齋欲濯足其中，而不勝前卻，柳笑（原注：一本有「而戲語」三字。）曰，此溝渠水，豈秦淮河耶？牧翁有恧容。

寅恪案，消夏閑記及牧齋遺事所記，與河東君及牧齋之性格，一詼諧勇敢，一遲疑怯懦，頗相符合。且秦淮河復在南都，雖略異顧氏所述，頗亦可信。至若蘼蕪紀聞引掃軌閑談云：

乙酉王師東下，南都旋亡。柳如是勸宗伯死，宗伯佯應之。於是載酒尚湖，徧語親知，謂將效屈子沈淵之高節。及日暮，旁皇凝睇西山風景，探手水中曰，冷極奈何！遂不死。

則尚湖西山皆在常熟，當南都傾覆時，錢柳二人皆在白下，時間地域，實相衝突。此妄人耳食之談，不待詳辨。

關於牧齋北行，河東君獨留白下，此時間發生之事故，殊有可言者，茲擇錄資料略論之於下。

牧齋投筆集遵王箋注上後秋興之三「八月初十日小舟夜渡惜別而作」八首之五云：

水擊風摶山外山。前期語盡一杯間。五更噩夢飛金鏡，千疊愁心鎖玉關。人以蒼蠅汙白璧，天將市虎試朱顏。衣朱曳綺留都女，（寅恪案，有學集拾紅豆二集「衣朱」作「衣珠」非是。蓋傳寫者誤以此詩第陸句有「朱」字，故改作「珠」。不知昔人作今體詩不嫌重字。觀錢柳諸作，即可證知也。）羞殺當年翟茀班。

寅恪案，牧齋此首乃總述其南都傾覆隨例北遷，河東君獨留白下時所發生之變故，並爲之洗滌，且加以溫慰也。遵王注牧齋此題第壹首第捌句「樂府偏能賦藁碪」引吳兢樂府古題要解下云：

藁碪今何在，藁碪砆也。問夫何處也。山上復有山，重山爲出字，言夫不在也。何當大刀頭，刀頭有環，問夫何時還也。破鏡飛上天，言月半當還也。

其實牧齋喜用此典，不限於第壹首，即此首第壹句「山外山」，第叁句「飛金鏡」皆同一出處也。第貳句「前期」遵王注云：「謝玄暉別范安成詩，生平少年日，分手易前期。」檢謝朓集中無此詩，此詩乃沈約之作，（見漢魏百三名家集沈隱侯集及丁福保全梁詩沈約詩。）遵王偶誤記，以沈爲謝耳。休文此詩全部語意與牧齋此句有關，遵王僅引兩句，未能盡牧齋之所欲言。如牧齋之「語盡一杯」即休文之「勿言一樽」，非引沈氏全詩，則不得其解。茲迻錄之於下，以見注詩之難也。沈約「別范安成」詩云：

生平少年日，分手易前期。及爾同衰暮，非復別離時。勿言一樽酒，明日難重持。夢中不識路，何以慰相思。

牧齋詩第叁句，即古樂府「破鏡飛上天」之典並寓樂昌公主破鏡待重圓之意。遵王注引李白答高山人詩「太微廓金鏡，端拱清遐裔」爲釋。「金鏡」用字雖同，所指則非也。第肆句合用東坡集壹柒「書王定國所藏煙江疊嶂圖王晉卿畫」七古「江上愁心千疊山，浮空積翠如雲煙。」句及全唐詩第叁函李白伍子夜吳歌中「秋歌」云：

長安一片月，萬户擣衣聲。秋風吹不盡，總是玉關情。何日平胡虜，良人罷遠征。

蓋當錢柳分別，正值秋季，（見顧苓河東君傳「是秋宗伯北行」之語。又有學集壹秋槐集第壹題「詠同心蘭四絶句」其四云：「花發秋心賽合歡。秋蘭心好勝春蘭。花前倒掛紅鸚鵡，恰比西方共命看。」此題乃牧齋乙酉秋間北行時別河東君於南京時之作，可爲旁證也。）「玉關」即李之「玉關情」，且與李之「平胡虜」有關。遵王注太泛，非好學深思心知其意者也。第貳聯言河東君本無「昵好於南中」之事，即離騷「衆女嫉余之蛾眉兮，謠諑謂余以善淫。」並王逸注及洪興祖補注之意。河東君精通楚辭文選，又曾在周道登家爲念西羣妾所譖，幾至殺身。今觀牧齋詩句，寬廣溫慰之情，深切如此，其受感動應非常人之比，抑更可知也。第柒句「留都女」指河東君。第捌句「翟茀班」指王覺斯輩之眷屬。謂當日諸降臣之妻皆隨夫北行，河東君獨不肯偕牧齋至燕都。即此一端，足以愧殺諸命婦矣。

至於孫愛告殺河東君有關之鄭某或陳某事如徐樹丕識小錄肆「再記錢事」條云：

> 柳姬者與鄭生姦，其子殺之。錢與子書云：「柳非鄭不活，殺鄭是殺柳也。父非柳不活，殺柳是殺父也。汝此舉是殺父耳。」云云。眞正犬豕猶然視息于天地間。再被□□，再以賄免，其家亦幾破矣。己丑春自白門歸，遂攜柳復歸拂水焉，且許以畜面首少年爲樂，蓋「柳非鄭不活」一語，已明許之矣。

王澐輞川詩鈔肆虞山柳枝詞十四首之十三云：

> 芙蓉莊上柳如緜。秋水盈盈隱畫船。夜靜禿鶖啼露冷。文鴛常逐野鷗眠。

荷牐叢談叁「東林中依草附木之徒」條云：

> 當謙益往北，柳氏與人通姦，子憤之，鳴官究懲。及歸，怒罵其子，不容相見。謂國破君亡，士大夫尚不能全節，乃以不能守身責一女子耶？此言可謂平而恕矣。

牧齋遺事柳姬小傳(此傳上文於第叁章論河東君嘉定之遊節已引。)云：

> 間有遠騁，以娛其志，旋殪諸狴犴不惜也。至北兵南下，民於金陵歸款，姬踥蹀其間，聆觱篥之雄風，沐貔貅之壯烈。其於意氣，多所發抒云。不再閏而民以緣事北行，姬昵好於南中，子孝廉公恧甚，謀瘞諸獄。民歸而姬不自諱，喪以喪夫之禮。民爲之服浣牏濡沫，重以厥子爲弗克負荷矣。民雖里居，平日顧金錢，招權利，大爲姬歡。微吟響答，不啻咽三台之

瑞露，咀九畹之靈芝，公諸殺青，以揚厲其事，而姬亦輿益豪，情益蕩，揮霍飆忽，泉湧雲流。面首之樂，獲所願焉。

李清三垣筆記中云：

若錢宗伯謙益所納妓柳隱，則一狎邪耳。聞謙益從上降北，隱留南都，與一私夫亂。謙益子鳴其私夫於官，杖殺之。謙益怒，屏其子不見。語人曰，當此之時，士大夫尚不能堅節義，況一婦人乎？聞者莫不掩口而笑。

虞陽說苑乙編虞山趙某撰厝亭雜記（參牧齋遺事附趙水部雜記四則之四。）云：

錢受之謙益生一孫。生之夕，夢赤脚尼解空至其家。解空乃謙益妻陳氏平日所供養者。孫生八歲，甚聰慧。忽感時疫，云有許多無頭無足人在此。又歷歷言人姓名。又云，不是我所作之孽。謙益云，皆我之事也。於中一件爲伊父孫愛南京所殺柳氏姦夫陳姓者，餘事秘不得聞。其孫七日死。果報之不誣如是。

寅恪案，前論河東君嘉定之遊節，引柳姬小傳謂河東君輕鄙錢氏宗族姻戚。故告殺鄭某或陳某，雖用孫愛之名義，然主持其事者當是陳夫人黨遵王之流。至若孫愛，性本怯懦，又爲瞿稼軒孫婿，其平日與河東君感情不惡，後來河東君與其女遺囑有：「我死之後，汝事兄嫂如事父母。」之語可證。牧齋痛罵孫愛，亦明知其子不過爲傀儡，罵傀儡，即所以罵陳夫人黨也。牧齋罵孫愛之原書，今不可見。依活埋庵道人所引，則深合希臘之邏輯。蒙叟精於內典，必通佛教因明之學，但於此不立聖言量，尤堪欽服。依明州野史繭翁所述，則一掃南宋以來貞節僅限於婦女一方面之謬說。自劉宋山陰公主後，無此合情合理之論。林氏乃極詆牧齋之人，然獨許蒙叟此言爲平恕，亦可見錢氏之論，實犂然有當於人心也。

關於牧齋順治三年丙戌自燕京南還，有無名子虎邱石上題詩，涉及陳臥子及河東君一事。茲先迻錄原詩並莊師洛考證，復略取其他資料參校，存此一重公案，留待後賢抉擇。譾陋如寅恪，固未敢多所妄言也。

陳忠裕全集壹柒七律補遺「題虎邱石上」(談遷棗林雜俎和集叢贅「嘲錢牧齋」條云：「或題虎邱生公石上寄贈大宗伯錢牧齋盛京榮歸之作。」共載詩兩首。前一首見下，後一首云：「錢公出處好胸襟。山斗才名天下聞。國破從新朝北闕，官高依舊老東林。」寅恪案，此首或非七絕，而是七律之上半，其下半爲傳者所遺忘耶？俟考。)云：

入洛紛紛興太濃。(談書「興太」作「意正」。董含蓴鄉贅筆壹「詩諷」條及鈕琇觚賸壹吳觚上「虎邱題詩」條，「紛紛」俱作「紛紜」。)蓴鱸此日又相逢。(諸本皆同。)黑頭早已羞江總，(鈕書同。「早已」談書作「已自」，董書作「已是」。)青史何曾用蔡邕。(談書董書俱同。鈕書「用」作「借」。)昔去幸寬沈白馬，(談書董書俱同。鈕書「幸」作「尚」。)今歸應愧賣盧龍。(「歸」董書同，談書鈕書俱作「來」。陳集「愧」下注云：「一作悔。」談書董書鈕書俱作「悔」。）最憐攀折章臺柳，（董書同。鈕書「最」作「可」，「攀」作「折」，「折」作「盡」。談書「章臺」作「庭邊」。）憔悴西風問阿儂。（「憔悴西」談書作「撩亂春」，董書作「撩亂秋」，鈕書作「日暮東」。「問」談書董書俱同，鈕書作「怨」。）

陳集此詩後附考證云：

（董含）蓴鄉贅筆（壹詩諷條），海虞錢蒙叟爲一代文人，然其大節或多可議，本朝罷官歸，有無名氏題詩虎邱以誚之云云。錢見之，不懌者數日。（寅恪案，董含三岡識略壹「詩諷」條內容全同，其實二者乃一書而異名耳。）

又附案語云：

此詩徐雲將（世禎）鈕玉樵（琇）俱云是黃門作，但細玩詩意，語涉輕薄，絕不類黃門手筆。姑存之，以俟博雅審定。

寅恪案，此詩融會古典今典，辭語工切，意旨深長，殊非通常文士所能爲。茲先證釋其辭語，然後考辨其作者。但辭語之關於古典者，僅標其出處，不復詳引原文。關於今典者，則略徵舊籍涉及詩中所指者，以證實之。此詩既綰紐柳錢陳三人之離合，而此三人，乃本文之中心人物。故依前論釋臥子滿庭芳詞之例，校勘諸本文字異同，附注句下，以便抉擇。若讀者譏爲過於煩瑣，亦不敢逃罪也。虎丘詩第壹句，其古典出文選貳陸，陸士衡赴洛詩二首及赴洛道中作二首並晉書伍肆陸機傳及玖貳張翰傳等。今典則明南都傾覆，弘光朝士如王覺斯錢牧齋之流，皆隨例北遷。「興太濃」三字，指他人或可，加之牧齋，恐未必切當。觀牧齋後來留燕京甚短，即託病南歸，可以推知也。

虎丘詩第貳句，其古典亦出晉書張翰傳，世所習知。今典則清史列傳柒玖，貳臣傳錢謙益傳云：

> 順治二年五月豫親王多鐸定江南，謙益迎降，尋至京候用。三年正月命以禮部侍郎管秘書院事，充修明史副總裁。六月以疾乞假，得旨，馳驛回籍，令巡撫視其疾痊具奏。（可參民國二十六年五月廿九日中央時事周報第陸卷第貳拾期黃秋岳濬花隨人聖盦摭憶論太后下嫁條。寅恪案，清初入關，只認崇禎爲正統，而以福王爲偏藩，故漢人官銜皆以崇禎時爲標準。黃氏所引證雖多，似未達此點。）

及東華錄貳云：

> 順治三年六月甲辰秘書院學士錢謙益乞回籍養病，許之，仍賜馳驛。

牧齋此次南歸，清廷頗加優禮，既令巡撫視其疾痊具奏，則還家時必經蘇州見當日之巡撫。此時江寧巡撫爲土國寶。牧齋留滯吳門，或偶遊虎丘，亦極可能。檢牧齋外集壹載「贈土開府誕日」七律三首，詩頗不佳，或是門客代作。其第壹首第陸句「愛日催開雪後梅」。第貳首第柒句「爲報懸弧春正永」，可知國寶生日在春初。第叁首第壹句「兩年節鉞惠吾吳」。據淸史稿貳佰柒疆臣年表伍各省巡撫江寧欄云：

順治二年乙酉。土國寶七月乙卯巡撫江寧。

三年丙戌。土國寶。

四年丁亥。土國寶二月丁酉降。三月己未周伯達巡撫江寧。劉今尹署。

五年戊子。周伯達閏四月甲寅卒。五月壬午土國寶巡撫江寧。

六年己丑。土國寶。

七年庚寅。土國寶。

八年辛卯。土國寶十月丙辰罷，十二月丁巳自縊。丁卯周國佐巡撫江寧。

乾隆修江南通志貳佰伍職官志文職門云：

張文衡。通省按察使司。開平衞人。廩生。順治四年任。

土國寶。通省按察使司。大同人。順治四年任。

夏一鶚。通省按察使司。正藍旗人。生員。順治五年任。

牧齋詩既作於春初，其「兩年」之語，若從順治二年算起，則有兩可能。一爲自二年七月至三年春初。二爲自二年七月至四年春初。前者之時期，應是牧齋尚留北京寄贈此詩。後者之時期，即牧齋乞病還家不久所作。或牧齋過蘇時贈詩預祝生日，亦有可能。觀此詩題，既曰「贈」，又曰「誕日」，豈此詩具有贄見及上壽之兩用歟？無論如何，牧齋此際必與土氏相往來，可以推知也。

虎丘詩第叁句，其古典出杜工部集拾「晚行口號」詩「遠媿梁江總，還家尙黑頭。」並陳書貳柒及南史叁陸江總傳。今典則略須考釋，蓋牧齋由北京還家，除應會試丁父憂不計外，前後共有四次。第壹次在天啓五年乙丑，以忤閹黨還家，時年四十四。第貳次在崇禎二年己巳，以閣訟終結歸里，時年四十八。第叁次在崇禎十一年戊寅，因張漢儒誣告案昭雪，被釋放還，時年五十七。（寅恪案，潘景鄭君輯絳雲樓題跋引張大鏞自怡悅齋書畫錄所載「祝枝山書格古論卷」一則。其文有「歲戊寅，漫遊廣陵。」及「時三月既望，漏下二刻，剪燭爲之記。」等語。殊不知牧齋此時尙在北京刑部獄中，何能具分身法，忽遊揚州耶？其爲僞撰，不待詳辨也。）第肆次在順治三年丙戌，降清北遷後，乞病回籍，時年六十五。即虎丘題詩之歲也。（可參葛萬里金鶴沖所撰牧齋兩年譜。）由是言之，虎丘詩此句所指，若釋爲第壹次或第貳次，則牧齋年未及五十，「黑頭」句欠妥。若釋爲第叁次或第肆次，則「早已」二字亦不切。殆此詩作者，未詳知牧齋四次還家之年齡所致耶？儻從董氏書所載，作「已是」，固無語病，但以詩論，似不及作「早已」較有意趣，斯亦不必拘泥過甚也。

虎丘詩第肆句，其古典出後漢書列傳伍拾下蔡邕傳。伯喈博學好辭章，正定六經文字，爲一代儒宗，以忤閹宦，謫戍亡命。後爲董卓識拔，以傷痛卓死之故，爲王允收付廷尉治罪。請免死，續成漢史，終不見許，死於獄中。此與牧齋之「學貫天人」，爲「當代文章伯」，早年已成太祖實錄辨證五卷，以見惡於魏忠賢黨罷官，後由馬士英之推薦起用。前後情事，約略相似，殊非泛用典故也。其今典則國権壹佰肆載：「弘光元年乙酉二月壬申南京禮部尚書錢謙益求退居修國史，即家開局。不許。」（可參李清三垣筆記下「錢宗伯謙益博覽羣書」條及上引曹溶「絳雲樓書目題辭」等。）及清史列傳柒玖，貳臣傳錢謙益傳載：「順治三年正月命以禮部侍郎管秘書院事，充修明史副總裁。」此爲牧齋於明末清初兩次欲修史，而未能成就之事實也。關於牧齋有志修史之材料頗多，如有學集壹肆「啓禎野乘序」引黃石齋臨死之言，「虞山尚在，國史猶未死也。」（可參同書肆柒題程穆倩卷：「漳海畢命日，猶語所知，虞山不死，國史未死也。」之語。）可見牧齋自負之一斑，其他不煩廣徵。

虎丘詩第伍句，其古典出新唐書壹肆拾裴遵傳附樞傳。其今典則牧齋爲明末清流，但幸免於上所論首三次之禍也。

虎丘詩第陸句，其古典出三國志魏志壹壹田疇傳。其今典則指此次牧齋南還過蘇州之事也。鄙意此句鈕書「歸」作「來」，疑較近眞。蓋前引東山詶和集河東君「我聞室呈牧翁」詩有「此去柳花如夢裏，向來烟月是愁端。」一聯。河東君爲幾社女社員，其早歲賦詩，多受松江派之影響。此虎丘詩是否出自大樽，雖待考實，然觀其辭句，如「昔去」「今來」一聯，必爲雲間幾社流輩之作品，似無可疑也。

虎丘詩第柒第捌兩句，其古典俱出太平廣記肆捌伍許堯佐柳氏傳及孟棨本事詩情感類「韓翊(翃)少負才名」條。其文云：

〔韓翃〕以良金置練囊中寄之，題詩曰，章臺柳，章臺柳，往日依依今在否。縱使長條似舊垂，亦應攀折他人手。柳復書，答詩曰，楊柳枝，芳菲節。可恨年年贈離別。一葉隨風忽報秋，縱使君來豈堪折。

第柒句用君平詩，第捌句用柳氏詩。但鈕書作「日暮東風怨阿儂」，則竟認其出處爲杜牧之「金谷園」詩(見全唐詩第捌函杜牧陸。)此詩云：

繁華事散逐香塵。流水無情草自春。日暮東風怨啼鳥，落花猶似墮樓人。

不獨此時牧齋無季倫被收之禍，河東君無綠珠墮樓之事，且樊川詩中「春」及「東風」更與「題虎丘石上」詩之季節不合。況虎丘詩第貳句用張翰傳，「翰因見秋風起，乃思吳中菰菜蓴羹鱸魚膾。」之語，又相違反耶？七八兩句之今典，即前述牧齋隨例北遷，河東君獨留南都時，其仇人怨家，以孫愛名義鳴其私夫鄭某或陳某於官，而杖殺之之事。此事當時必已徧傳。故林繭庵謂江南有老王八之謠。作虎丘詩者因得舉以相嘲也。解釋虎丘詩之辭語既竟，請略考其作者。王昶莊師洛編輯陳忠裕公全集，於此詩作者爲何人，不敢決定。蓋以其「語涉輕薄，絶不類黄門手筆。」之故，似頗有理。兹就牧齋及臥子兩人之行蹤，即順治三年丙戌秋間兩人是否俱在蘇州一點推之，然後可以解釋王莊兩氏之疑問。前據清史列傳牧齋傳及東華録順治三年六月甲辰條，知牧齋順治三年由北京返常熟，必經過蘇州，稍有滯留。又綜合錢曾有學集詩注壹秋槐集「丙戌七夕有懷」云：

閣道垣牆摠罷休。天街無路限旄頭。（寅恪案，康熙甲辰本「限旄頭」作「接清秋」，康熙乙丑本作「望樓頭」，俱非牧齋原文。蓋此詩第壹第貳兩句，實用史記天官書，遵王已詳注之矣。）生憎銀漢偏如舊，（寅恪案，「銀漢」甲辰乙丑兩本，俱作「銀漏」，是。若作「銀漢」，則與下句「天河」二字，語意重複，不可通。蓋「銀漏」二字，出王勃乾元殿頌「銀漏與三辰合運」之典，見蔣清翊王子安集注壹肆。牧齋詩意謂己身此時尚留北京朝參也。）横放天河隔女牛。（寅恪案，范鍇華笑廎雜筆壹黄梨洲先生批錢詩殘本條云：「牧翁丙戌七夕有懷，意中不過懷柳氏，而首二句寄意甚遠。」今推梨洲之意，所以深賞此詩者，蓋太沖夙精天算之學，而此詩首二句用星宿之典，以指南都傾覆，建州入關之事，甚爲切合之故。黄錢二人關係密切，所言自較金鶴沖附會之説，爲可信也。詳見金氏錢牧齋先生年譜丙戌隆武二年條。）

及此題後，即接以「丙戌初秋燕市别惠（世揚）房（可壯）二老」（甲辰乙丑兩本，無「丙戌初秋」四字。）七律兩詩推之，可知牧齋於順治三年夏，以病乞歸，其離北京之時間，至早亦在是年七月初旬以後。到達蘇州時，當在八月間。若少有滯留，則九月間尚在吳門。此牧齋蹤跡之可考見者也。據陳忠裕公全集王勝時補撰年譜下，順治三年丙戌條，附錄中載，王澐宋轅文選唐五言古詩跋略云：「丙戌秋師遊虎丘，遇吳門朱雲子論詩。師歸（富林）語予。」（寅恪案，雲子名隗，長洲人。事蹟見同治修蘇州府志捌捌本傳。東山詶和集貳選錄其次韻牧齋前七夕詩四首，頗爲不少。鄙意諸詩不甚佳，故第肆章未論述之。）此臥子踪跡之可考見者也。然則錢陳二人，確有於順治三年丙戌秋間同在蘇州之事，而臥子又於此時曾遊虎丘，故「題虎丘石上」詩，其作者之爲臥子，實有可能。復玩詩中辭語，乃屬於幾社一派。幾社高才如李舒章，是時正在北京。宋轅文方干進新朝，其非李宋所作，不待多論。由是言之，虎丘詩縱非臥子本身所作，恐亦是王勝時輩所爲，而經臥子修改，遂成如此之佳什歟？（寅恪案，王澐輞川詩鈔陸「虞山柳枝詞」十四首之九云：「夢到華胥異昔時。覺來猶幸夕陽遲。虎邱石上無名氏，便是虞山有道碑。」自注云：「丙戌錢罷官南歸，有無名氏題詩虎邱石上，載詩話中。」可供參證。）鄙陋之見，未敢自信。今日博識君子當有勝解更出王莊之上者，尚希有以賜教也。

又顧云美東澗遺老錢公別傳略云：

（弘光元年）五月初十辛卯夜，上出狩。北軍挾之去。（寅恪案，「之」字指牧齋。）以前資浮沈數月，自免歸。送公歸者，起兵山東，被獲，因得公手書，並逮公。鋃鐺三匝，至北乃解歸。

寅恪案，送牧齋歸者之姓名，顧氏未明言。近鄧之誠先生清詩紀事初編叁「錢謙益」條云：

〔順治〕三年正月授秘書院學士兼禮部侍郎。明史副總裁。六月以疾歸。是時法令嚴，朝官無敢謁假者，謙益竟馳驛回籍。歸遂牽連淄川謝陞案，鋃鐺北上。傳言行賄三十萬金，得幸免。賄雖無徵，後來謙益與人書，屢言匱乏，貧富先後頓異，未爲無因矣。

今檢清史列傳柒玖謝陞傳（參清史稿貳肆肆金之俊傳附謝陞傳。）云：

〔順治〕二年正月陞以疾劇，乞假。命太醫診視。二月卒。

據此，謝陞病逝時，牧齋尚在南京，任弘光帝之禮部尚書。順治三年牧齋歸家後被逮北行，非由謝陞所牽累明矣。

又檢國朝耆獻類徵初編肆陸叁載田雯撰謝陞墓誌銘略云：

公姓謝氏，諱陞，字紫宸，號丹楓。系出江西贛縣。明洪武間，十世祖官小旗戍籍德州右衛。甲申李自成陷京師，置賊黨，防禦使閻杰，州牧吳徵文來德，公流涕曰，主亡天下亂，讎可復也。與州人李嗣晟謀誅之。李云，當告諸薦紳先生。公曰，薦紳先生難言之，彼慮事熟，勾萬全也。狐疑敗矣。公仗劍往，衆踴其後，遇盧御史世淮云，于思曷維其來？公弗顧。徵文坐聽事堂，遙望于思，走踰半垣，拔角脫距，遂磔裂之。併執杰誅焉。衆目眩良久，欲散歸。公曰，賊踞京師，散將安往？遂帥衆而北，所在收兵，與江表連和，殺賊雪恥。會世祖章皇帝入關，乃上所收印綬。當國者欲官之，不受，歸。公自此隱矣。知州某，徵文甥也。誅徵文時，匿僧舍免。後成進士，來知州事，思得公而甘心焉。誣以私藏兵器。卒無以害。公優遊里閈垂十年，與年七十以上者十人，結爲稀社。

小腆紀傳肆陸義師壹凌駉傳（參小腆紀年附考伍順治元年四月「明貢生馬元騄，生員謝陛。」及「明兵部職方司主事凌駉」等條。）略云：

凌駉字龍翰，歙縣人。崇禎癸未進士。以主事贊畫督師李建泰軍。建泰降賊，駉復臨清濟寧。傳檄山東，遠近響應。於是土寨來歸者甚衆，與德州謝陛遥相應。

又附馬元騄謝陛傳略云：

馬元騄，德州貢生。謝陛，諸生也。奉〔宗室〕帥欽權稱濟王，移告遠近，殺僞官。兗青登萊諸州皆堅壁自守。陛即南中謁傳以爲故相謝陞者也。

道光修濟南府志伍貳人物捌盧世㴶傳略云：

盧世㴶字德水。天啓乙丑進士，授户部主事。乞侍養歸，服闋，補禮部改御史。移疾趣歸。甲申之變，世㴶與其鄉人擒斬僞牧，倡義討賊。大清兵下山左，以原官徵，病不行。

碑傳集壹叁陸田雯撰盧先生世㴶傳略云：

盧世㴶字德水，一字紫房。晚稱南村病叟。淶水人。明初徙德州左衛。〔天啓五年乙丑〕登進士第，除户部主事。未幾省母歸。復強起，補禮部，改監察御史。竟移疾去。甲申已後，每摳衣循髮，歌注無聊。掃除墓地，有沈淵荷鍤之意。本朝拜原官，徵詣京師，以病廢辭。癸巳卒於家，年六十六。

牧齋初學集壹佰陸讀杜小箋上略云：

今年夏，（寅恪案，「今年」指崇禎六年癸酉。）德州盧户部德水，刻杜詩胥鈔，屬陳司業無盟寄予，俾爲其叙。

同書壹壹桑林詩集（原注：「起崇禎十年丁丑三月，盡閏四月。」）小序略云：

丁丑春盡，赴急徵。渡淮而北。

同書同卷復載有「將抵德州遣問盧德水」，「德水送芍藥」，「東壁樓懷德水」，「次韻酬德水見贈」等題，並附盧世潅「上牧齋先生」詩。

寅恪案，徐鼒謂凌駉「傳檄山東。與德州謝陛遙相應。」又謂「陛即南中譌傳以爲故相謝陞。」可知鄧之誠先生謂牧齋「牽連淄川謝陞案」之「謝陞」，乃謝陛之誤。德州府志謂「世潅與其鄉人擒斬僞牧，倡義討賊。」之「鄉人」，當即指謝陛馬元騄等，蓋與謝陛墓誌銘所言同爲一事。惟田雯撰盧先生世潅傳（見碑傳集壹叁陸文學上之上。）恐有所避諱，不明言之耳。復據上引資料，謝陛盧世潅二人又皆不受清廷之官職者，自與抗清復明之運動有關也。又牧齋於崇禎十年丁丑因張漢儒之詰控，被逮北上，道經山東，與盧德水頻繁賦詩唱和。以沒口居士與南村病叟如是交誼，則其於順治三年丙戌辭官南下，再經山東，亦應有酬和之篇什及來往之書札。由此推之，牧齋於順治三年丙戌七夕後，自北京歸家，被逮北行，必爲謝陛盧世漼等之牽累，更無疑義。謝氏既被誣以私藏兵器，但不久事白，則牧齋之得免禍，亦事理所當然，而顧云美所謂「送公歸者」，乃指盧氏，抑又可知矣。

吾國文學作品中，往往有三生之說。錢柳之因緣，其合於三生之說，自無待論。但鄙意錢柳之因緣，更別有三死之說焉。所謂三死者，第一死爲明南都傾覆，河東君勸牧齋死，而牧齋不能死。第二死爲牧齋遭黃毓祺案，幾瀕於死，而河東君使之脱死。第三死爲牧齋既病死，而河東君不久即從之而死是也。此三死中，第一死前已論述之，茲僅言第二死。寅恪草此稿有兩困難問題。一爲惠香公案，第肆章曾考辨之矣。一爲黃毓祺之獄，即所謂第二死。今稍詳述此案發生年月之問題，並略陳牧齋所以得脱第二死之假設，以俟讀者之教正。

顧苓河東君傳云：

> 丁亥三月捕宗伯亟，君挈一囊，從刀頭劍鋩中，牧圉饘橐惟謹。事解，宗伯和蘇子瞻御史臺寄妻韻，賦詩美之，至云，從行赴難有賢妻。時封夫人陳氏尚無恙也。（此節前已引。）

寅恪案，牧齋爲黃毓祺案所牽涉，被逮至金陵。其年月問題，依云美此傳之記載，與牧齋所自言者符合。實則顧氏即據牧齋原詩之序，非別有獨立不同之資料。故此傳此節，亦可視爲牧齋本人自述之複寫，其價値不大也。今就所見官私兩方資料，初不易定其是非，辨其眞僞。後詳檢此案文件，終獲得一最有力之證據，始恍然知清代官書未必盡可信賴。但因述及此案諸書中，頗多與官書相合，故亦擇錄數條，以便與牧齋己身及其友朋並他人之記載互相參校也。

清世祖章皇帝實錄叁捌略云：

順治五年戊子夏四月丙寅朔。辛卯鳳陽巡撫陳之龍奏：自金逆（聲桓）之叛，沿海一帶，與舟山之寇，止隔一水，故密差中軍各將稽察姦細，擒到僞總督黃毓祺並家人袁五，搜獲銅鑄僞關防一顆，反詩一本，供出江北窩黨薛繼周等，江南王覺生錢謙益許念元等，見在密咨拏緝。疏入，得旨：黃毓祺著正法，其江北窩賊薛繼周等，江南逆賊王覺生錢謙益許念元等，著馬國柱嚴飭該管官訪拏。袁五著一併究擬。

蔣良騏撰東華錄陸云：

〔順治五年四月〕鳳陽巡撫陳之龍疏奏擒僞總督黃毓祺並家人袁五，搜獲銅印一顆，反詩一本。供出江北窩黨薛繼周等，江南王覺生錢謙益許見元等。現在密咨拿緝。得旨，黃毓祺著即正法，其薛繼周王覺生等着嚴飭該管地方官訪拿。袁五一並究擬具奏。

清史列傳柒玖貳臣傳乙陳之龍傳云：

〔順治〕五年奏擒奸人黃毓祺於通州法寶寺。獲僞印及悖逆詩詞。原任禮部侍郎錢謙益，曾留毓祺宿，且許助資招兵。詔馬國柱嚴鞫。毓祺死於獄。謙益辨明得釋。時江西鎮將金聲桓叛，攻陷無爲州巢縣等處。巡撫潘朝選玅之龍不能禦寇，縱兵淫掠。得旨降二級調用。

同書捌拾逆臣傳金聲桓傳略云：

〔順治〕五年正月聲桓與〔王得仁〕合謀，糾衆據南昌叛。詭云明唐王未死，分牒授職，書隆武四年。遣人四出約期舉兵。廣東提督李成棟叛應之。

同書同卷李成棟傳略云：

〔順治〕五年正月江西叛鎮金聲桓遺書招成棟。成棟遂擁衆反，納款由榔，迎之入廣東。於是廣東郡邑皆從叛。

清御批歷代通鑑輯覽壹壹玖附明桂王二略云：

順治五年春正月總兵金聲桓叛，以江西附於桂王由榔。是月二十五日閉城門，部勒全營，圍〔巡按御史董〕學成官署，殺之。並及副使成大業。執巡撫章于天於江中，迎故明在籍大學士姜曰廣入城，以資號召。遣人奉表由榔。由榔封聲桓昌國公，得仁新喻侯。得仁統兵陷九江，揚言將窺江寧。

同書同卷略云：

（順治五年）夏四月提督李成棟叛，以廣東附於桂王由榔。是月十一日黎明成棟令其兵集教場，聲言索餉，欲爲變。成棟請（總督佟）養甲出城撫輯。養甲至，衆兵呼噪，劫之以叛。遂傳檄各屬，遣使附於由榔。

清史稿肆世祖本紀壹略云：

順治五年二月二日甲戌金聲桓王得仁以南昌叛。

清史列傳柒玖貳臣傳乙錢謙益傳云：

（順治）五年四月鳳陽巡撫陳之龍擒江陰黃毓祺於通州法寶寺，搜出僞總督印及悖逆詩詞，以謙益曾留黃毓祺宿其家，且許助資招兵入奏。（寅恪案，小腆紀傳肆陸黃毓祺傳云：「（毓祺）將起義，遣江陰徐摩致書錢謙益，提銀五千，用巡撫印鈐之。謙益知其事必敗，却之，持空函返。摩之友人徽州江純一，謂摩返必挾重貲，發之可得厚利，詣營告變。」等語，可供參考。）詔總督馬國柱逮訊。謙益至江寧訴辯，前此供職內院，邀沐恩榮，圖報不遑，況年已七十，奄奄餘息，動履藉人扶掖，豈有他念。哀籲問官乞開脫。會首告謙益從逆之盛名儒逃匿不赴質，毓祺病死獄中，乃以謙益與毓祺素不相識定讞。馬國柱因疏言：「謙益以內院大臣歸老山林，子姪三人新列科目，必不喪心負恩。」於是得釋歸。（寅恪案，王元鍾編國朝虞陽科名錄壹進士門順治四年丁亥科略云：「錢祖壽二甲第五名。字福先，號三峯。時俊孫。

唐朝鼎二甲第十四名。字禹九，號黍谷。本姓錢。錢裔僖三甲第九十四名。字嗣希，時俊子。」同書貳舉人門順治三年丙戌科略云：「錢裔僖見進士。錢召西翰，庠名祖彭。裔肅子。錢孫愛孺貽，改名上安。謙益子。」國柱所謂「子姪三人」子自是孫愛。姪則當指裔僖祖壽。其實裔僖乃姪孫，祖壽祖彭乃姪曾孫。唐朝鼎即與迫死河東君案有關之「族貴」錢朝鼎，此時尚未復姓，更應不列於此也。又清史列傳玖黃梧傳載梧條列剿滅鄭氏五策，其四曰：「鋤五商，以絕接濟。成功於山海兩路各設五大商，爲之行財射利。梧在海上素所熟識，近且潛住郡城，爲其子弟營謀鄉舉邑庠，爲護身之符。其實陰通禁貨，漏泄虛實，貽害莫大。應奏請敕下督撫嚴提正罪，庶內宄清而接濟之根可拔矣。」黃氏所言之情況，雖時間較晚，但亦可供參證。）

同書同卷土國寶傳略云：

（順治）二年隨豫親王多鐸定江寧。王令同侍郎李率泰招撫蘇州松江諸郡，遂奏授江寧巡撫。（以）擅殺（蘇州諸生王伯時及文震孟之子文乘）下所司察議，坐降調。四年八月命以布政銜管江南按察司事。五年五月仍授江寧巡撫。八年十月巡按御史秦世禎疏劾國寶（貪贓）。疏上，命革國寶等職，下總督馬國柱同世禎訊鞫。國寶將就逮，畏罪自經死。鞫證皆實，追贓入官。

清史稿肆世祖本紀壹略云：

順治四年七月戊午改馬國柱爲江南江西河南總督。

同書壹貳貳職官志叁外官門略云：

順治元年置江南巡撫，駐蘇州，轄江寧蘇州松江常州鎮江五府。十八年江南分省，更名蘇州巡撫。

順治十八年江南分省右布政使徙蘇州，左仍駐江寧。

順治三年增置江寧按察使一人。康熙八年江蘇按察使徙蘇州。（原注：「江寧隷此。」）

同書貳佰叁疆臣年表壹順治四年丁亥江南江西河南欄云：

馬國柱七月戊午總督江南江西河南。

同書同表順治四年丁亥宣大山西欄云：

馬國柱七月戊午調。（寅恪案，葉紹袁啓禎記聞錄柒芸窗雜錄云：「舊巡撫土公左遷按察使。（丁亥）十二月中已履任。江寧洪内院亦奉旨回京。代之者馬公名國柱。洪係明朝甲科，馬固一白丁也。」可供參考。）申朝紀總督宣大山西。

同書同表順治十一年甲午江南江西欄云：

馬國柱九月丁未休。十月馬鳴佩總督江南江西。

黄宗羲海外慟哭記監國魯三年戊子閏三月（即順治五年戊子四月。）江西虜帥金聲桓反正條（可參梨洲行朝錄肆「魯王監國」及同書伍「永曆紀年」有關各條。）云：

金聲桓者，故楚帥左良玉之部將也。良玉死，良玉之子夢庚降虜。虜俾聲桓仍統其軍。大學士黃道周督鄭鴻逵鄭彩二軍出杉關。聲桓故曾役於道周，乃陽爲送欵，而使別將張天祿襲之。道周被執，由是得鎮江西。上取閩，虜調各省之兵，復陷其地。聲桓之力居多。虜撫以聲桓降將，故輕之。從之取賄不得。聲桓私居嘗改舊服，於是虜撫上變，言聲桓謀反。聲桓使人竄之中途，得其書，乃置酒召虜撫，以書示之。虜撫失色，遂斬之。奉永曆帝正朔，受爵豫國公。江西郡縣皆定。當是時南都震動，以爲聲桓旦夕且下。虜官豫擬降附，而虜之守贛州者不從聲桓。聲桓欲攻之，守贛州者曰，吾不動以待汝。汝得南都，則吾以贛下。乃爲聲桓之謀者，以寧庶人（宸濠）之敗，急於順流，故使新建（伯王陽明）得制其後。今門庭之寇未除，而勤遠略，是追庶人之僨車者也。聲桓遂急攻贛。贛守愈堅，各省之援虜大集，圍聲桓困之。數月食盡。部曲斬聲桓，降於虜。

查繼佐魯春秋監國紀略云：

（永曆二年）戊子（監國三年）監國蹕鷺門。北總鎮金聲桓回向，爲明守南昌。北總鎮李成棟回向，爲明守廣東。

聲桓與養子王得功北反自稱輔明將軍，桂王封豫國公。封成棟惠國公。

（永曆三年）己丑（監國四年）春正月監國由鷺門詣沙埕。

南昌敗。豫國公金聲桓，建武侯王得仁，大學士尚書姜曰廣死之。諸郡縣咸不守。

金豫國回向，曰廣欲捷取九江，扼安慶，窺南都。聲桓不聽。至是敗，閒投井死。

惠國成棟以桂命提東粵師應聲桓，協攻贛。適聲桓解贛圍兩日矣。勢單，敗走信豐，溺水死。

祝芸堂純嘏編孤忠後錄略云：

順治四年丁亥黃毓祺起兵海上，謀復常州。

正月毓祺糾合師徒，自舟山進發。常熟錢謙益命其妻艷妓柳如是至海上犒師，適颶風大作，海艘多飄沒。毓祺溺於海，賴勇士石政負之，始得登岸。約常郡五縣同日起兵恢復事既不就，而志不少衰。逃名潛竄。至淮，索居僧舍。一日僧應薛從周家禮懺，周聞知祺，延而館之。祺有部曲張純一張士儁二人，向所親信。二人從武弁戰名儒（寅恪案，清史列傳貳臣傳錢謙益傳之「盛名儒」，疑即此人。）轉輪實無所措，謀於名儒，將以祺爲奇貨。名儒故與薛有隙，得此爲一網打盡計。於是首者首，捕者捕，禍起倉卒矣。（寅恪案，續甬上詩捌拾謝三賓小傳云：「牧齋以黃介社事上變，而反遭囚縶。」柴德賡君已辨其非。甚是。見輔仁學誌第壹貳卷第壹第貳合期「鮚埼亭集謝三賓考」。）

順治五年戊子下黃毓祺於海陵獄。

是年春執毓祺見廉使夏一鶚。四月下海陵獄。一鶚爲常州府時，治徐趨之獄，嘗垂涎於祺而欲未遂。後心豔武進楊廷鑑之富，欲借此爲株連，祺不應，索筆供云「身猶舊國孤臣，彼實新朝佐命（寅恪案「彼」指錢牧齋）。各爲一事，馬牛其風。」一鶚大怒，酷肆拷掠，詰以若欲何爲？曰，求一死耳。七日遂囚於廣陵獄。

六年己丑黃毓祺死於金陵獄。

三月移金陵獄。將刑，門人告之期。祺作絕命詩，被衲衣，趺坐而逝。

錢肅潤輯南忠記「貢士黃公」條云：

黃毓祺字介子，江陰人。倡義城守。城破，決圍出。潛匿村落間。俟滿兵稍去，復行召募。于丙戌冬十一月集兵，期一夕襲取江陰武進無錫三城，不克。毓祺往揚州，設絳帳於諸富商家。戊子被執於泰州，置犴狴，詠歌不輟。人共欽之。己丑三月十八日，忽見范蠡曹參吳漢李世勣四人召之去，含笑而逝。有絕命詞云：「人聞忠孝本尋常。牆壁爲心鐵石腸。擬向虛空摯日月，曾於夢幻歷冰霜。簷頭百里青音吼，獅子千尋白乳長。示幻不妨爲厲鬼，雲期風馬晝飛揚。」毓祺死，親知無有見者。賴常熟門人鄧大臨起西爲之蠲金埋葬於獄中。旨下，命戮其尸。

寅恪案，綜合清代官書之記載，牧齋因黃毓祺案被逮至南京，應在順治五年戊子四月。（寅恪案，此年明曆三月大，閏三月小，四月大，五月小。清曆三月大，四月小，閏四月大，五月小。故清曆四月即明曆閏三月。見陳氏二十史朔閏表及鄭氏近世中西史日表。）決無疑義。此點與牧齋本身之紀載謂在順治四年丁亥三月者，顯相衝突。茲先一檢清代官書所記是否合理。依陳之龍疏謂自金聲桓叛清後，遣將稽查沿海一帶，遂擒獲黃毓祺。然則黃之被擒，在金之叛清以後。牧齋之被逮，又在黃被擒之後。今清代官書記金氏之叛，至早在順治五年戊子正月。清廷命馬國杜嚴飭該管官訪拏黃氏黨羽，遂逮牧齋至南京。清代官書復載馬國杜於順治四年丁亥七月由宣大山西總督調任江南江西河南總督，故黃案發生，必在馬氏調任之後，方有可能。牧齋自述其被逮，在順治四年丁亥三月。此際馬氏尚未到新任所，清廷諭旨豈得有「該管」之語。足證清代官書所記事實，其年月銜接脗合，無可非議也。又明自南都傾覆後，其藉以抗清之根據地有二。一爲西南腹地奧區，一爲東南濱海邊隅。金聲桓叛清，聲言將取南都。李成棟復以廣東歸明，當時江浙閩粵，大陸島嶼，皆受影響。觀上引黃梨洲之海外慟哭記及行朝錄並查東山之魯春秋等，可見一斑。故黃查兩氏所述年月，實可間接證明清代官書紀載之合理。至祝芸堂之書，乃專述黃介子事蹟者，其所載年月皆與清代官書符會。惟言牧齋命河東君至海上犒黃毓祺師一事，未知有何依據。俟考。錢礎日特記黃牛城之死日，（毓祺此號見趙曦明江上孤忠錄注。）較他書爲詳。且祝趙兩氏皆黃氏鄉人，其書記述清兵殘暴明士忠節之事，故應與餘姚海寧之著述視同一例也。

夫清代官書年月之記載，無可非議，已如上述。似應視爲定論。但鄙意實錄之編纂，累經改易，編者綜合資料，排比先後，表面觀之，雖如天衣之無縫。然未必實與當時事件發生之次序一一脗合。昔年檢編明清内閣大庫檔案殘本，曾見實錄原稿，往往多所增删變换，遂知實錄之年月先後，亦間有問題。茲見羅振玉史料叢刊初編「洪文襄公（承疇順治四年丁亥七月初十日）呈報吴勝兆叛案揭帖」内引蘇松常鎮四府提督吴勝兆狀招云：

順治四年三月内有戴之俊前向勝兆嚇稱蘇州拿了錢謙益，説他謀反。隨後就有十二個人來拿提督。你今官已沒了，拿到京裏，有甚好處？我今替你開個後門，莫如通了海外，教他一面進兵，這裏收拾人馬，萬一有人來拿，你已有準備。勝兆又不合回稱我今力單，怎麼出海？戴之俊回云，有一原任兵科陳子龍，他與海賊黄斌卿極厚，央他寫書一封，内大意云，勝兆在敝府做官極好。今有事相通，難形紙筆，可將勝兆先封爲伯，後俟功成，再加陞賞。其餘不便盡言。來將盡吐其詳等語。

亨九此揭乃當時原文，最有價值。足證牧齋實於順治四年丁亥三月晦日在常熟被逮。清代編輯世祖實録，何以不用洪氏原文，而移置此案於次年？豈因馬國柱順治四年三月，尚未到南京任所之故耶？抑或未曾見及洪氏奏揭原文所致耶？今雖未能斷定其錯誤之由，然就牧齋在常熟被逮之年月一點論之，自應依牧齋已身之記載，而不當據清代實錄也。

關於牧齋本身及其友人之記載，則牧齋因黃毓祺案被逮，謂在順治四年丁亥三月。明清之曆，固有不同。但以干支記年，如「丁亥」「戊子」兩者，必不致差誤。牧齋於此案發生之年月，其集中詩文屢言之，不須廣徵。茲僅擇數端於下。至其所以能免死之故，則暫不涉及也。

有學集壹秋槐詩集「和東坡西臺詩韻六首」序云：

丁亥三月晦日晨興禮佛，忽被急徵。鋃鐺拖曳，命在漏刻。河東夫人沉痾臥蓐，蹶然而起，冒死從行。誓上書代死，否則從死。慷慨首塗，無刺刺可憐之語。余亦賴以自壯焉。獄急時，次東坡御史臺寄妻詩，以當決別。獄中遏紙筆，臨風闇誦，飲泣而已。生還之後，尋繹遺忘，尚存六章。値君三十設帨之辰，長筵初啓，引滿放歌，以博如皋之一笑，並以傳眎同聲，求屬和焉。

同書壹叁東澗詩集下「病榻消寒雜詠」四十六首之十六云：

縲絏重圍四浹旬。僕僮併命付灰塵。三人纏索同三木，六足鉤牽有六身。伏鼠盤頭遺宿溺，饑蠅攢口嘬餘津。頻年風雨雞鳴候，循省顛毛荷鬼神。（自注：「記丁亥羈囚事。」）

同書貳伍「梁母吳太夫人壽序」略云：

梁母吳太夫人者，太子太保吏部尚書少保眞定梁公（乾吉夢龍）之子婦，今備兵使者愼可（維樞）之母，而少宰（葵石清遠）司馬（玉立清標）之祖母從祖母也。丁亥之歲，余坐飲章急徵，婦河東氏匍匐從行。獄急，寄孥於梁氏。太夫人命愼可卜雕陵莊以居。愼可杜夫人酒脯粔籹，勞問繹絡。太夫人戒車出饗，先期使姆致命，請以姑姊妹之禮見。賓三辭，不得命。翼日太夫人盛服將事，正席執爵再拜，杜夫人以下皆拜。賓答拜踐席。杜夫人以下以次拜太夫人，介婦以降復以次拜，乃就位。凡進食進餚，太夫人親饋，賓執食，興辭，然後坐。沃洗卒觶禮如初。太夫人八十高矣，自初筵逮執燭，強力無怠容。少宰諸夫人跛踖相杜夫人執事，無儳言，無偕立，貫魚舒雁，肅拜而後退。余聞婦言，奉手拱立，惜未得身爲煇胞，於是乎觀禮焉。又十年丁酉太夫人壽九十，設帨之辰，鋪几筵，考鐘鼓，庭實玉帛儀物，當應古太饗。然其獻酬酳酢，三終百拜，禮成樂備於往者之賓筵，固可概見也。

謝象三三賓一笑堂集叄「丁亥冬被誣在獄，時錢座師亦自刑部回，以四詩寄示，率爾和之。」四首云：

陰風颯颯雨凄凄。誰道天高聽果低。漁獵難堪官似虎，桁楊易縛肋如雞。已無收骨文山子，尚有崩城杞子妻。所仗平生忠信在，任教巧舌易東西。

犴狴城深白日凄。肯從獄吏放頭低。任渠市上言成虎，已付鬻中命若雞。辨謗雖存張子舌，賂官難鬻老萊妻。不知孤寡今何在，定是分飛東與西。

歲行盡矣氣方凄。衰齒無多日已低。嘹嚦夢中聞過雁，悲涼舊事聽荒雞。囹圄不入慚蕭傅，縲絏無辜愧冶妻。久矣吾生欠一死，不須題墓作征西。

貪夫威福過霜凄。素可爲蒼高作低。已苦籠人如縛虎，仍聞席卷不留雞。網羅並及傷兄弟，顛沛無端累妾妻。知有上天無待訴，種松也有向東西。

寅恪案，牧齋自謂因黄案被逮在丁亥歲。若疑其年老健忘，則和東坡詩第肆首自注云：「余與二僕共梏拲者四十日。」序言：「生還之後，值君三十懸帨之辰。」蓋牧齋逮至南京下獄，歷四十日，然後出獄，尚被管制，即所謂「頌繫」，亦即謝象三所謂「自刑部回」者，是也。考河東君與牧齋於茸城結褵，時年二十四，此年爲崇禎十四年辛巳。故順治四年丁亥適爲三十歲。又梁維樞母壽序中有「丁亥之歲，余坐飲章急徵。又十年丁酉，太夫人壽九十。」之語。至其垂死時賦「病榻消寒雜詠」，更有「記丁亥羈囚事」一首，與「追憶庚辰冬半野堂文讌舊事」一首，乃一生最苦最樂之兩事，始終不能忘懷者。查伊璜魯春秋監國元年丙戌二月載：「晉謝三賓東閣大學士。」象三降清後，被逮下獄，當與此事有關。然得一宰相之虚銜，聊勝其老座師屢次干求而不得者多矣。據其詩題，可證牧齋實以丁亥歲下南京獄。象三於崇禎十五年壬午，年五十，牧齋爲作壽序。（見初學集叁陸。）則丁亥歲，年五十五，而牧齋年六十六。老座師縱因老而健忘，老門生少於其師十一歲，必不應誤記也。象三之詩，雖遠不逮牧齋，但以曾有爭娶河東君之事，故和「妻」字韻句，頗可令人發笑，因全錄四首原文，以資談助。

又顧云美「東澗遺老錢公別傳」云：

戊子五（三？）月爲人牽引，有江寧之逮。頌繫踰年，復解。

考牧齋自云以丁亥三月晦，被急徵至南京下獄，歷四十日始出獄，仍被管制。至己丑春，始得釋還常熟。故云美之誤，自不待言。此點與其所撰河東君傳云：「庚辰冬，扁舟過訪，同爲西湖之遊。」及：「癸卯秋，下髮入道。」同爲誤載。豈因師事牧齋稍晚，於其師之經歷，未甚詳確所致耶？至其所撰河東君傳云：「丁亥三月捕宗伯亟。」則顯與東澗遺老錢公別傳衝突。當是所撰河東君傳乃依據牧齋和東坡詩序，遂有此語，而不悟其錢柳兩傳自相抵觸。甚矣！著書記事之難如此。

總而言之，今既得洪承疇之原揭，可以斷定清代所撰官書，終不如牧齋本身及其友人記述之爲信史。由是推論，清初此數年間之記載，恐尙有問題，但以本文範圍之限制，不能一一詳究也。

關於牧齋所以得免死於黃毓祺案一事，今日頗難確考。但必有人向當時清廷顯貴如洪承疇馬國柱或其他滿漢將帥等爲之解說，則無疑義。據上引牧齋所作梁維樞母壽序，言其被逮至南京時，河東君寄寓愼可之家。由是言之，愼可乃救免牧齋之一人，可以推知也。

檢梅村家藏藁肆貳「僉憲梁公西韓先生墓誌銘」略云：

眞定少宰梁公諱清遠，排纘其尊人僉憲西韓先生行事來告。按狀，公諱維樞，字愼可，別號西韓生，眞定人。其先徙自蔚州，七世至太宰貞敏公（指夢龍。）始大。貞敏第四子封中書，澹明公諱志，以元配吳夫人生公。皇清定鼎，即（工部主事）舊官錄用。奔澹明公喪歸，而孝養吳夫人者八年。用疏薦復出，補營繕郎。（順治十三年丙申五月己未）乾清宮告成，得文綺名馬之賜。陞山東按察司僉事，整飭武德兵備。會入賀，遂乞養。後五年而卒於家，享年七十有四。公生於（萬曆十年）丁亥八月之二十九日。卒於（康熙元年）壬寅十月之六日。元配王氏，繼王氏，再繼杜氏。少宰貴，於典得加恩二母，元配王，贈恭人，而杜貤封亦如之。有六子，長少宰也。又先業在雕橋莊，有古柏四十圍。趙忠毅（南星）嘗過而憩焉。歲月不居，身名晼晚，每摩挲其下，彷徨歎息不能去。余投老荒江六年，衰病坎壈，倍於疇昔。公家英嗣皆以公故辱知余。余得棲遲閭里，苟視先人之飯含者，夫猶公賜也。

則愼可丁父憂，雖未能確定爲何時，但至遲亦必在順治四年七月馬國柱任江南江西河南總督以前。愼可殆以賓僚資格，參預洪氏或馬氏軍府。考梁洪俱爲萬曆四十三年乙卯舉人，有鄉試同年之誼。（見光緒修畿輔通志叁玖及同治修福建通志壹伍陸選舉表舉人欄等。）在舊日科舉制度下之社會風習，兩人之間縱無其他原因，即此一端，愼可亦能與亨九發生關係，遂可隨之南下，爲入幕之客，寄寓江寧。至其彫陵莊，當由梁氏眞定先業之雕橋莊得名。（可參趙南星味檗齋文集捌「雕橋莊記」略云：「吾郡梁太宰（夢龍）有雕橋莊，在郡西十五里。梁公往矣，公孫愼可讀書其中，自號西韓生。」等語及吳詩集覽陸上「雕橋莊歌」序並注。）蓋愼可僑居金陵，因取莊子山木篇「雕陵」之語，合用古典今典，以名其南京之寓廬也。愼可離南京北返之年月，今頗不易知。但必在順治六年己丑冬季以後。（可參下論。）

檢牧齋尺牘中致□□□云：

> 往年寄孥雕陵，荷賢喬梓道誼之愛，家人婦子仰賴鴻慈。雲樹風煙，每紆雁素。惟尊太翁老世兄郵筒不絕，翰墨相商，時詢鯉庭，遙瞻鸞掖，寸心繾綣，未嘗不往來函丈也。不肖某，草木殘年，菰蘆朽質，業已撥棄世事，歸向空門，而宿業未亡，虛名爲祟，謠諑間發，指畫無端。所賴台翁暨司馬公愛惜孤蹤，保全善類，庶令箕風罷煽，畢口削芒。此則元氣所關，海內瞻仰。不肖潦倒桑梓，無能報稱，惟有向繡佛齋前，長明燈下，稽首齋心，祝延介福而已。犬子計偕，耑叩鈴閣。黃口童稚，深望如天之覆。其爲銘勒，何可名言。臨楮不勝馳企。

寅恪案，此札乃致梁清遠者，「司馬公」指清標言。考清標自順治十三年丙申四月至康熙五年丙午九月任兵部尚書。孫愛中式順治三年丙戌鄉試。牧齋此函即付孫愛赴北京應會試時，面交清遠者。孫愛應會試當不止一次，但此次必不在順治十三年四月清標任兵部尚書以後，康熙元年壬寅十月維樞逝世以前。此六年間清廷共舉行會試三次。依牧齋「謠諑間發」之語，則疑是順治十六年己亥秋牧齋預聞鄭成功舟師入長江之役以後，亦即孫愛赴北京應十八年春闈時也。然則牧齋作此札時，距黃毓祺案已逾十年，尚欲梁氏父子兄弟始終維護保全，如前此之所爲。今日吾人殊不易知鄭氏失敗，牧齋所以能免於牽累之故。或者梁氏兄弟仍有間接協助之力耶？

寅恪復檢牧齋尺牘上致鎮臺（化鳳）書三首之一云：

内子念尊夫人厚愛，寢食不忘。此中郵筒不乏，即容嵩候萬福。

此札言愼可家事頗詳，自是致維樞者。編輯誤列，不待詳辨。至牧齋與梁化鳳之關係，俟後論之，茲暫不涉及。

又第叁章引錢肇鼇質直談耳，謂河東君在周道登家爲羣妾所譖，幾至殺身，賴周母之力得免於死。觀牧齋「梁母吳太夫人壽序」可證河東君與愼可母之關係，與應付周旋念西母者，正復相同。河東君善博老婦人之歡心一至於此。噫！天下之「老祖宗」固不少，而「鳳丫頭」豈能多得者哉？牧齋之免禍，非偶然也。

前論牧齋所以得脫黃毓祺案牽累之故，疑與梁維樞有關。惜今尚未發見確證，故難決言。檢趙宗建舊山樓書目，載有：

柳如是家信稿（原注：「十六通。自寫。」）一本。

牧齋甲申年日記一本。

又乙酉年日記一本。

又記豫王下江南事蹟一本。

又被累下獄時與柳如是信底稿（原注：「內有詩草底稿。」）一本。

等數種。若非僞託，而又尚存天壤間者，則實爲最佳史料。唯未曾親睹，不能判其然否，殊深悵恨也。但有一點可以斷定者，即牧齋之脱禍，由於人情，而不由於金錢。今所見載記，如葉紹袁啓禎記聞録柒附芸窗雜録記順治四年丁亥事略云：

海虞錢牧齋名謙益，中萬曆庚戌探花，官至少宗伯，歷泰昌天啓崇禎弘光五朝矣。乙酉歲北兵入南都，率先歸附，代爲招撫江南，自謂清朝大功臣也。然臣節有虧，人自心鄙之。雖召至燕京，任爲内院，未幾即令馳驛歸，蓋外之也。四月朔忽緹騎至蘇猝逮云。

錢牧齋有妾柳氏，寵嬖非常。人意其或以顔貌，或以技能擅長耳。乃丁亥牧老被逮，柳氏即束装挈重賄北上，先入燕京，行賂於權要，曲爲斡旋。然後錢老徐到，竟得釋放，生還里門。始知此婦人有才智，故緩急有賴，庶幾女流之俠，又不當以閨閫細謹律之矣。

及計六奇明季南略玖「黄毓祺起兵行塘」條附記云：

（黄毓祺）將起義，遣徐摩往常熟錢謙益處提銀五千，用巡撫印。摩又與徽州江某善。江嗜賭而貪利，素與大清兵往還。知毓祺事，謂摩返必挾重貲，發之可得厚利。及至常熟，錢謙益心知事不密，必敗，遂却之。摩持空函還，江某詣營告變，遂執毓祺及薛生一門，（寅恪案，

「薛生」指薛繼周之第四子。）解於南京部院，悉殺之。錢謙益以答書左袒得免。然已用賄三十萬矣。

之類，皆未明當日事實所致。葉氏之書，大抵依時日先後排列，但「錢牧齋有妾柳氏」條，乃聞牧齋脱禍以後，因補記於「海虞錢牧齋名謙益」條相近處，蓋以同述一事故也。所可注意者，其記牧齋被逮至蘇，在丁亥四月朔，與洪亨九原揭所引吳勝兆供詞及牧齋自記丁亥三月晦日在家忽被急徵者相合。常熟距蘇州甚近，葉氏於四月朔聞訊，遂筆錄之耳。天㕘與牧齋之關係，迥非謝象三之比，然其記牧齋被逮事，亦在順治四年丁亥，殊有參考之價值。至於所言河東君挈重賄北上，先入燕京，牧齋徐到一節，乃得之輾轉傳聞，可不置辯。葉氏言「重賄」，計氏言「用賄三十萬」，皆未悉牧齋當日經濟情況者之揣測。茲略徵載記，以證牧齋此時實不能付出如此鉅大數量之金錢，而河東君之能利用人情，足使牧齋脱禍，其才智尤不可及也。關於牧齋經濟情況之記載，雖頗不少，但一人一家之貧富，亦有改變，故與黄毓祺案發生之時間相距前後久遠者，可不徵引。前論河東君患病，經江德璋治愈，牧齋以玉杯贈江爲謝，因述及順治二年乙酉清兵破明南都，牧齋奉獻豫親王多鐸之禮物獨薄一事，據此得知牧齋當時經濟情況實非豐裕。蓋值斯求合苟免之際，若家有財貨，而不獻納，非獨己身不應出此，亦恐他人未必能容許也。南都迎降之年，下距黄毓祺案發生之歲，時間甚近，故牧齋必無重資厚賄以脱禍之理。今存牧齋尺牘，其中訴窮告貸之書札不少，大抵距黃案時間頗遠，以非切當之資料，不多引。唯與毛子晉四十六首，其第叁玖通云：

獄事牽連，實爲家兄所困。頃曾專信相聞，而反倩筆於下走者，老顛倔強，恥以殘生爲乞丐耳。未審亦能悉此意否也。歸期不遠，嘉平初，定可握手。仲冬四日。

檢有學集壹柒「賴古堂文選序」云：「己丑之春予釋南囚歸里。」可證牧齋於順治六年己丑春間，被釋歸常熟。此札末署「仲冬四日」，即順治五年戊子十一月初四日。「嘉平初，定可握手。」者，謂戊子年十二月初，可還家與子晉相見。牧齋作此札，尚在黃案未了結之時。然則葉計兩氏所言之非信史，更可見矣。

又葉計兩氏所以有此記載，蓋據當時不明牧齋經濟情況者之傳說。牧齋雖不以富名，但家藏珍本書籍，平時服用，亦非甚儉薄，然則其何術以致此耶？

明末蘇松常鎮之士大夫，多置田產，以供其生活之費用。清室因鄭成功舟師入長江之役，江南士大夫多嚮應者，發起奏銷案以資鎮壓。觀孟心史森明清史論著集刊下「奏銷案」一文，可概見也。

復檢牧齋尺牘中與□□□云：

雙白來，得手教，諄諄如面談。更辱垂念，家門骨肉道義，情見乎詞。可勝感佩。近日一二梟獍蜚語計窮，謂寒家户田欠幾萬金，將有不測之禍。又託言出自縣令之言，簧鼓遠近。試一問之，户有許多田，田有許多糧。若欲欠盈萬之額，須先還我踰萬之田而後可。小人嚼舌，不顧事理，一至於此。此言必有聞於左右者，亦付之一笑可也。海晏河清，杜門高枕，却苦脚氣纏綿，步履艱澀。此天公妬其安閒，以小疾相折抵也。

寅恪案，此札雖不知致誰者，但據「家門骨肉」之語，知其人爲牧齋同族。「雙白」者，指王廷璧，見明詩綜捌拾上等。牧齋之免於奏銷案之牽累，當別有其他原因，然其田產無論有無，縱或有之，亦微不足道，觀此札可以證知。牧齋既不依田產收入爲生，則其家計所賴，唯有賣文一途。河東君殉家難事實「孝女揭」略云：

我母柳氏，係本朝秘書院學士我父牧齋公之側室。吾父歸田之後，賣文爲活。煢煢女子，蓄積幾何。

此雖指牧齋於順治三年丙戌秋由北京還常熟以後事，但黄案之發生，即在此年之後。此數年間，牧齋遭際困頓，自不能置田產。由是言之，牧齋丙戌後之家計，亦與其前此者無異，皆恃賣文維持。趙管妻之語，固指丙戌以後，實可兼概丙戌以前也。今所見資料，足資證明此點者殊多，不須廣引。考牧齋爲王弇州後文壇最負盛名之人（見黄梨洲思舊錄「錢謙益」條。）李北海「干謁走其門，碑版照四裔。」（見杜工部集柒「八哀詩」之五及舊唐書壹玖拾中文苑傳李邕傳。）韓昌黎諛墓之金。（見新唐書柒陸韓愈傳附劉叉傳。）其故事可舉以相比也。復檢牧齋尺牘中「與王兆吉」五通，其第伍通云：

> 生平有二債，一文債，一錢債。錢尚有一二老蒼頭理直，至文債，則一生自作之孽也。承委南軒世祠記，因一冬文字宿逋未清，俟逼除時，當不復云祝相公不在家也。一笑！

同書同卷「與遵王」三十通，其第伍通云：

> 歲行盡矣，有兩窮爲苦。手窮欠錢債多，腹窮欠文債多。手窮尚可延挨，東塗西抹。腹窮不可撑補，爲之奈何？甫老壽文，前與其使者以望日爲期，正是祝相公又不在家時候也。一笑！

牧齋所謂「蒼頭」，當即指錢斗輩而言，俟後論述，暫不之及。茲以兩札所言，頗饒妙趣，並足以實寫其生活狀況，故附錄之。東坡集壹叁「次韻孔毅父久旱已而甚雨」三首之一云：「我生無田食破硯，爾來硯枯磨不出。」受之之語，殆從蘇句得來歟？

關於牧齋與介子是否如馬國柱所謂「素不相識」之問題，茲檢牧齋尺牘中「與木陳和尚」（寅恪案，木陳即道忞。）二通，其第貳通云：

> 密雲尊者塔銘，十五年前已諾江上黃介子之請矣。重以尊命，何敢固辭。第以此等文字，關係人天眼目，豈可取次命筆。年來粗涉教乘，近代語錄都未省記。須以三冬歲餘，細加簡點，然後可下筆具稿。謹與曉上座面訂，以明年浴佛日爲期，爾時或得圍繞猊座，覿面商

権，庶可於法門稍道一線，亦可以慰吾亡友於寂光中也。

其第壹通略云：

喪亂殘生，學殖荒落，恭承嘉命，令補造密雲老人塔銘，以償十五年舊逋，每一下筆，輒爲戰掉。次後著語，頗爲老人施十重步障。竊自謂心平如地，口平如水，任彼百舌瀾翻，千喙剝啄，亦可以譬諸一吷，付之一笑。

及有學集叁陸「天童密雲禪師悟公塔銘」略云：

崇禎十四年辛巳上以天步未夷，物多疵厲，命國戚田弘遇，捧御香祈福補陀大士還賫紫衣賜天童悟和尚。弘遇齋祓將事，請悟和尚陞座説法，祝延聖壽。還朝具奏，上大嘉悦，俞其請，詔所司議修成祖文皇帝所建南京大報恩事。命悟爲住持，領其事。弘遇啣命敦趣，以老病固辭。踰年而示寂。又二年甲申，國有大故，龍馭上賓。越十有五年戊戌，（即順治十五年。）嗣法弟子道忞，具行狀年譜，申請謙益，俾爲塔土之銘。師諱圓悟，號密雲。嘉靖戊寅歲，生常州宜興，姓蔣氏。示微疾，趺坐頻申而逝，崇禎十五年壬午七月七日也。世壽七十七，僧夏四十四，明年癸未，弟子建塔天童，迎全身窆幼智菴之右隴。師鬀度弟子三百餘人。王臣國士參請皈依者，又不勝數，偕忞公二通輩結集語錄書問，標揭眼目者，江陰黄毓祺介子也。師既殁，介子裁書介天童上座某屬余爲塔銘。遭世變，不果作，而介子殉義以死。又十年矣，余爲此文，鄭重載筆，平心直書，誓不敢黨枯仇朽，欺誣法門，用以副忞公之請，且慰介子于九原也。

則牧齋與介子爲舊友，此三文乃是鐵證。馬國柱奏謂錢黃素不相識，公牘文字自來多非事實，即此可見。牧齋作密雲塔銘時，在鄭延平將率舟師入長江之前夕。豈牧齋預料國姓此舉可以成功，遂亦反其往日畏葸之態度，而昌言不諱其與介子之關係耶？又圓悟塔銘涉及田弘遇補陀進香事，頗饒興趣，讀者可取前述江南名姝被劫及避禍事參閱也。

抑更有可論者，黃梨洲南雷文定後集貳「鄧起西墓誌銘」略云：

君名大臨，字起西，别號丹邱，常熟人。起西幼孤，稍長即能力學，從遊於江陰黃介子毓祺。歲乙酉江陰城守不下，介子與其門人起兵竹塘應之。起西募兵於崇明。事敗，介子亡命淮南，以官印印所往來書，爲人告變，捕入金陵獄。起西職納橐饘。獄急，介子以其所著小遊仙詩圜中草授起西，坐脱而去。當事戮其尸。起西號泣守喪鋒刃之中，贖其首聯之於頸，棺殮送歸。有漢楊匡之風。起西師死之後，遍走江湖，欲得奇才劍客而友之，卒無所遇，遂佗傺而死。聞者傷之。甲辰余至虞山，起西以精舍館我。款對數人，張雪崖顧石賓皆其道侶也。隨訪熊魚山於烏目，訪李膚公於赤岸，皆起西導之。（寅恪案，可參梨洲思舊錄李孫之及熊開元條。）比余返棹，起西送至城西楊忠烈祠下，涕零如雨。余舟中遥望，不可爲懷。

然不意其從此不再見也。

夫起西爲常熟人，又是牧齋舊友黃介子之高弟。牧齋垂死時，梨洲至虞山視牧齋疾，即寓起西家。（見後引梨洲思舊錄錢謙益條。）則起西自與牧齋不能無關涉，可以推知。首告之盛名儒逃不赴質，恐是河東君間接所指使。殆取崇禎時告訐牧齋之張漢儒故事以恐嚇之也。至介子之能在獄中從容自盡，疑亦與河東君之策略有關，因藉此可以死無對證，免致牽累牧齋。其以介子病死爲言者，則可不追究監守之獄吏耳。黃案得如此了結，河東君之才智絕倫，誠足令人驚服。所可注意者，牧齋不付五千金與徐摩，遂因此脫禍。鄙意牧齋當時實亦同情於介子之舉動，但其不付款者，蓋由家素不豐，無以籌辦鉅額也。故就此點觀之，亦可證知牧齋經濟之情況矣。

關於牧齋獄中寄河東君詩，第叁章論臥子長相思七古，已引王應奎柳南隨筆涉及牧齋此詩序「弟」與「妻」之問題，可不復贅。惟牧齋此詩，雖有遵王之注，然亦未能盡窺其師之微旨。故重錄此詩序，並六首全文，分別箋釋之。其他典故，讀者自當更取遵王原注並觀也。

有學集壹秋槐詩「和東坡西臺詩韻六首」其序云：

丁亥三月晦日，晨興禮佛，忽被急徵。鋃鐺拖曳，命在漏刻。河東夫人沉痾臥蓐，蹶然而起，冒死從行，誓上書代死，否則從死。慷慨首塗，無刺刺可憐之語。余亦賴以自壯焉。獄急時，次東坡御史臺寄妻詩，以當訣別。獄中遏紙筆，臨風闇誦，飲泣而已。生還之後，尋繹遺忘，尚存六章，值君三十設帨之辰，長筵初啓，引滿放歌，以博如皋之一笑。並以傳眎同聲，求屬和焉。

寅恪案，婁東無名氏研堂見聞雜錄云：「牧齋就逮時〔柳夫人〕能戎裝變服，挾一騎護之。」某氏所記河東君事，多雜採他書，實無價值。其言河東君戎裝挾一騎護牧齋，則絕無根據，不過牽混河東君作「昭君出塞裝」之傳說而來耳。此事前已辨之矣。至「無刺刺可憐之語」，乃用韓退之「送殷侑員外使回鶻序」中：

今人適數百里，出門惘惘，有離別可憐之色。持被入直三省，丁寧顧婢子語，刺刺不能休。

之文。（見五百家注韓昌黎先生文集貳壹。）遵王注中未及，特標出之，以便讀者，並足見牧齋之文，無一字無來處也。又「余亦賴以自壯焉」之語，與第壹首詩「慟哭臨江無壯子」句，亦有相互關係。餘見下論。

抑有可附論者，即關於河東君生年月日之問題。當牧齋順治四年丁亥賦此六詩時，河東君應如牧齋之言，確爲三十歲。此點並據康熙三年甲辰河東君示其女趙管妻遺囑所言「我來汝家二十五年。」（參第肆章論寒夕文讌詩節。）及顧苓河東君傳所載「定情之夕，在辛巳六月七日，君年二十四矣。」等資料，推計符合。或謂牧齋於丁亥三月晦日在常熟被急徵，至南京下獄，歷四十日出獄，即牧齋此題序所謂「生還」。若依此計算，其出獄當在五月間。然則河東君之生辰應在五月矣。鄙意牧齋所謂「生還之後，値君三十設帨之辰。」其時限雖不能距五月太遠，但亦難決其必在五月，是以或說亦未諦也。至牧齋序文所以引「賈大夫」之爛熟典故者，（詳見第肆章論牧齋庚辰冬日同如是泛舟再贈詩「爭得三年才一笑」句所引。）固藉此明著其對河東君救護之恩情，更別具不便告人之深旨。蓋明南都傾覆，在乙酉五月。自乙酉五月至丁亥五月，亦可視爲三年。在此三年間，河東君「不言不笑」，所以表示其不忘故國舊都之哀痛。遵王注已引左氏傳以釋此古典，然恐未必通曉其師微意所在。故不可據牧齋之飾辭，以定河東君之生辰實在五月也。唯有可笑者，第肆章論牧齋（庚辰）冬日同如是泛舟有贈」詩，引江熙掃軌閒談，謂牧齋「黑而髯，貌似鍾馗。」可知牧齋有賈大夫之惡。至牧齋之才，在河東君心目中，除「鄴下逸才，江左罕儷。」之陳臥子外，「南宮主人」尙有可取之處。（見河東君與汪然明尺牘第貳伍通及第叁拾通。）宜其能博如皐之一笑也。

牧齋和東坡詩第壹首云：

朔氣陰森夏亦凄。穹廬四蓋覺天低。青春望斷催歸鳥，黑獄聲沈報曉雞。慟哭臨江無壯子，徒行赴難有賢妻。重圍不禁還鄉夢，却過淮東又浙西。

寅恪案，第壹句「朔氣」蓋謂建州本在北方。「夏亦凄」者，言其殘酷也。韓退之「贈劉師服」詩云：「夏半陰氣始，淅然雲景秋。蟬聲入客耳，驚起不可留。」（見五百家注昌黎先生集伍。）牧齋以丁亥三月晦日在常熟被急徵，至南京下獄時，當在四月初旬。歷四十日出獄，已在五月。五月爲仲夏，與韓詩「夏半」之語適切。或云牧齋下獄在夏季，似與韓詩「雲景秋」之「秋」不合。鄙意駱賓王「在獄詠蟬」詩「西陸蟬聲唱」句，（見全唐詩第貳函駱賓王叁。）雖是秋季所作，但詩題有「獄中」之語，牧齋遂因韓詩「蟬聲入客耳」句聯想及之。觀牧齋此詩第肆句「聲沈」之語，與駱氏此詩「風多響易沈」句相應合，可以證知。不必拘執韓駱詩中「雲景秋」及「西陸」之辭爲疑也。第貳句遵王注本作「穹廬」，並引史記匈奴傳以釋之。甚是。蓋牧齋用「穹廬」之辭，以指建州爲胡虜。其作「穹蒼」者，乃後來所諱改也。第叁句遵王注引韓退之「遊城南」詩中「贈同遊」五絕釋之。亦是。但五百家注昌黎先生詩集玖此詩注略云：

洪云，催歸子規也。補注，（黃瞀？）復齋漫錄，予嘗讀顧渚山茶記云，顧渚山中有鳥如鸜鵒而色蒼，每至正月作聲曰，春起也。三四月云，春去也。採茶人呼爲喚春鳥。（參太平廣記肆陸叁引顧渚山記「報春鳥」條。）

牧齋丁亥四月正在金陵獄中，故以青春望斷「不如歸去」爲言，其意更出韓詩外矣。第肆句言建州之統治中國，如雙王之主宰泥犂，即所謂「暗無天日」者。關於第貳聯之解釋，甚有問題。柳南隨筆壹（參東臯雜鈔叁及牧齋遺事「牧翁仕本朝」條。）云：

某宗伯於丁亥歲以事被急徵，河東夫人實從。公子孫愛年少，莫展一籌，瑟縮而已。翁於金

陵獄中和東坡御史臺寄弟詩，有「慟哭臨江無孝子，徒行赴難有賢妻。」之句，蓋紀實也。孫

愛見此詩，恐爲人口實，百計託翁所知，請改孝子二字。今本刻「壯子」，實係更定云。

寅恪案，東溆所記，謂此聯上句之「壯子」，本作「孝子」。以孫愛之無能，初視之，亦頗近理。細繹之，則殊不然。蓋牧齋詩本爲和東坡獄中之作。故其所用辭語典故，亦必與東坡有關。考「壯」字通義爲「長大」，專義則爲小戴記曲禮「三十曰壯」。檢東坡後集壹叁「到昌化軍謝表」云：「子孫慟哭於江邊，已爲死別。」表中「子孫」之「子」，指東坡長子邁。「子孫」之「孫」，指邁之子簞符及幼子過之子籥。邁生於嘉祐四年己亥，至紹聖四年丁丑，東坡謫瓊州時，年三十九。故邁兼通義及專義之「壯」。東坡留邁及諸孫等於惠州，獨與幼子過渡海至瓊州。過生於熙寧五年壬子，至紹聖四年丁丑，年二十六。既非長子，年又未三十，不得爲「壯」也。（詳見王文誥蘇文忠公詩編注集成總案壹嘉祐四年己亥。同書捌熙寧五年壬子。同書肆拾紹聖三年丙子及四年丁丑等條。）又檢東坡集貳玖「黄州上文潞公書」（參葉夢得避暑錄話肆「蘇子瞻元豐間赴詔獄，與其長子邁俱行。」條。）云：

軾始就逮赴獄，有一子稍長，徒步相隨。其餘守舍皆婦女幼稚。

東坡元豐二年己未就逮時，邁年二十一，雖爲長子，但非「三十曰壯」之「壯子」。初學集柒肆「先太淑人述」云：

謙益狂愚悻直，再觸網羅，葦笥之籍，同文之獄，流傳洶懼，一日數驚。太淑人強引義命自安。然其撫心飲淚，惟恐壯子受刑僇，固未忍以告人也。

牧齋所謂「再觸網羅」者，指天啓五年乙丑年四十四及崇禎元年戊辰年四十七，兩次之事。（詳見葛萬里及金鶴冲所撰牧齋年譜。）文中「壯子」之「壯」，乃兼通義及專義。蓋牧齋「三世單傳」，其時又年過三十故也。當順治四年丁亥牧齋被急徵時，孫愛年十九，既未過三十，又非居長之子，（見初學集玖崇禎詩集伍「反東坡洗兒詩。己巳九月九日。」及「同書柒肆「亡兒壽耇壙志。」）自不得以蘇邁爲比。由是言之，第貳聯上句全用東坡及其長子伯達之典故，絕無可疑。至第貳聯下句，則用全唐詩第貳函崔顥「贈王威古」五古「報國行赴難，古來皆共然。」及東坡上文潞公書「徒步隨行」。並箋注陶淵明集捌「與子儼等疏」中「余嘗感孺仲賢妻之言。」等典故。綜合上下兩句言之，牧齋實自傷己身不僅不能如東坡有長壯之子徒步隨行，江邊痛哭。唯恃孺仲賢妻之河東君，與共患難耳。（參有學集貳秋槐詩支集「己丑元日試筆」二首之二「孺仲賢妻涕淚餘」句。）夫孫愛固爲「生兒不象賢」之劉禪，（見全唐詩第陸函劉禹錫肆「蜀先主廟」。）但絕非忤逆不孝之子。淺人未曉牧齋之作此詩，貫穿融合東坡全集而成，妄造物語，可鄙可笑也。或謂此聯上句牧齋最初之稿，原不如此。漢書叁拾藝文志歌詩類載：「臨江王節士歌詩四篇。」（參同書伍叁景十三王傳臨江閔王榮傳。）分類補注李太白詩肆「臨江王節士歌」云：

洞庭白波木葉稀。燕鴻始入吳雲飛。吳雲飛，吳雲寒，燕鴻苦。風號沙宿瀟湘浦。節士悲秋淚如雨。白日當天心照之，可以事明主。壯士憤，雄風生。安得倚天劍，跨海斬長鯨。

牧齋殆取此意，「壯子」本作「壯士」。後來以辭旨過顯，觸犯忌諱，遂改用東坡故實，易「壯士」爲「壯子」歟？或說似亦有理，姑附錄之，以備一解。第柒捌兩句，與東坡原詩自注：「獄中聞湖杭民爲余作解厄齋經月，所以有此句也。」有關，可不待論。但牧齋「淮東」二字，暗指明鳳陽祖陵而言。明史肆拾地理志「鳳陽府。鳳陽縣。」下注略云：「北濱淮。西南有皇陵。」又宋有淮東路，元有淮東道。故牧齋用「淮東」之辭，以示不忘明室祖宗之意。「浙西」二字，自是襲用蘇詩「浙江西」之成語，然亦暗指此時尚爲明守之浙江沿海島嶼，如舟山羣島等。此等島嶼，固在浙江之東，若就殘明爲主之觀點言，則浙江省乃在其西。張名振之封爵以「定西」爲號者，疑即取義於此。牧齋詭辭以寓意，表面和蘇韻，使人不覺其微旨所在。總之此兩句謂不獨思家而已，更懷念故國也。或謂牧齋己身曾任浙江鄉試主考，合古典今典爲一辭，甚爲巧妙。牧齋寄示謝象三此題，亦以謝氏乃其典試浙江時所取士之故。此或說似亦可通。並錄之，以備別解。

第貳首云：

陰宮窟室晝含凄。風色蕭騷白日低。天上底須論玉兎，人間何物是金雞。肝腸迸裂題襟友，血淚模糊織錦妻。却指恆雲望家室，滹沱河北太行西。

寅恪案，第壹句及第貳句亦俱謂建州統治之黑暗。牧齋第壹首已及此意，今又重申言之者，所以抒其深恨。第壹句「窟室」遵王注引史記吳太伯世家爲釋，字面固合，恐猶未盡。鄙意牧齋殆用漢書伍肆蘇建傳附武傳：「單于愈欲降之，迺幽武置大窖中。」之意，實欲以子卿自比。第叁句遵王注引李孝逸事爲釋，似可通。但寅恪則疑牧齋之意謂「月有陰晴圓缺」，（可參第叁章論臥子長相思詩節述及東坡「丙辰中秋作，兼懷子由。」詞。）明室今雖暫衰，終有復興之望。與第肆章所引黃皆令「謝別柳河東夫人」眼兒媚詞「月兒殘了又重明。後會豈如今。」同一微旨也。第伍句「題襟友」當指梁維樞。據前引有關慎可資料，則牧齋自可以此目之也。第柒捌兩句謂河東君寄居慎可南京之彫陵莊。考北魏之恆州，唐改雲州，北周移雲州於常山乃滹沱河北，太行山西，梁氏著籍之眞定，亦即彫橋莊所在之地。眞定固在滹沱河之北。「太行西」謂眞定彫橋莊之西方爲太行山。牧齋作此倒裝句法者，所以步蘇詩「西」字之原韻。讀者不必拘泥地望之不合也。又疑「恆雲」二字，雖是地名，恐與程松圓所賦「緪雲詩」之「緪雲」有連。蓋「恆」「緪」同韻，兩音相近，或有雙關之意。若果如此，豈牧齋於獄中困苦之時，猶故作狡獪耶？一笑！

第叁首云：

紂絕陰天鬼亦凄。波吒聲沸柝鈴低。不聞西市曾牽犬，浪説東城再鬭雞。並命何當同石友，呼囚誰與報章妻。可憐長夜歸俄頃，坐待悠悠白日西。

寅恪案，此首全篇意旨謂己身不久當死也。第壹貳兩句，亦指當日囚禁之苦，比於地獄。其用眞誥闡幽微篇及酉陽雜俎前集貳「玉格」門「六天」條，「紂絶陰宮」之辭，恐非偶然。蓋暗寓建州之酷虐，與桀紂同也。第叁句自是用史記捌柒李斯傳。豈欲與第肆句用陳鴻祖「東城老父傳」及東城原詩「城東不鬬少年雞」句，「東城」及「城東」之「東」爲對文，遂於李斯傳「胥斬咸陽市」之「市」上，加一「西」字，並著一「不」字，以反李斯「顧謂其中子曰，吾欲與若復牽黄犬，出上蔡東門，逐狡兎，豈可得耶？」之原語，以免與史記之文衝突歟？遵王注雖引太史公書，然略去「東門」之「東」字，殆亦覺其師此句頗有疑問耶？俟考。但據徐松唐兩京城坊考肆「獨柳」條云：

　刑人之所。按西市刑人，唐初即然。貞觀二十年斬張亮程公穎於西市。（寅恪案，此條見舊唐書玖肆張亮傳及資治通鑑玖捌唐紀太宗紀貞觀二十年二月己丑條。）舊（唐）書（拾）肅宗紀（同書壹陸玖）王涯傳又言子城西南隅獨柳樹。蓋西市在宮城之西南。子城謂宮城。（寅恪案，此條可參資治通鑑貳貳拾唐紀肅宗紀至德二載十二月條所云：「壬申斬達奚珣等十八人於城西獨柳樹下。」及胡注引劉昫之語曰：「獨柳樹在長安子城西南隅。」又「獨柳」並可參舊唐書壹伍憲宗紀下元和十二年十一月條及同書壹肆伍吳少陽傳附吳元濟傳。）

可知牧齋「西市」一語，並非無出處也。第伍句遵王注引晉書伍伍潘岳傳爲釋，自是不誤。「石友」之義，可參文選貳拾潘安仁「金谷集作」詩，「投分寄石友」及同書貳叁阮嗣宗「詠懷」十七首之二，

「如何金石交」等句李善注。鄙意安仁原詩「石友」之「石」，兼有「金石」之「石」及「石崇」之「石」兩意。若就「石崇」之「石」言，則「石」爲專有名詞。故錢詩第陸句「章妻」之「章」，亦是專有名詞。當牧齋就逮之際，河東君誓欲「從死」，即「並命」之意。噫！河東君此時雖未「並命」，然後來果以身殉。此句亦可謂與安仁季倫金谷之篇，同爲詩讖者矣。又考河東君只生一女，即趙微仲管之妻。作此詩時，猶未出生，牧齋不過因東坡原詩「身後牛衣愧老妻」之句，並感河東君尚無子女，遂聯想及之。但河東君本末，既與「章妻」不同，牧齋又非「素剛」之人，趙管妻恐未能承繼其母特性，如仲卿女之比。然則此典故雖似適切，後來情事演變，終與仲卿及其家屬之結局有異，斯殆牧齋在獄中賦詩時，所不能預料者也。第柒捌兩句用文選壹陸江文通「恨賦」，「及夫中散下獄，神氣激揚。」及「鬱青霞之奇意，入修夜之不暘。」之意。蓋以嵇康自比。但叔夜之「青霞奇意」，牧齋或可有之，至「神氣激揚」，則應屬於河東君，牧齋必不如是。唯此題第伍首第貳句「骨消皮削首頻低」及第陸首第貳句「神魂刺促語言低」等語，乃牧齋當時自作之眞實寫照耳。

第肆首云：

三人貫索語酸凄。主犯災星僕運低。溲溺關通眞並命，影形絆縶似連雞。夢回虎穴頻呼母，話到牛衣更念妻。尚説故山花信好，紅闌橋在畫樓西。（自注：「余與二僕共梏拲者四十日。」）

寅恪案，第柒捌兩句指拂水山莊八景之「月堤煙柳」及「酒樓花信」二景而言。可參初學集壹柒移居詩集「九日宴集含暉閣醉歌」一首，「登高望遠不出戶，連山小閣臨莽蒼。」及「白雲女牆作山帶，紅闌橋水含湖光。」等句。並前論牧齋「春遊」二首中所引「月堤煙柳」詩：「紅闌橋外月如鈎。」及「酒樓花信」詩：「橫笛朱欄莫放吹。」等有關資料，茲不贅釋。

第伍首云：

六月霜凝信憯淒。骨消皮削首頻低。雲林永繞離羅雉，砧几相憐待割雞。墮落劫塵悲宿業，皈依法喜媿山妻。西方西市原同觀，懸鼓分明落日西。

寅恪案，前第肆首第柒捌兩句，乃謂拂水山莊。此首第柒捌兩句，則指絳雲樓也。牧齋「絳雲樓上梁」詩八首之六，第柒捌兩句云：「夕陽樓外歸心處，縣鼓西山觀落暉。」（「觀」字下自注：「去」）可證。至第柒句「西市」一辭，可參第叁首第叁句「不聞西市曾牽犬」之解釋，可不贅論。又「（黃毓祺）將刑，門人告之期。祺作絕命詩，被衲衣，趺坐而逝。」（見前引孤忠後錄。）眞所謂西方西市等量齊觀者。牧齋此句應是預爲介子詠。至己身之怯懦，則非其倫也。

第陸首云：

桔桊扶將獄氣淒。神魂刺促語言低。心長尚似拖腸鼠，髮短渾如禿幘雞。後事從他攜手客，殘骸付與畫眉妻。可憐三十年來夢，長白山東遼水西。

寅恪案，第叁句遵王引搜神記爲釋，乃僅釋古典。其今典則「髮短」一辭，謂己身已薙髮降清也。

史惇慟餘雜記「錢牧齋」條（可參談孺木遷北游錄紀聞下「辮法」條。）云：

清朝入北都，孫之獬上疏云，臣妻放脚獨先。事已可揶揄。豫王下江南，下令剃頭，衆皆洶洶。錢牧齋忽曰，頭皮癢甚。遽起。人猶謂其篦頭也。須臾，則髠辮而入矣。

又有學集肆玖「題邵得魯迷塗集」（參牧齋尺牘「與常熟鄉紳書」所云：「諸公以剃髮責我，以臣服誚我，僕俯仰慚愧，更復何言。」等語。）云：

邵得魯以不早薙髮，械繫僇辱，瀕死者數矣。其詩清和婉麗，怨而不怒，可以觀，可以興矣。得魯家世皈依雲棲，精研內典，今且以佛法相商。優婆離爲佛薙髮，作五百童子薙頭師，從佛出家，得阿羅漢果。孫陀羅難陀不肯薙髮，握拳語薙者，汝何敢持刀臨閻浮王頂？阿難抱持，強爲薙髮，亦得阿羅漢果。得魯即不剃髮，未便如阿難陀（寅恪案，「阿」字疑衍。）取次作轉輪聖王。何以護惜數莖髮，如此鄭重？彼狺狺剃髮，刀鋸相加，安知非多生善知識？順則爲優波離之於五百釋子，逆則如阿難之於難陀，而咨歎（寅恪案，此「歎」字疑當作「嗟」。）慨歎，迄於今似未能釋然者耶？我輩多生流浪，如演若達多晨朝引鏡，失頭狂走。頭之不知，髮於何有？畢竟此數莖髮，剃與未剃，此二相俱不可得。當知演若昔日失頭，頭未曾失。得魯今日薙髮，髮未曾剃。晨朝引鏡時，試思吾言，當爲啞然一笑也。

夫辮髮及薙髮之事，乃關涉古今中外政治文化交通史之問題，茲不欲多論，唯附錄史惇所記牧齋

「薙髮」條及牧齋自作薙髮解嘲文於此，以資談助。其他清初此類載記頗多，不遑徵引也。夫牧齋既迫於多鐸之兵威而降清，自不能不薙髮，但必不敢如孫之獬之例，迫使河東君放脚，致辜負良工濮仲謙之苦心巧手也。呵呵！第伍句「攜手客」指梁慎可等。毛詩邶風「北風其涼。雨雪其雱。惠而好我，攜手同行。」小序云：「北風刺虐也。」牧齋蓋取經語，以著建州北族酷虐之意也。第柒捌兩句之解釋即牧齋於崇禎十四年辛巳所賦「秋夕燕譽堂話舊事有感」詩：「東虜遊魂三十年」句之意。已詳第壹章及第肆章所論，可不復贅。

綜觀此六詩中第貳首七八兩句，關涉梁慎可，第陸首七八兩句關涉後金，辭語較第壹首七八兩句，尤爲明顯，自不宜廣爲傳播。前引謝象三和牧齋獄中詩題，僅言「以四詩寄示」，則牧齋詩序之「傳眎同聲，求屬和。」之詩，實保留兩首。豈即今有學集此題之第貳第陸兩首歟？至江左三大家詩鈔顧有孝趙澐所選牧齋詩鈔下，亦選此題六首中之貳叁伍陸共四首。恐顧趙所選，未必與牧齋當日「傳眎同聲，求屬和。」者，相同也。俟考。

前引有學集壹柒「賴古堂文選序」云：「己丑之春余釋南囚歸里。」故可依牧齋自言之時間，以推定有學集貳秋槐支集「勾曲逆旅戲爲相士題扇」七律以前，多是在南京所作。其中固亦有時間可疑，排列錯亂者，今日殊難一一考定。但「勾曲逆旅」詩第壹句「赤日紅塵道路窮」之語，當非早春氣節。前引南忠記謂黃毓祺於己丑三月十八日死於南京獄中。蓋此年三月介子既死，案已終結，牧齋遂得被釋還家矣。至牧齋在南京出獄以後，頌繫之時，究寓何處，則未能確知。檢牧齋外集貳伍「題曹能始壽林茂之六十序」末署：「戊子秋盡，錢謙益撰於秦淮頌繫之所。」牧齋所以特著「秦淮」二字者，當是指南京之河房而言。牧齋當時所居之河房，非余懷板橋雜記上雅游門「秦淮燈船之盛」條所述同類之河房，乃吳應箕留都見聞錄下「河房」門所述「近水關有丁郎中河房」條之河房，亦即有學集壹秋槐詩集「題丁家河房亭子」題下自注「在青溪笛步之間」者。此類河房爲南京較佳之館舍。牧齋以頌繫之身，尚得如此優待，當由丁繼之梁愼可等之友誼所致，亦可謂不幸中之大幸。今以意揣之，牧齋於丁亥四月初被逮至南京下獄，河東君即寄寓梁愼可之雕陵莊，及五月中牧齋出獄，尚被看管，自不便居於雕陵莊，故改寓青溪笛步間之丁家河房，（並可參有學集陸秋槐詩別集「丙申春就醫秦淮，寓丁家水閣。」詩等。）俾與河東君同寓，而河東君三十生辰之慶祝，恐即在此處。復檢龔芝麓鼎孳定山堂詩集貳拾「和錢牧齋先生韻，爲丁繼之題秦淮水閣」云：

開元白髮鏡中新。朱雀花寒夢後春。粧閣自題偕隱處，踏歌曾作太平人。烏啼楊柳仍芳樹，鷗閱風波有定身。驃騎武安門第改，一簾烟月未全貧。

似可爲錢柳二人同寓丁家河房之一旁證。至趙管妻出生地，固難確定，但疑不在秦淮之河房，而在蘇州之拙政園。檢有學集秋槐詩集「次韻林茂之戊子中秋白門寓舍待月之作」云：

空堦荇藻影沉浮。管領清光兩白頭。條戒山河原一點，平分時序也中秋。風前偏照千家淚，笛裏橫吹萬國愁。無那金閶今夜月，雲鬟香霧更悠悠。

寅恪案，第貳句「兩白頭」之語，指己身及茂之，而末兩句用杜工部集玖「望月」詩，指河東君此夕獨在蘇州。由是言之，趙管妻生於拙政園之可能性甚大也。又檢元氏長慶集抄本牧齋跋語云：

亂後，余在燕都，於城南廢殿得元集殘本，向所闕誤，一一完好。暇日援筆改正，豁然如翳之去目，霍然如疥之失體。微之之集殘闕四百餘年，而一旦復元。寶玉大弓其猶有歸魯之徵乎？著雍困敦之歲，皋月廿七日，東吳蒙叟識於臨頓之寓舍。（寅恪案，此文末數語，暗寓明室復興之意。牧齋此際有此感想，自無足怪也。）

並曹溶絳雲樓書目題詞云：

余以後進事宗伯，而宗伯絕款曲。丙戌同客長安，丁亥戊子同僦居吳苑，時時過予。

及倦叟再識略云：

昔予遊長安，宗伯間日必來。丁亥予挈家寓閶門，宗伯先在拙政園。

可知牧齋於順治四五兩年，因黃案牽累，來往於南京蘇州之間，其在蘇州，寓拙政園。拙政園主人爲陳之遴。其時彥升尚未得罪，雖官北京，固可謂韓君平所謂「吳郡陸機爲地主」之「地主」。又林時對荷牐叢談叁「鼎甲不足貴」條略云：

吳偉業鼎革後，投入土國寶幕，執贄爲門生，受其題薦，復入詞林。

梅村既與國寶有連，吳陳二人復是兒女親家。牧齋以罪人而得寓拙政園，恐與駿公不能無關。至牧齋所以至蘇州之故，殆因黃案亦在江蘇巡撫職權範圍之內，而土國寶此時正任蘇撫也。（見上論牧齋贈土國寶詩所引清史稿疆臣年表江蘇巡撫欄。）或謂清代江蘇按察使駐蘇州，牧齋以就審訊之故至蘇。則不知江蘇按察使移駐蘇州，乃雍正八年以後之事。順治四五年江蘇按察使仍駐江寧。（見清史稿壹貳貳職官志叁等。）故或說未諦。又牧齋稱拙政園為「臨頓里之寓舍」者，乃綜合古典今典，殊非偶然。嘉慶一統志柒捌蘇州府貳津梁門云：

> 臨頓橋在長洲縣治東北。吳地記：有步鷺石碑，見存臨頓橋。續圖經：臨頓，吳時館名。陸龜蒙嘗居其旁。

及全唐詩第玖函皮日休伍「臨頓（原注：里名。）為吳中偏勝之地，陸魯望居之，不出郛郭，曠若郊墅。余每相訪，欵然惜去，因成五言十首，奉題屋壁。」云：

（詩略。）

同書同函陸龜蒙伍「問吳宮辭」並序云：

> 甫里之鄉曰吳宮，在長洲苑東南五十里，非夫差所幸之別館耶？披圖籍，不見其說。詢故老，不得其地。其名存，其跡滅。悵然興懷古之思，作問吳宮辭云。
>
> 彼吳之宮兮，江之郿涯。複道盤兮，當高且斜，波搖疏兮，霧濛箔，菡萏國兮，鴛鴦家。鸞

之簫兮，蛟之瑟。駢筠參差兮，界絲密。讌曲房兮，上初日。月落星稀兮，歌酣未畢。越山叢叢兮，越溪疾。美人雄劍兮，相先後出。火姑蘇兮，沼長洲。此宫之麗人兮，留乎不留。霜氛重兮，孤榜曉，遠樹扶蘇兮，愁煙悄眇。欲摭愁煙兮，問故基，又恐愁煙兮，推白鳥。

龔明之中吳紀聞貳「五柳堂」條云：

五柳堂者，胡公通直（稷言）所作也。其宅乃陸魯望舊址，所謂臨頓里者是也。

同書叁「甫里」條云：

甫里在長洲縣東南五十里，乃江湖散人陸龜蒙字魯望躬耕之地。

蓋河東君本有「美人」之稱，牧齋作詩往往以西施相比。如前引「有美」詩，「輸面一金錢」，「元日雜題長句」八首之八，「春日春人比若耶」等，皆是其例。臨頓既是吳時館名，如「館娃宫」之類，亦當與西施有關。陸魯望辭中「美人」「曲房」之語，適與前論半塘雪詩引徐健庵之記相合。此錢柳一重公案，頗爲名園生色，唯世之論拙政園掌故者，多未之及，遂標出之以供談助云爾。

牧齋因黄案牽累，於順治三四年曾寓蘇州，但檢有學集此時期内諸詩，尚有發見確爲寓蘇時之作，唯其中有一題關涉河東君及其女趙管妻者，此題頗有寄居拙政園時所賦之可能，故特録之並略加箋釋於下。

有學集貳秋槐詩支集「己丑元日試筆二首」。其一云：

春王正月史仍書。上日依然芳草初。白髮南冠聊復爾，青陽左个竟何如。三杯竹葉朝歌後，一枕槐根午夢餘。傳語白門楊柳色，桃花春水是吾廬。

寅恪案，第壹句謂此年爲監國魯四年正月辛酉朔，永曆三年正月庚申朔，（見黃宗羲行朝錄及金鶴冲牧齋年譜。）明室之正朔猶存也。第肆句謂究不知永曆帝之小朝廷是何情況也。第柒句謂已身今在蘇州，故「傳語白門」。觀此題下一題爲「次韻答盛集陶新春見懷之作」有「金陵見說饒新詠，佳麗常懷小謝篇。」之句，可證也。又陳田明詩紀事辛籤叁壹所錄盛集陶斯唐「懷林茂之」詩有「舊栽柳色曾無恙」句。及楊子勤鍾羲雪橋詩話壹「黃俞邰（虞稷）贈林茂之詩」條引那子「新柳篇」有「漸許藏烏向白門，白門紫塞那堪比。」等句。然則牧齋「白門楊柳色」之語，即指茂之而言耶？第捌句謂己身此時所居之地，可比於避秦之桃花源及玄眞子「桃花流水」之浮家泛宅也。

其二云：

頻煩襆被卷殘書。顧影頹然又歲初。自笑羈囚牢户熟，人憐留滯賈胡如。淵明弱女咿嚘候，孺仲賢妻涕淚餘。爲問烏衣新燕子，啣泥何日到寒廬。

寅恪案，此首前四句疑可與前引牧齋尺牘與毛子晉四十六首之三十九所言：「獄事牽連，實爲家兄所困，羈棲半載，采詩之役，所得不貲。歸期不遠，嘉平初，定可握手。仲冬四日。」等語相參證。蓋牧齋本以爲順治五年戊子十二月能被釋還常熟度歲。豈意獄事仍未終結，至六年己丑元旦，猶在蘇州也。第伍句指趙管妻。河東君殉家難事實康熙三年甲辰七月「孝女揭」云：「母歸我父九載，方生氏。」及康熙三年甲辰六月廿八日「柳夫人遺囑」云：「我來汝家二十五年，從不曾受人之氣。」蓋河東君及其女皆以河東君之適牧齋，實在崇禎十三年庚辰十二月一日，我聞室落成與牧齋同居時算起。牧齋垂死猶念念不忘半野堂寒夕文讌者，即由此夕乃其「洞房花燭夜」之故。然則趙管妻出生乃在順治五年戊子。（寅恪案，蘼蕪紀聞上載盛湖雜錄「柳如是絕命書」條，案語云：「小姐柳出，以順治戊子生。辛丑贅壻趙管，年僅十四，遇變之年爲甲辰，纔十七歲。故書中有年紀幼小之語。」可供參證。）至在何月何日，則不可考。但己丑元旦，正是「咿嚘」之候也。第陸句指河東君，自不待言。牧齋此一年皆用淵明典故，亦可與前一首末句暗寓桃花源記之意相參也。第柒句疑指梁愼可。梁氏乃明之舊家，淸之「新燕」也。第捌句謂愼可何日可將己身被釋還家之好音來告也。

又關於趙管妻事，牧齋詩文集中言及雖不甚多，但檢有學集貳秋槐支集載牧齋「庚寅人日示內二首」及河東君「依韻奉和」二首皆涉此女。庚寅歲首，與牧齋因黃案得釋還家之時間，相距至近。故附錄錢柳兩人之詩於論黃案節中，並略加箋釋。牧齋詩之典故，有遵王注，讀者自可參閱。河東君詩其第貳首下半，前雖已徵引，但未綜合闡述，茲並錄全文，以便觀覽。

牧齋詩其一云：

夢華樂事滿春城。今日淒涼故國情。花燼舊枝空帖燕，柳燔新火不藏鶯。銀幡頭上銜愁陣，柏葉尊前放酒兵。憑仗閨中刀尺好，剪裁春色報先庚。

其二云：

靈辰不共刦灰沉。人日人情泥故林。黄口弄音嬌語澀，綠窗停梵佛香深。圖花却喜同心蒂，學鳥應師共命禽。夢向南枝每西笑，與君行坐數沉吟。

寅恪案，牧齋此兩詩南枝越鳥之思，東京夢華之感，溢於言表，不獨其用典措辭之佳妙也。詩題「示内」二字，殊非偶然，蓋河東君於牧齋爲同夢之侶，同情之人，故能深知其意。觀河東君和章，可以證知。元氏長慶集壹貳樂天東南行詩一百韻序云：

通之人莫知言詩者，唯妻淑在旁知狀。

夫河東郡君裴淑能詩，（裴氏封河東郡君，見白氏文集陸壹「唐故武昌軍節度使元公墓誌銘」。）且能通微之之意。然其所能通者，與河東君柳是之於牧齋，殊有天淵之别。又河東君兩詩後，即附以其「贈黄若芷大家四絕句」黄若芷即黄媛介。前論絳雲樓上梁詩已言及之。皆令有「答謝柳河東夫人」眼兒媚詞云：「月兒殘了又重明。後會豈如今。」前亦已徵引。皆令賦此詞，與河東君和牧齋詩，兩者時間相距甚近。然則牧齋賦詩之微意，不獨河東君知之，即河東君之密友如皆令者亦知之。當日錢柳之思想行動，於此亦可窺見矣。

河東君和詩其一云：

春風習習轉江城。人日於人倍有情。帖勝似能欺舞燕，杖花眞欲坐流鶯。銀旛因載忻多福，金剪儂收喜罷兵。新月半輪燈乍穗，爲君酹酒祝長庚。

寅恪案，此首第貳聯上句，與牧齋詩第貳首第叁句俱指趙管妻而言。王應奎柳南續筆叁「太湖漁戶」條云：

漁户以船爲家，古所稱浮家泛宅者是也。而吾友吳友篁著太湖漁風載：漁家日住湖中，自無不肌粗面黑，間有生女瑩白者，名曰白囡，以誌其異。漁人户口册中兩見之。

明實錄神宗實錄貳百柒（寅恪案，此次科場案明實錄記載甚詳，不能盡錄。惟摘其與本文主旨最有關者。其餘述及此案之載籍頗不少，可參沈德符萬曆野獲編壹陸科場門「舉人再覆試」條。陳建皇明從信錄叁陸萬曆十七年己丑文肅奏章及雜記等條。國榷柒伍萬曆十七年己丑正月二月及同書柒陸萬曆二十年壬辰五月有關各條。明通鑑陸玖萬曆十七年己丑二月有關各條。陳田明詩紀事庚籤拾黃洪憲小傳及「上疏後，長安友人相訊感賦。」詩並光緒修嘉興府志伍貳秀水縣黃洪憲傳等。）萬曆十七年己丑正月條略云：

（庚午）（廿二日）禮部主客司郎中高桂言，萬曆十六年順天鄉試蒙旨以右庶子黃洪憲等往。其中式舉人第四名鄭國望，藁止五篇。第十一名李鴻，股中有一囡字。詢之吳人，土音以生女爲囡。孟義書經結尾文義難通。第二十三名屠大壯，大率不通。他若二十一名茅一桂，二十二名潘之惺，二十八名任家相，三十二名李昪，七十名張敏塘，（萬曆野獲編及國榷「敏」俱作「毓」。）即字句之疵，不必過求，然亦嘖有煩言。且硃卷遺匿，辯驗無自，不知本房作何評隲，主考曾否商訂。主事〔于〕孔兼業已批送該科，科臣竟無言以摘發之。職業云何？方今會試之期，多士雲集，若不大加懲創，何以新觀聽？伏乞勅下九卿會同科道官，將順天府取中試卷，逐一簡閱，要見原卷見在多少？有無情弊，據寔上請，以候處分。其有跡涉可疑及文理紕繆者，通行議處，明著爲例，以嚴將來之防。自故相之子先後並進，一時大臣之子，遂無有見信於天下者。今輔臣王錫爵之子，素號多才。豈其不能致身青雲之上？而人之疑信相半，亦乞並將榜首王衡與茅一桂等，一同覆試，庶大臣之心迹益明矣。得旨，草藁不全，事在外簾。硃卷混失，事在場後。字句訛疵，或一時造次。有無弊端，該部科一並查明來説，不必覆試。自後科場照舊規嚴加防範，毋滋紛紛議論，有傷國體。

〔辛未〕（廿三日）大學士申時行王錫爵以高桂論科場事，詞連錫爵子衡，時行壻李鴻。各上疏自明，且求放歸。上俱慰留之。

〔癸酉〕（廿五日）大學士申時行等言，兩京各省解到試卷，發部科看詳。今禮科部司官不糾摘南京各省，而獨摘順天不通，摘三場，而止摘字句，殆有深意，必待會官覆試，而後有無眞僞，耳目難掩。上命禮部會同都察院及科道官當堂覆試，看閱具奏。錦衣衛還差官與高桂一同巡視。

同書貳佰捌萬曆十七年己丑二月條略云：

〔戊寅〕（初一日）禮部會同都察院及科道等官覆試舉人王衡等。試畢閱卷，〔于〕慎行次序分二等。王衡等七人平通，屠大壯一人亦通。疏入，得旨，文理俱通，都准會試。次日慎行同禮科上疏言，諸生覆試，無甚相懸，中式未必有弊，字句雖有疵訛，然瑕瑜不掩。得旨，高桂輕率論奏，奪兩月俸。（國榷「兩」作「五」。）

丙申（十九日）禮部儀制司主事于孔兼言，臣奉本部禮委磨勘順天中式硃墨卷內李鴻卷，首篇有不典之字，屠大壯卷，三場多難解之辭，即時呈本堂復批，送禮科聽其覆閱。

同書貳肆捌萬曆二十年壬辰五月條略云：

辛未（十二日）禮部題參舉人王兆河等七名，到部已齊，請於朝堂覆試，以服人心。從之。

丁亥（廿八日）禮部衙門侍郎韓世能等，同原參官工部主事周如綸，御史綦才於午門覆試被參倖中式舉人王兆河等六名（寅恪案，六名者，據萬曆野獲編，知除屠大壯不赴試外，有鄭國望李鴻張敏塘並山西舉人王兆河，江西舉人陳以德，山東舉人楊爾陶，共爲六人也。其所以覆試王陳楊三人者，蓋由上引申時行奏謂「不摘南京各省，而獨摘順天。」之語。）公同彌封詳品。文理平通四卷，文理亦通二卷，進呈裁奪。上命將卷傳與九卿科道翰林院各掌印官詳闕(閱?)奏聞。内被參舉人屠大壯奏，聞母喪，乞回守制。禮部覆，請同衆覆試。大壯逕行，臨期不到。上謂大壯違旨規避，革退爲民。仍行巡撫按御史查勘丁憂有無，具奏。

柳南隨筆叁云：

明萬曆戊子順天舉人李鴻卷中有一囡字，爲吏部郎中高桂所參。鴻係申相國時行婿，吳人呼爲快活李大郎。及以文中用囡字被論，又稱爲李阿囡。囡者，吳人呼女之辭。然李所用囡字，實図字之誤耳。

囡字之入文者，恐尚不止此，更待詳檢。河東君賦詩，用「儂」字以對「囡」字，同爲吳語，甚是工巧。可與顧逋翁用閩語「囝」字賦詩，先後比美。(見全唐詩第肆函顧況壹「囝一章」。)但其密友離隱才女「苦相吟賞」之餘，是否念及其家八股名手葵陽翁，(寅恪案，姜紹書無聲詩史伍云：「黃媛介字皆令。嘉禾黃葵陽先生族女也。」葵陽即黃洪憲之號。)竟因門生長洲閣老之快婿快活李大郎八股中有一「囡」字，遭受無妄之災耶？至曲海提要陸「還魂記」條(黃洪憲爲(萬曆十六年)戊子北闈主試官，取中七人，被劾。」節載：

又有屠大壯者，有富名。文字中有一「囡」字。

其以李鴻爲屠大壯，證之明實錄及柳南隨筆，其誤顯然。惟「文理亦通」之屠大壯，自不能稱爲才子。但因母喪不赴萬曆壬辰之覆試，亦可稱爲孝子。終以平息衆議，以免牽涉宰輔之故，而被革黜，竟成贖罪之羔羊，殊可憐也。李鴻之籍貫，據同治修蘇州府志陸拾選舉貳進士萬曆二十三年乙未欄載：

長洲。李鴻。有傳。

同書陸壹選舉叁舉人萬曆十六年戊子欄「長洲」載：

李鴻。順天中式。崑山人。見進士。

同書捌柒人物壹肆李鴻傳云：

李鴻字宗儀。萬曆乙未進士。授上饒知縣。

則長洲崑山，縣名雖有不同，然皆屬蘇州府，同是吳語區域。其用此「不典之字」，爲掇科射策之文，原無足怪。惟作此大膽之舉動，乃在河東君賦詩前六十餘年，眞可謂先知先覺者。又此科試題尙未考知。宗儀試卷用此「囡」字，經于孔兼磨勘，照舊通過。可見亦非極不妥適。由是推測，李氏文中所以用此「囡」字之故，疑其試題爲論語季氏篇，「夫人自稱曰小童」。果爾，則八股笑話史中復添一重公案矣。更有可注意者，此「黃口」「白囡」之趙管妻，竟能承繼其母之「白個肉」，而不遺傳其父之「烏個肉」，可謂大幸。（詳見第肆章論牧齋「冬日同如是泛舟有贈」詩，引顧公燮消夏閑記選存「柳如是」條。）夫此一「囡」字，雖與河東君趙管妻及黃皆令直接間接有關，自不得不稍詳引資料，以供論證。但刺刺不休，盈篇累牘，至於此極，讀者當以爲怪。鄙意吾國政治史中，黨派之爭，其表面往往止牽涉一二細碎之末節，若究其內容，則目標別有所在。汝默「殆有深意」之語，殊堪玩味。（湯顯祖玉茗堂集壹陸「論輔臣科臣疏」。明通鑑陸玖萬曆十七年己丑十二月己丑「諭諸臣遇事毋得忿爭求勝」條云：「時廷臣以科場事與王錫爵相攻訐。錫爵既罷，攻者益不已，並侵首輔申時行，而時行錫爵之黨復反攻之，乃有是諭。」並明史貳叁拾饒伸及湯顯祖傳等，皆可供參證。）職是之故，不避繁瑣之譏，廣爲徵引，以見一例。庶幾讀史者不因專就表面之記載，而評決事實之眞相也。河東君和詩中，此「銀旛囡戴忻多福，金剪儂收喜罷兵。」一聯，下句即訓答牧齋詩第壹首七八兩句之意，而以收金剪洗兵馬爲言。雖似與牧齋原句之意有異，然實能寫出當日東南海隅干戈暫息，稍復昇平氣象之情況也。第柒句「新月半輪」之語，謂永曆新朝之半壁江山。有學集捌長干塔光集「燕子磯歸舟作」七律「金波明月如新樣」句，可取以相證也。第捌句之「長庚」者，毛詩小雅大東「西有長庚。」傳曰：「日既入謂明星爲長庚。庚，續也。」正義曰：「庚，續。釋古文。日既入之後，有明星。言其長能續日之明，故謂明星爲長庚也。」河東君之意，以永曆爲正統，南都傾覆之後，惟西南一隅，尚可繼續明祚也。

河東君和詩其二云：

佛日初輝人日沈。綵旛清曉供珠林。地於刦外風光近，人在花前笑語深。洗罷新松看沁雪，行殘舊藥寫來禽。香燈繡閣春常好，不唱君家緩緩吟。

寅恪案，此詩首句乃承接第壹首末句「長庚」之語而來。雖用文選陸左太沖魏都賦「彼桑榆之末光，踰長庚之初暉。」但河東君實反左賦之原意，以「佛日」指永曆，「人日」指建州。謂永曆既起，建州將亡也。第貳句承接首句「佛日」之「佛」而來。牧齋之供佛，見於其詩文者甚多，無待徵引。河東君之供佛，如初學集捌貳「造大悲觀音像贊」及投筆集上後秋興之三「八月初十日小舟夜渡，惜別而作。」第壹首「青燈梵唄六時心」之句等，則是其例證也。河東君此詩第壹聯寫出當時地方苟安，家庭樂趣。其不作愁苦之辭，而爲歡愉之語者，蓋錢柳兩人賦詩之時，就桂王之小朝廷而論，金聲桓何騰蛟李成棟等雖已敗亡，然其最親密之瞿稼軒式耜正在桂林平樂，身膺重寄。由稼軒薦任東閣大學士，而又深賞河東君之文汝止安之，不久將赴梧州行在。牧齋所薦，號稱「虎皮」之劉客生湘客，亦在肇慶。（見黃宗羲行朝錄伍永曆紀年並小腆紀年壹柒順治七年二月丁亥條及小腆紀傳叁貳劉湘客金堡傳。並可參金鶴沖錢牧齋先生年譜永曆三年己丑條引瞿式耜留守文集所附牧齋寄稼軒書。）其他如與牧齋同郡同調，而眞能「老歸空門」之金道隱堡及兩世論交之姚以式瑞等，俱寄託於永曆之政權。（見有學集肆絳雲餘燼集「寄懷嶺外四君」詩，同書貳陸「華首空隱和尚塔銘」及有學集補「復澹歸釋公」書。並澹歸今釋徧行堂集捌「列朝詩傳序」，同書叁肆「詶錢牧齋宗伯壬辰見寄原韻」及「又贈牧齋」兩詩。）故以爲明室尚有中興之希望。牧齋詩第貳首末兩句「夢向南枝每西笑，與君行坐數沈吟。」即此際錢柳之心理也。河東君此詩下半四句，前已釋證，讀者苟取與今所論上半四句，貫通全篇細繹之，則其意旨益可了然。至評詩者僅摘此首第貳聯，賞其工妙，（見第肆章引神釋堂詩話。）所見固不謬，但猶非能深知河東君者也。

抑更有可論者，牧齋在黃案期間之詩文，自多删棄，即間有存留者，亦僅與當日政局，表面上大抵無關諸人相往還之作品。如梁愼可爲黃案中救脫牧齋者之一，但牧齋在此案未了結時，不敢顯著其名字，即其例證。寅恪細繹有學集及牧齋尺牘等，於此一點，頗似能得其一二痕跡，遂鈎沈索隱，參互推證，或可發此數百年未發之覆歟？茲請略述之於下。

有學集詩注壹秋槐詩集「顧與治五十初度」（寅恪案，四部叢刊本此詩列於集補。又顧氏事蹟可參陳伯雨作霖金陵通傳壹伍顧璘傳附夢游傳及陳田明詩紀事辛籤貳捌顧夢游條。）云：

松下清齋五十時。（寅恪案，趙殿成箋注王右丞集拾「積雨輞川莊作」七律云：「松下清齋摘露葵。」與治曾祖英玉著有寒松齋存稿，見明詩綜叁伍顧瑮條。故牧齋此句今古典合用也。）道心畏路凛相持。全身惟有長貧好，避俗差於小病宜。靈谷梅花成昔笑，蔣山雲物起相思。開尊信宿嘉平臘，雒頌傳家德靖詩。（自注：「與治曾祖英玉公與其兄東橋先生並有集行世。」）

有學集陸秋槐別集「丙申春就醫秦淮，寓丁家水閣浹兩月，臨行作絕句三十首，留別留題，不復論次。」其第捌首云：

多少詩人墮刦灰。佺期今免治長災。阿師狡獪還堪笑，翻攬沙場作講臺。（自注：「從顧與治問祖心千山語錄。」）

初學集陸陸「宋比玉墓表」（參牧齋尺牘補遺「與顧與治」自注：「時與治爲宋比玉乞墓表。」）略云：

金陵顧與治來告我曰，夢遊與莆田宋比玉交，夫子之所知也。比玉歿十餘年矣，夢遊將入閩訪其墓，酹而哭焉。比玉無子，墓未有刻文，敢以請於夫子。虞山錢謙益爲之表。崇禎十五年三月。

初學集捌陸「題顧與治偶存稿」云：

今天下文士入閩，無不謁曹能始。謁能始，則無不登其詩於十二代之選。人挾一編，以相誇視，如千佛名經，獨與治有異焉。能始題其詩曰偶存，所以別與治也。

有學集肆玖「顧與治遺稿題辭」略云：

金陵亂後，與治與剩和尚生死周旋，白刃交頸，人鬼呼吸，無變色，無悔詞。予以此心重與治。片言定交，輕死重氣，雖古俠士無以過也。風塵澒洞，士生其時，蒙頭過身而已。孤生黨軍持，而抗服匿。（寅恪案，牧齋以「軍持」比函可，「服匿」比本是漢族，而爲清室所用者，如張大猷張天祿天福等。牧齋作品中往往以「軍持」「服匿」爲對文。如投筆集下後秋興之十「辛丑二月初四日夜宴述古堂，酒罷而作。」第肆首「草外流人歡服匿，御前和尚泣軍遲。」遵王箋注上句引南齊書叁玖陸澄傳爲釋，實則其最初出典乃漢書伍肆蘇建傳附武傳，更與漢族之爲滿用者尤切合。下句遵王引翻譯名義集爲釋，是。牧齋詩中之「軍遲」即「軍持」也。）讀與治詩，九原尤有生氣。存與治詩，所以存與治也。

施愚山閏章學餘文集壹柒顧與治傳云：

僧祖心憤世佯狂，與夢游爲方外交，至則主其家。禍發連繫，刃交於頸，夢游詞色不變，卒免於難。

清史列傳柒捌貳臣傳甲洪承疇傳云：

洪承疇（寅恪案，清史稿貳肆叁洪承疇傳云：「字亨九。」同治修福建通志貳貳捌南安縣洪承疇云：「字彥演。」）福建南安人。明萬曆四十四年進士。〔順治四年〕十月巴山等以察獲遊僧函可金臘等五人，攜有謀叛蹤跡，牒承疇鞫訊。承疇疏言，函可乃故明尚書韓日纘之子，出家多年。乙酉春自廣東來江寧，印刷藏經。值大兵平江南，久住未回。今以廣東路通，向臣請牌回里。臣因韓日纘是臣會試房師，（寅恪案，光緒修惠州府志叁貳人物門韓日纘傳略云：「〔萬曆〕四十四年〔丙辰〕充會試同考。〔天啓二年〕壬戌復充會試同考。」洪氏爲丙辰進士，故云。）遂給印牌。及城門盤驗，經笥中有福王答阮大鋮書稿，字失避忌。又有變紀一書，干預時事。其不行焚毀，自取愆尤，與隨從之僧徒金臘等四人無涉。臣與函可世誼，應避嫌，不敢定擬。謹將書帖牌文封送內院。得旨，下部議。以承疇徇情，私給印牌，應革職。

上以承疇奉使江南，勞績可嘉。宥之。

博羅剩人可禪師千山詩集首載顧夢游序云：

神宗末載，黨禍已成。博羅韓文恪公思以力挽頹波，毅然中立。簡在先帝，旦晚作輔。天禍宗社，哲人云亡。有丈夫子四，宗騋宗驎宗騄宗驪。騋最才，弱年名聞海內。公殂，太夫人在堂，閨玉掌珠，種種完好。以參空隱老人得悟，世緣立斬，與髮同斷，年二十有九耳。歲乙酉，以請藏經來金陵。値國再變，親見諸死事臣，紀爲私史，城邏發焉，傅律殊死，奉旨宥送盛京焚脩。今弘法天山所羣奉爲祖心大師者也。當大師就縛對簿，備慘拷，訊所與遊，忍死不語。囚於滿人，厥婦張敬共頂禮之。既去，追之還。進曰，師無罪。此去必生。然竊有請也，師出萬死，幾不一生，不擇於字，其禍至此。師生，無論好字醜字，毋更着筆。師爲悚生。

又盧山棲賢函昰撰「千山剩人可和尚塔銘」略云：

師名函可，字祖心。別號剩人。惠州博羅人，本姓韓，父若海公，諱日纘，明萬曆丁未進士，歷官禮部尚書，謚文恪。母車氏，誥封淑人。師生而聰穎，少食餼邑庠，嘗侍文恪公官兩都，聲名傾動一時。海內名人以不獲交韓長公騋爲恥。甲申之變，悲慟形辭色。傳江南復立新主，頃以請藏，附官人舟入金陵。會清兵渡江，聞某遇難，某自裁，皆有挽。過情傷時，人多危之，師爲之自若。（寅恪案，千山詩集補遺有「哭繩海先生」「廣陵感賦」「聞黃石齋至」等題，即所謂「過情傷時」之作。張伯駷爲萬曆丙辰進士，黃道周爲天啓壬戌進士，皆函可通家也。）卒以歸日行李出城，忤守者意，執送軍中。當事疑有徒黨，拷掠至數百，但曰，某一人自爲。夾木再折，無二語，乃發營候鞫。項鐵至三繞，兩足重傷，走二十里如平時。江寧緇白環覩，咸知師道者無他，爭爲之含涕，而不敢發一語。後械送京師，途次幾欲脫去，感大士甘露灌口，乃安忍如常。至京，下刑部獄。越月得旨，發瀋陽。師自起禍至發遣，中間兩年，惟同參法緯暨諸徒五人外，無一近傍。然內外安置極細，如獄中一飲啗，一衣屨，隨意而至，如天中人。師當時所能自爲者，順緣耳。庸詎知已有人屬某緇，屬某素，甲事若此，乙事若彼。開士密行，不令人知何擇時地。然師所以獲是報者，豈非平生好義，暗中銖鏤不爽。諸如道在人天，且當作別論也。

及郝浴撰「奉天遼陽千山剩人可禪師塔銘」（參九龍眞逸（陳伯陶）勝朝粵東遺民錄肆（函可）條。）略云：

（華首道獨）引入曹溪，禮祖下髮。師是年二十有九，時崇禎十二年六月十九日也。甲申年三十有四，值世變再作，於戊子四月二十八日入瀋，奉旨焚脩慈恩寺，時已順治五年矣。（後師知悟門已開，且就化，目衆歎曰，釋兒識西來意乎？追念吾在家時，曾刺臂書經以報父。及出家，而慈母背，反立解條衣，披麻泣血，以葬之。是豈愚敢先後互左而行怪？顧創巨痛深，皆不知其然而然也。是西來意也。丙戌歲本以友故出嶺，將掛錫靈谷。不自意方外臣少識忌諱，遂坐文字，有瀋陽之役。是亦不知其然而然也。是西來意也。重示偈曰，發來一個剩人，死去一具臭骨。不費常住柴薪，又省行人挖窟。移向渾河波裏，赤骨律。祗待水流石出。言訖坐逝。報齡四十九，僧臘二十。翼晨道顔如生。浴拊其背哭之，雙目忽張，淚介於面。嗚呼！師固博羅韓尚書文恪公之長子也。文恪公立朝二十年，德業聲施在天下，門下多名儒鉅人。故師得把臂論交。雖已聞法，而慈猛忠孝，恆加於貴人一等。甲申乙酉間，僑於金陵顧子之樓，友慟國恤，黯然形諸歌吟，不悟遂以爲禍。然事干士大夫名教之重，江左舊史聞人往往執簡大書，藏在名山。是殆獅象中之期牙雷管，而袈裟下有屈巷夔龍也。當其遭誣在理，萬楚交下，絕而復甦者數，口齒皭然，無一語不根於道。血淋沒趾，屹立如山，觀者皆驚顧咋指，歎爲有道。師始以逮入京，絕粒七日，時有一美丈夫手甘露瓶倒注其口，及蘧，神采益陽陽。方知大士□留爲十二年撥種生芽也。

寅恪案，前已考定牧齋因黃案被逮至南京，實在順治四年丁亥四月。此時清廷委任江寧之最高長官乃洪亨九。錢洪兩人於明季是否相識，今不得知，但牧齋與顧與治爲舊交，弘光元年乙酉祖心由廣東至南都，斯際牧齋正任禮部尚書。受之爲當代詞宗，尤博綜內典。祖心既與顧氏親密，寄居其寓樓，則錢韓兩人極有往還之可能。巴山等舉發函可案，在順治四年丁亥十月。牧齋於四年四月被逮至南京入獄，歷四十日出獄。其出獄之時間，當在五月。然則牧齋殆可經由顧韓之關係，向洪氏解脫其反淸之罪。馬國柱不過承繼亨九之原議，而完成未盡之手續耳。檢有學集壹秋槐詩集「禪關策進詩，有示。」云：

漫天畫地鬼門同。禪板蒲團在此中。遍體銀鐺能說法，當頭白刄解談空。朝衣東市三生定，懸鼓西方一路通。大小肇師君會否，莫將醒眼夢春風。

或謂此詩在遵王注本中列於「顧與治五十初度」詩前第貳題。相距甚近，疑是爲函可而作。但依郝浴所記，函可於順治五年戊子四月二十八日入瀋，「禪關策進」詩列於「歲晚過茂之，見架上殘帙有感，再次申字韻。」後第叁題。壽與治詩，前第貳題。歲晚詩既有「先祖豈知王氏臘，胡兒不解漢家春。」（寅恪案，鄭氏近世中西史日表順治五年戊子十二月廿二日立春。）壽顧詩復有「開尊信宿嘉平臘」等句，則禪關策進詩亦當是順治五年戊子歲暮所賦，其非爲函可而作可知。若不爲剩和尚而作，則疑是爲黃介子而賦也。前引孤忠後錄載介子以順治六年己丑三月，由廣陵獄移金陵獄。若其所記時間稍有先後，則介子之移金陵獄，可能在順治五年戊子歲暮。牧齋於其抵金陵時，即作此詩以相慰勉耶？俟考。又有學集壹秋槐詩集有「廣陵舟中觀程端伯畫冊，戲爲作歌。」

七古一首，（寅恪案，端伯名正揆。事蹟見光緒修孝感縣志壹肆人物志及歷代畫史彙傳叁叁程正揆傳。）此詩前一題即「次韻林茂之戊子中秋白門寓舍待月之作」，故廣陵舟中詩，當是順治五年戊子秋間所賦。牧齋之至揚州，疑是就地與黃介子質證，蓋是時介子尚在廣陵獄中也。

復次，據郝浴所記，函可示寂前，有「丙戌歲本以友故出嶺，將掛錫靈谷。不自意方外臣少識忌諱，遂坐文字，有瀋陽之役。」等語，顯與清史列傳洪承疇傳謂函可「乙酉春自廣東來江寧印刷藏經，值大兵平江南，久住未回。」之言相衝突。詳檢千山詩集捌至玖之間，有補遺一卷，乃黃華寺主所藏函可丙丁間寓金陵所作之七律共三十一首。其中將返嶺南前留別金陵諸友之詩頗多。如「次韻答邢孟貞（昉）並以道別」云，「高樓春盡恨難刪」。「留別顧與治（夢游）」云，「一春花落鳥空愁」。「留別余澹心（懷）二首次韻」其一云，「春風猶滯秣陵關」及「三年不見雲中信」。（寅恪案，千山詩集玖七律體中連載，「甲申歲除寓南安」，「乙酉元旦」「秋蠹八首乙酉寓金陵作」，「乙酉除夕二首」，「丙戌元旦顧家樓」，「丙戌歲除卮亭同（鄒）衣白（之麟）、（王）雙白（廷璧）、（鄒）方魯（喆）諸子」，「丁亥元旦昧庵試筆」等題。此句「三年」之語，乃指甲申乙酉丙戌三歲而言，蓋「留別余澹心」詩，賦於丙戌春暮也。）「留別白門諸公」云，「三山花落催行棹」及「鶯啼無限夕陽多」。「次鄭元白韻」云，「春殘惟聽白門笳」等，所言皆是暮春景物。（寅恪檢邢孟貞昉石臼後集肆丁亥所作「送祖心歸羅浮」七律，有「此日東風黯別顏」句，亦可參證。又沈歸愚德潛國朝詩別裁叁貳載函可詩「丁亥春將歸羅浮，留別黃仙裳」五律云，「春盡雨聲裏，揚帆趁曉晴。路經三笑寺，歸向五羊城。末世石交重，餘生瓦鉢輕。悲涼無限意，江月爲誰明。」尤足證祖心於丁亥暮春有將返粤之事。）依洪承疇傳謂巴山等牒送函可交亨九鞫訊，在順治四年丁亥十月。由是推之，此次祖心之離南京，當在是年季秋，與暮春留別之詩不合。又黃華寺主所藏剩人補遺詩最後一題爲「繫中生日二首」。檢千山詩集函可自作生日之詩不少。如卷陸「生日四首」，其一云，「且自歡茲會，明冬不可知。」卷玖「生日」云，「當年墜地即嚴冬」及卷壹柒「臘八」七絕前第貳題「丁酉生日」二首之二云，「每因生日知年近，又得浮生一歲添。」可知其生日乃在十二月初，亦與洪承疇傳謂函可於十月被牒送者相合，而與暮春告別之詩不合。但「繫中生日」詩前有「次余澹心韻二首」，其二云，「摩騰翻譯渾多故，身外纍纍貝葉函。」（寅恪案，此兩句與洪承疇傳謂函可「來金陵印刷藏經」，「及城門盤驗，經笥中有福王答阮大鋮書稿。」之記載相符。）其二云，「雁去休教虛隻字，（寅恪案，全唐詩第壹函宋之問貳「題大庾嶺北驛」云，「陽月南飛雁，傳聞至此回。」故剩人此句，即取其意。）猿歸應已共層崖。」又有「次林茂之韻二首」其一云，「籬邊猶憶隔年花」。（寅恪案，此句用陶淵明「飲酒」二十首之四「採菊東籬下」，並杜子美「秋興」詩「叢菊兩開他日淚，孤舟一繫故園心。」之典故。蓋取不仕劉宋，隱居遯世之高人及避羯胡亂，且未還家之詞客，以比茂之。又剩人丙戌春暮返廣東後，是歲再來南京，其時間或即在季秋，故與杜詩「兩開」之語適合。所以有此推測者，因千山詩集玖有在南京所賦「丙戌歲除」之詩，則丙戌冬季以前，函可已由粵重來江寧矣。）其二云，「莫言我去知心少，但過牆東有好朋。」等句，（寅恪案，後漢書列傳柒叁逸民傳逢萌傳云，「避世牆東王君公」。剩人此句，殆指盛集陶。見下論牧齋「次韻答皖城盛集陶見贈二首。」）皆是秋季惜別之語。（寅恪又檢石臼後集壹丁亥所作「再送祖心歸嶺南」五古，有「十月又逢梅」句，亦可參證。）然則，此二題四詩，乃函可於丁亥返粵告別之作也。頗疑函可實曾於順治三年丙戌春暮由南京返廣東，同年又重遊南京。其臨終所言「丙戌本以友故出嶺，將掛錫靈谷。」即指此次而言。所謂「友」，恐是指亨九。靈谷寺在明太祖孝陵近旁，其欲居此寺，亦寓惓懷故國之思。亨九奏摺諱言剩人回粵後，又重來金陵之事，必有隱衷。豈函可於丙戌一年之中，去而復返，實暗中爲當時粵桂反清運動奔走遊說耶？清史列傳柒捌貳臣傳甲洪承疇傳云：

（順治）四年四月駐防江寧巴山張大猷奏，柘林遊擊陳際可擒賊謝堯文，獲明魯王封承疇國公及其總兵王（黃）斌卿致承疇與巡撫土國寶書，有伏爲內應，殺巴張二將，則江南不足定語。上獎巴山等嚴察亂萌，而諭慰承疇國寶曰，朕益知賊計眞同兒戲。因卿等皆我朝得力大臣，故反間以圖陰陷。朕豈墮此小人之計耶？

可知當時反清復明之勢力皆欲爭取亨九。巴山等拷問函可，即欲得知洪氏是否與此運動有關。洪氏避嫌，不定函可之讞，清廷亦深知其中微妙之處。所以諭慰洪氏，輕罪函可者，蓋仍須藉洪氏以招降其他漢人士大夫如瞿稼軒輩。瞿洪皆中式萬曆丙辰進士，爲同年生，而函可乃適當之聯繫人也。然則當日承疇處境之艱危，清廷手腕之巧妙，於此亦可窺見一斑矣。牧齋所以得免於死，其原因固多，恐亦與引誘稼軒一點有關歟？前引可和尚兩塔銘，皆述函可繫獄及械送北京途中，得蒙神力護持之事。所言殊詭異，蓋暗示亨九輩陰爲保全，故賴以脱死。觀勝朝粵東遺民録肆「函可傳」陳伯陶案語引張鐵橋年譜，記後來洪承疇囑嶺東施起元照拂韓日纘諸子事。（寅恪案，同治修福建通志貳貳陸福清縣施起元傳略云：「施起元字君貞，一字虹澗。順治己丑進士。從平藩南征入粵。七年授廣東右參議，分守嶺東道。八年攝學政，按試惠屬，所拔悉當。旋以憂去。」可與陳氏所引參證。）足知亨九於剩人關係之密切也。又函昰謂可師「甲申之變，悲慟形辭色。傳江南復立新主，頃以請藏，附官人舟入金陵。」夫乙酉春間，南都雖尚未傾覆，然長江當已戒嚴。函可之附官人舟至金陵，自不足怪。但函昰所以特著此語者，或因南都當局馬士英阮大鋮皆中式萬曆丙辰會試，可師乃其通家世好，此行乃與馬阮有關耶？觀其經筒中有福王答阮大鋮書稿一事，亦可爲旁證也。或謂千山詩集壹貳「寄陳公路若」有引，略云：

> 丙寅秋予侍先子南都署中，木樨盛開，月峯伯率一時詞人賦詩其下。予雖學語未成，竊喜得一一遍誦。及薙髮來南，與茂之相見，已不勝今昔之歎。今投荒又八年矣，赤公至，述長安護法，首舉陳公，爲吾鄉人，即木樨花下賦詩人也。

檢國榷卷首之三部院上南京禮部尚書欄載：

〔天啓六年〕丙寅蕭山來宗道□□甲辰進士。二月任。

〔天啓七年〕丁卯博羅韓日纘□□丁未進士。三月任。

是丙寅歲任南京禮部尚書者，爲來宗道，而非韓日纘。函可既誤記「丁卯」爲「丙寅」，則其臨終時神志昏亂，亦可誤記「乙酉」爲「丙戌」也。鄙意此說固可通，但檢光緒修惠州府志叁貳人物門韓日纘傳略云：

韓日纘字緒仲，號若海，博羅人。〔天啓四年〕甲子，即家陞右春坊右庶子。未行，陞禮部右侍郎兼侍讀學士，協理詹事府事，充兩朝實錄副總裁。次年〔五年乙丑〕陞南京禮部尚書，疏辭弗克。崇禎〔五年〕壬申改禮部尚書。

此傳既述緒仲一生事蹟頗詳，方志之文，疑源出函可所作家傳。（寅恪案，此點可參顧夢游千山詩集序引祖心寄夢游書中「近家書從福州來，流涕被面，先子傳十年不報，今以眞〔乘〕兄坐索，家間事或得附見。此願既酬，胸中更無別事矣。」等語。勝朝粵東遺民錄肆函昰傳謂其父母妻妹子媳俱爲僧尼，歷主福州長慶等寺。觀祖心福州家書之語，豈韓氏尚有遺族依函昰寄居福州耶？俟考。）今據志文，則丙寅之秋，函可實可侍其父於南京禮部尚書署中。故詩引所言，並非誤記。由是推之，其臨終所言「丙戌出嶺」之「丙戌」，亦非「乙酉」之誤記也。惟談書與方志何以不同，尚難確言。姑記於此，以俟更考。至南都禮部署中植有木樨，則前引牧齋「贈黃皆令序」及吳應箕留都見聞錄俱未之及。茲論黃毓祺案，遂附錄剩人詩引，亦可供談助也。

吾國舊日社會關係，大抵爲家族姻戚鄉里師弟及科舉之座主門生同年等。牧齋卒能脱免於黃案之牽累，自不能離此數端，而於科舉一端，即或表面無涉，實則間接亦有關也。茲請參互推論之，雖未必切中肯要，然亦不至甚相遠也。

前論牧齋熱中干進，自詡知兵。在明北都未傾覆以前，已甚關心福建一省，及至明南都傾覆以後，則潛作復明之活動，而閩海東南一隅，爲鄭延平根據地，尤所注意，亦必然之勢也。夫牧齋當日所欲交結之閩人，本應爲握有兵權之將領，如第肆章論「調閩帥議」，即是例證。牧齋固負一時重望，而其勢力所及，究不能多出江浙士大夫黨社範圍之外，更與閩海之武人隔閡。職是之故，必先利用一二福建士大夫之領袖，以作橋樑。苟明乎此，則牧齋所以特推重曹能始踰越分量，殊不足怪也。明史貳捌捌曹學佺傳略云：

> 曹學佺字能始，侯官人。弱冠舉萬曆二十三年進士，授户部主事。中察典，調南京添注，大理寺正。居冗散七年，肆力於學，累遷南京户部郎中，四川右參政按察使。又中察典議調。天啓二年起廣西右參議。初梃擊獄興，劉廷元輩主瘋顛，學佺著野史紀略，直書事本末。至六年秋，學佺遷陝西副使，未行，而廷元附魏忠賢大幸，乃劾學佺私撰野史，淆亂國章。遂

削籍，燬所鏤板。崇禎初，起廣西副使，力辭不就。家居二十年，著書所居石倉園中，爲石倉十二代詩選，盛行於世。兩京繼覆，唐王立於閩中，起授太常卿，尋遷禮部右侍郎兼侍講學士，進尚書，加太子太保。及事敗，走入山中，投繯而死，年七十有四。詩文甚富，總名石倉集。萬曆中，閩中文風頗盛，自學佺倡之。晚年更以殉節著云。

南疆逸史壹柒曹學佺傳略云：

學佺好學有文名，博綜今古，自以宿學巨儒不得官京朝，歷外數十年，仕又偃蹇，因以著書自娱。閩中立國，起爲太常寺卿，上言今幅員褊小，稅額無幾，宜專供守戰之用，而遣鄭鴻逵疾抵關度防守，毋久逗留。諸逃兵肆掠，責令其收歸營伍。及朝見，上指謂諸臣曰，此海内宿儒也。我在藩邸，聞其名久矣。時倉卒建號，一切典禮，皆學佺裁定。尋陞禮部右侍郎，署翰林院事。時勅纂修威宗實錄，國史總裁。設蘭館以處之。丙戌四月上在延津。朝議欲以奇兵浮海，直指金陵，而艱於聚餉，學佺傾家以萬金濟之。

寅恪案，關於曹能始之資料頗多，不須廣引，即觀明史及南疆逸史本傳，已足知能始爲當日閩中士大夫之領袖。至其與鄭氏之關係及傾家助餉，欲成「奇兵浮海，直指金陵。」之舉，則皆南明興亡關鍵之所在，殊可注意也。

初學集首載「牧齋先生初學集序」略云：

歲癸未冬海虞瞿稼軒刻其師牧齋先生初學集一百卷既成。冬月長至後，新安布衣友人程嘉燧述于松圓山居。

又「錢受之先生集序」云：

時崇禎甲申中秋節，友弟曹學佺能始識。

牧齋刻集既成之後，幾歷一年之久，復請能始補作一序。其推重曹氏如此，可爲例證。又檢初學集拾崇禎詩集陸「曹能始爲先夫人立傳，寄謝。」云：

（詩略。）

同書壹陸丙舍詩集「得曹能始見懷詩，次韻却寄二首。」云：

（詩略。）

有學集貳叁「張子石六十序」云：

子石遊閩，余寓書曹能始，請爲先太夫人傳。子石攝齊升堂，肅拜而後奉書。能始深歎之，以爲得古人弟子事師之禮。

夫牧齋平生於同時輩流之文章，少所許可，獨乞曹氏爲母作傳。此舉更足爲其尊崇石倉之一例證也。但牧齋外集貳伍「題曹能始壽林茂之六十序」云：

余與能始宦途不相值，晚年郵筒促數，相與託末契焉。然予竟未識能始爲何如人也。今年來白下，重逢茂之，劇談能始生平，想見其眉目嚬笑，顯顯然如在吾目中，竊自幸始識能始也。頃復見能始所製壽序，則不獨茂之之生平歷歷可指，而兩人之眉目嚬笑，又皆宛然在尺幅中。天下有眞朋友，眞性情，乃有眞文字，世人安得而知之。余往刻初學集，能始爲作序。能始不多見予詩文，而想象爲之，雖繆相推與，其辭藐藐云爾。讀此文，益自恨交能始之晚也。雖然能始爲全人以去，三年之後，其藏血已化碧，而予也楚囚越吟，連蹇不即死，予之眉目嚬笑，臨流攬鏡，往往自憎自嘆，趣欲引而去之，而猶悵怏能始知予之淺也。不亦愚而可笑哉！戊子秋盡，虞山錢謙益撰于秦淮頌繫之所。

列朝詩集丁壹肆「曹南宮學佺小傳」略云：

能始具勝情，愛名山水，卜築匡山之下，將攜家往居，不果。家有石倉園，水木佳勝，賓友翕集，聲伎雜進，享詩酒談讌之樂，近世所罕有也。著述頗富，如海內名勝志，十二代詩選，皆盛行於世。爲詩以清麗爲宗，程孟陽苦愛其送梅子庾「明月自佳色，秋鐘多遠聲。」之句。其後所至，各有集。自謂以年而異，其佳境要不出於此。而入蜀以後，判年爲一集者，才力漸放，應酬日煩，率易冗長，都無持擇，並其少年面目，取次失之。少陵有言「晚節漸於詩律細」，有旨哉，其言之也。

據此足見牧齋亦深知能始之詩文無甚可取。其請爲母作傳，並序初學集者，不過利用之以供政治之活動耳。又有學集肆柒「題徐孝白詩卷」云：

雲間之才子如臥子舒章，余故愛其才情，美其聲律。惟其淵源流別，各有從來。余亦嘗面規之，而二子亦不以爲耳瑱。采詩之役，未及甲申以後，豈有意刊落料揀哉？

牧齋尺牘中「與毛子晉」四十六首之四十五云：

蘊生詩自佳，非午溪輩之比。須少待時日，與陳臥子諸公死節者並傳，已有人先爲料理矣。其他則一切以金城湯池禦之。此間聒噪者不少，置之不答而已。

考能始亦於順治三年丙戌，即崇禎十七年甲申之後死難，列朝詩集何以選錄其詩？蓋牧齋心意中實不願論列陳李之詩，以免招致不快，姑作諸種託辭以相搪塞而已。能始小傳不書其死難之年月，殆欲藉此蒙混讀者之耳目耶？至其他如閏集肆王微鄭如英等，亦皆卒於崇禎甲申以後，更可證牧齋編列朝詩集，其去取實不能嚴格遵守史家限斷之例也。

牧齋吾炙集所選侯官許有介米友堂詩題詞云：

丁酉陽月余在南京，爲牛腰詩卷所困，得許生詩，霍然目開，每逢佳處，爬搔不已，因序徐存永詩，（見有學集壹捌「徐存永尺木集序」。）牽連及之，遂題其詩曰，壇坫分茅異，詩篇束筍同。周容東越絕，許友八閩風。世亂才難盡，吾衰論自公。水亭頻翦燭，撫卷意何窮。周容者，字茂山，明州人。嘗爲余言許友者也。既而閩之君子，或過余言，又題曰，數篇重咀嚼，不愧老夫知。本自傾蘇涣，（自注：「老杜云，老夫傾倒于蘇至矣。」）何嫌説項斯。解嘲應有作，欲殺豈無詞。周處臺前月，長懸卞令祠。余時寓清溪水閣，介周臺卞祠之間，故落句云爾。（寅恪案，牧齋此兩詩並見有學集詩注捌長干塔光集「題許有介詩集」及「再讀許友詩。」）

同書有介詩後又附評語云：

此人詩開口便妙，落筆便妙。有率易處，有粗淺處，有入俗處，病痛不少，然不妨其爲妙也。或曰，詩具如許病痛，何以不妨其妙？答曰，他好處是胎骨中帶來，不好處是薰習中染來。若種種病痛，果爾從胎骨中來，便是焦芽敗種，終無用處矣。顧與治深以予言爲然。

又云：

余於采詩之候，撰吾炙集一編，蓋唐人篋中之例，非敢以示人也。長干少年疑余有雌黄，戲題其後云，杜陵矜重數篇詩。吾炙新編不汝欺。但恐旁人輕著眼，鍼師門有賣鍼兒。（寅恪案，此詩亦見有學集詩注捌「金陵雜題絶句二十五首」之十五。）聞者一笑而解。

寅恪案，牧齋此集所選同時人詩，唯有介之作多至一百七首，亦知必招致譏怪，故賦詩解嘲，自比少陵，並借用天竺西來教義，牽强紐合兩種對立之説以文飾之。但似此高自標置及與金聖嘆一類之八股批評家言論，殊不足令人心服。綜觀牧齋平生論詩論文之著述，大别可分二類。第壹類爲從文學觀點出發，如抨擊何李，稱譽松圓等。第貳類爲從政治作用出發，如前論推崇曹能始踰越分量及選錄許有介詩，篇章繁多等。第壹類乃吾人今日所能理解，不煩贅述。第貳類則不得不稍詳言之，藉以說明今所得見牧齋黃案期間詩文中所涉及諸人之政治社會關係也。至牧齋選許有介詩，在順治十四年丁酉冬季遊金陵時。此際牧齋正奔走復明運動，爲鄭延平帥師入長江取南都之預備。茲論黃案，姑不涉及，俟後詳述。

牧齋外集貳伍「題爲黃子羽書詩册」云：

> 戊子之秋囚繫白門，身爲俘虜，閩人林叟茂之僂行相勞苦，執手慰存，繼以涕泣。感嘆之餘，互有贈答。林叟爲收拾殘棄，楷書成册，題之曰秋槐小稿。蓋取王右丞葉落空宮之句也。己丑冬，子羽持孟陽詩帙見示，並以素册索書近詩，簡得林叟所書小册，拂拭蛛網，錄今體詩二十餘首，並以近詩繫之。

寅恪案，今有學集卷壹秋槐詩集起乙酉年盡戊子年。卷貳秋槐詩支集起己丑年盡庚寅年四月。牧齋黃案期間所作之詩，即在此兩卷內，而兩卷內之詩，關涉林古度者特多，當由部分源出林氏所收拾之「秋槐小稿」，自無可疑。鄙意林氏當時所收拾牧齋之詩，恐尙有出於有學集第壹第貳兩卷所載之外。蓋就此兩卷詩中有關諸人觀之，大抵表面上皆無政治關係者，當由牧齋不欲顯著救脫其罪諸人之姓名，而此諸人亦不願牧齋此際作品涉及己身故也。但即就此等表面超然處於政局之外者，詳究之，實有直接與間接聯繫，如林古度乃其一例。關於林氏之材料頗多，其中以王士禎感舊集壹林古度條，陳文述秣陵集陸「乳山訪林古度故居」條及陳作霖金陵通傳貳肆林古度傳尤詳。茲僅錄秣陵集於下。其文略云：

古度字茂之，號那子。閩之福清人，孝廉章子。章字初文。負大志，嘗獻書闕下，不報。歸而卜居金陵華林園側，具亭榭池館之美。古度與兄君遷，皆好爲詩。與曹學佺友善。少賦揭鼓行，爲東海屠隆所知，遂有名。詩多清綺婉縟之致，有鮑謝遺軌。與學佺相類。萬曆己酉壬子間，楚人鍾惺譚元春先後遊金陵，古度與泝大江，過雲夢，憩竟陵者累月，其詩乃一變爲楚風。甲申後，徙眞珠橋南陋巷掘門，蓬蒿蒙翳，彈琴賦詩弗輟也。王士禎司理揚州，每集名士，泛舟紅橋。古度年八十五，士禎親爲撰杖。卒年九十。歿三年，周亮工葬之鍾山之麓。或云，後居乳山，有江東父老小印。（寅恪案，朱緒曾金陵詩徵肆拾「林古度」條云：「自卜生壙于乳山，年八十七卒。」）

有學集詩注壹秋槐詩集「歲晚過茂之，見架上殘帙有感，再次申字韻。」云：

地闊天高失所親。凄然問影尚爲人。呼囚獄底奇餘物，點鬼場中顧賃身。先祖豈知王氏臘，胡兒不解漢家春。可憐野史亭前叟，掇拾殘叢話甲申。

列朝詩集丁拾林舉人章小傳略云：

章字初文，福清人。初文二子君遷（寅恪案，君遷名楙。）古度皆能詩。古度與余好，居金陵市中，家徒四壁，架上多謝皐羽鄭所南殘書，婆娑撫玩，流涕漬濕，亦初文之遺意也。

同書丁壹貳鍾提學惺附譚解元元春小傳略云：

> 元春字友夏，竟陵人。舉于鄉，爲第一人。再上公車，歿於旅店。與鍾伯敬（惺）共定詩歸，世所稱鍾譚者也。伯敬爲余（萬曆三十八年庚戌）同年進士，又介友夏以交于余，皆相好也。吳中少俊多訾謷鍾譚，余深爲護惜，虛心評隲，往復良久，不得已而昌言擊排。

元春詩後又附識語云：

> 吳越楚閩，沿習成風，如生人戴假面，如白晝作鬼語，而閩人有蔡復一字敬夫者，（寅恪案，復一事蹟詳見明史貳肆玖及福建通志貳佰之伍本傳。）宦遊楚中，召友夏致門下，盡棄所學而學焉。

寅恪案，牧齋排擊鍾譚盡嬉笑怒罵之能事，讀者可披閱列朝詩集原文，於此不詳引，以省枝蔓。所可注意者，詈伯敬之辭，略寬於友夏，殆由錢鍾兩人有會試齊年之誼。舊日科舉制度與社會之關係，即此可見一斑。牧齋譏蔡敬夫，實譏林那子，所謂指桑駡槐，未識茂之讀之，何以爲情也。夫牧齋文學觀點，既與古度差異，又與之親密一至於此，甚覺可怪。更檢吾炙集所列諸人及有學集中牧齋挽歲相與往來之文士，亦多由那子介紹，其故何在？必有待發之覆也。茲略推論之於下。

今先論黃案期間錢林之關係，至鄭延平率舟師攻南都前數年之事，則暫不述及。順治四年丁亥主辦黃案最高之清吏爲洪亨九。洪氏與函可之交誼，前已詳言之。牧齋固可藉顧與治經祖心以通亨九，然細繹上引千山詩集「寄陳公路若」詩序之辭旨，知天啓六年秋桂花開時，那子年已四十七，（此據有學集貳秋槐詩支集牧齋順治己丑所賦「林那子七十初度」五律推得之。）自得與諸詞人預會賦詩，而祖心年僅十六，（此據上引郝浴撰函可塔銘「師是年二十有九，時崇禎十二年（己卯）六月十九日也。」之語推得之。）故自謙云：「予雖學語未成，竊喜得一一遍誦。」又是歲顧與治年二十八，（此據上引牧齋戊子冬所賦「顧與治五十初度」推得之。）應可預此詩會，但祖心詩序云：「及薙髮來南，與茂之相見，已不勝今昔之歎。」無一語道及與治，可證天啓六年丙寅秋韓顧尚未相識。上引牧齋「顧與治遺稿題詞」有「片言定交」之語，頗疑祖心與與治之締交，實始於弘光元年乙酉自廣州來南京之時，非若茂之之與韓氏一門，至少有兩世之舊交。然則牧齋卽不經與治，藉祖心以通亨九，亦可經茂之，藉剩人以通洪氏也。

邢孟貞昉石臼後集壹「讀祖心再變紀漫述五十韻」云：

所恨喪亂朝，不少共驩輩。城頭豎降旗，城下迎王旆。白頭宗伯老，作事彌狡獪。捧獻出英皇，箋記稱再拜。（寅恪案，楊鍾羲雪橋詩話壹「邢孟貞」條，引「白頭」下四句云：「蓋指牧齋。」)皇天生此物，其肉安足啜。養士三百年，豈料成狼狽。

寅恪案，牧齋遺事附趙水部雜志四則之三云：

弘光選后屢不中，特旨至浙東揀選三女子，祁彪佳族也。其父爲諸生。弘光避位，其女與父尚在金陵。禮部尚書錢謙益送所選女於豫王。女之父登謙益之門，一時人無不詫異焉。

可與祖心所記參證。或疑剩和尚既載牧齋此事，則似不以牧齋爲然者，牧齋遭黃案牽累，未必肯爲之盡力。鄙意函可撰再變記效法南董，自必直書，無所諱忌。但牧齋實與黃介子有連，志在復明，剩人與林茂之爲舊交，與顧與治爲密友。牧齋若經兩人之疏通勸說，藉黃案以贖前罪，函可亦可能向洪亨九爲之解救也。茂之自其父移居金陵以來，至黃案期間，已歷數十年之久。故陳作霖認其爲上元人。(見金陵通傳貳肆林古度傳：「先世籍福清。父章發憤爭獄事，繫南都三年始出。遂居金陵，爲上元人。」等語。)但那子家本福清籍，(見同治修福建通志壹伍陸選舉門舉人表「萬曆元年癸酉蘇濬榜，福清縣林春元，後改名章。」之記載及同書貳壹叁文苑傳林章傳「萬曆癸酉年十七，舉於鄉。」等語。)與當日閩省士大夫領袖曹能始關係尤密，依舊日社會之習慣，自可如金陵詩徵之例，列於寓賢。(見朱緒曾編金陵詩徵叁玖寓賢伍林章小傳及同書肆拾寓賢陸林古度小傳。)洪亨九若論鄉里之誼，固得相與周旋。蓋茂之值明清興亡之際，表面無抗清顯著之形跡，不致甚爲巴山等之所注意。觀牧齋於黃案期間作品，絕不避忌林氏之名字，亦可推知其人在清廷官吏心目中之態度也。牧齋此期間關於茂之之詩甚多，除前引「次韻林茂之中秋白門寓舍之作」外，尚有可論證之篇什不少。其仿玉川子之作一首，足見錢林友誼篤摯，如第肆章論留仙館記及馮元颷之比。但有學集貳秋槐詩支集「戲爲天公惱林古度歌」原詩過長，僅錄詩後跋語，聊資談助云爾。其文云：

此詩得之於江上丈人，云是東方曼倩來訪李青蓮於采石，大醉後放筆而作，青蓮激賞而傳之也。或云青蓮自爲之。未知然否？

前論祖心「次林茂之韻二首」第壹首「莫言我去知心少，但過牆東有好朋。」之「好朋」，當卽指盛集陶斯唐。盛氏事蹟今未能詳知。僅金陵詩徵肆拾寓賢陸盛斯唐條，較金陵通傳明詩紀事稍備，故錄之於下。其文云：

斯唐字集陶。桐城籍，居金陵。

集陶爲進士世翼孫。居金陵十廟西門，毀垣敗屋，蓬蒿滿徑，與林古度相唱和。晚以目眚，屏居不干一人。

牧齋於黃案期間詩什，頗有關涉盛氏者，茲不詳引，惟擇錄數首，略加箋釋，以見一斑。

有學集壹秋槐詩集「盛集陶次他字韻，重和五首。」其第叁首云：

秋衾銅輦夢頻過。四壁陰蟲聒謂何。北徙鵬憂風力少，南飛鵲恨月明多。杞妻崩雉眞憐汝，莒婦量城莫惎它。却笑玉衡無定準，天街仍自限星河。

寅恪案，此首雖和盛集陶，而實爲河東君而作者。第壹第貳兩句，謂明南都破後，己身降清，不久歸里，但東林黨社舊人，仍衆口訾謷，攻擊不已，意欲何爲耶？遵王引李賀「還自會稽歌」：「臺城應教人，秋衾夢銅輦。」（見全唐詩第陸函李賀壹。）以釋第壹句，固不誤。然尚有未盡。長吉詩此兩句原出謝希逸「七夕夜詠牛女應制」詩：「轂機起春暮，停箱動秋衿。」（見丁福保輯全宋詩貳謝莊條。）長吉詩所謂「臺城應教人」乃指其詩序中之庾肩吾。（見南史伍拾庾肩吾傳及王琦李長吉歌詩貳「還自會稽歌」此兩句注。）牧齋以庾氏曾爲侯景將宋子仙所執，後乃被釋，遂取相比。第貳句遵王無釋。鄙意以爲「四壁」用歐陽永叔秋聲賦「但聞四壁蟲聲唧唧」之語。（見歐陽文忠公集壹伍。）「陰蟲」當出顏延平「夏夜呈從兄散騎，車長沙。」詩「陰蟲先秋聞」句。（見文選貳陸。）此皆表面字句之典故，猶未足窺牧齋之深意。牧齋此詩既爲河東君而作，因特有取於希逸之句，亦可與此詩末二句相照應也。又牧齋隨例北遷，河東君在南中有奸夫鄭某一重公案，即牧齋所謂「人以蒼蠅汚白璧」者，（見投筆集上後秋興之三「八月初十日小舟夜渡，惜别而作。」）蓋言己身不信河東君眞有其事也。綜合此詩首兩句之意，謂兩人有如牛女之情意，永無變易。但陰險小人，造作蜚語，若「大王八」及「折盡章臺柳」之類，聒噪不休，甚無謂也。抑更有可論者，元裕之「洛陽」七律云：「已爲操琴感衰涕，更須同輦夢秋衾。」（見施國祁元遺山詩集箋注玖。）牧齋以南京比洛陽，卽下引「次韻答盛集陶新春見懷之作」詩：「澗瀍洛下今何地，鄠杜城南舊有天。」之義。然則牧齋賦詩與王半山「恩從隗始詫燕臺」句之意同矣。可詳第壹章所論，茲不復贅。牧齋和盛詩第壹聯謂己身因南都破後，隨例北遷，不久又南歸也。第貳聯謂河東君因己身被逮，而願代死，或從死，始終心懷復明之志也。第柒捌兩句謂當此賦詩之際，河東君寄寓蘇州拙政園，與己身隔絕，不能遇見。前論「次韻林茂之戊子中秋白門寓舍待月之作」詩「無那金閶今夜月，雲鬟香霧更悠悠。」之句，可取與互證。又前論順治三年丙戌牧齋之行蹤節，引有學集壹秋槐詩集「丙戌有懷」詩「橫放天河隔女牛」句，亦可取以參較也。

有學集壹秋槐詩集「次韻答皖城盛集陶見贈二首。盛與林茂之鄰居，皆有目疾，故次首戲之。」云：

枯樹婆娑隕涕攀。祗餘蕭瑟傍江關。文章已入滄桑錄，詩卷寧留天地間。汗史血書雠故簡，煙騷魂哭怨空山。終然商頌歸玄鳥，麥秀殘歌詎忍刪。

有瞽隣牆步屧親。摩挲攬鏡笑看人。青盲恰比曈曨日，（寅恪案，遵王注本作「曈曨目」。）象罔聊爲示現身。並戴小冠希子夏，長懸内傳配師春。徐州好士今無有，書尺何當代爾申。

寅恪案，牧齋答盛氏詩，第壹首末二句，初讀之，未能通解，後檢今釋徧行堂集捌「列朝詩傳序」，乃知此爲牧齋自述其編選列朝詩集之宗旨。澹歸之文，可取與此二句相證發。豈丹霞從蕭孟昉伯升處，得知牧齋著述之微意耶？俟考。金堡之文略云：

列朝詩集傳虞山未竟之書，然而不欲竟。其不欲竟，蓋有所待也。傳有胡山人白叔死於庚寅冬。則此書之成，兩都閩粵盡矣。北之死義，僅載范吳橋，餘豈無詩。乃至東林北寺之禍，所與同名黨人一一不載。虞山未忍視一綫滇南爲厓門殘局，以此書留未竟之案，待諸後起者，其志固足悲也。孟昉有儁才，於古今人著述，一覽即識其大義。其力可以爲虞山竟此書，而不爲竟，亦所以存虞山有待之志，俾後起者得而論之。嗚呼！虞山一身之心跡，可以聽諸天下而無言矣。

牧齋答盛氏詩第貳首末二句遵王注引梁書江淹傳。其解釋古典固當。但「代爾申」之「爾」字，若指牧齋，則應是集陶之語。細繹之，與上文旨意似不甚通貫。檢有學集貳秋槐支集「次韻盛集陶新春見懷之作」云：

暈碧裁紅記往年。春盤春日事茫然。澗瀍雒下今何地，鄠杜城南舊有天。夢裏士師多訟獄，醉中國土少崩騫。金陵見說饒新詠，佳麗長懷小謝篇。

此詩第伍句「夢裏士師多訟獄」，雖用列子周穆王篇之古典，然恐不僅指己身爲黃案所牽連，或兼謂集陶與訟獄有關。今日載記所述盛氏事蹟，甚爲簡略，故無從詳知集陶在此時間，是否亦有被人累及之事也。

有學集壹秋槐詩集「丙戌初秋燕市別惠房二老」（「丙戌初秋」四字據遵王注本增。）云：

（詩略。）

同書同卷「丁亥夏爲清河公題海客釣鰲圖」四首（寅恪案，「爲清河公」四字據遵王注本增。注本僅有三首，無第肆首。殆因此首語太明顯，故遵王刪去也。）云：

海客垂綸入淼茫。新添水檻攬扶桑。崆峒仗與羲和杳，安得乘槎漾水旁。

貝闕珠宮不可尋。六鰲風浪正陰森。桑田滄海尋常事，罷釣何須歎陸沉。（寅恪案，遵王注本此首作「貝闕珠宮不可窺。六鰲風浪正參差。釣竿莫拂珊瑚樹，珍重鮫人雨泣時。」當爲後來避諱所改。）

陰火初銷黑浪遲。投竿錯餌自逶迤。探他海底珠如月，恰是驪龍晝睡時。

老馬爲駒氣似虹。行年八十未稱翁。勞山拂水雙垂釣，東海人稱兩太公。

同書同卷「別惠老兩絶句」（寅恪案，遵王注本闕此題。）云：

（詩略。）

同書同卷「和東坡西臺詩韻」六首云：

（詩略。）

清史列傳柒玖貳臣傳乙房可壯傳略云：

房可壯山東益都人。明萬曆三十五年進士。〔崇禎元年〕十一月會推閣臣，次列禮部侍郎錢謙益。尚書溫體仁訐謙益主浙江鄉試時關節受賄，諸臣黨比推舉。莊烈帝召謙益及給事中章允儒等廷訊。可壯坐黨比降秩。順治元年六月招撫侍郎王鰲永至山東，可壯率鄉人殺流賊所置僞益都令，奉表投誠。鰲永疏請召用。三年二月授大理寺卿。六月疏言，舊制大理寺掌覆核刑部諸司問斷當者定案入奏，請再讞。近見刑部鞫囚，有徑行請旨處決者，未足以昭愼重，宜仍歸大理覆核會奏，並請敕法司早定律令，以臻協中之治。從之。十一月擢刑部右侍郎。五年轉左。

李棪君東林黨籍考引康熙修益都縣志捌云：

房可壯字陽初，號海客。

清史列傳柒捌貳臣傳王鼇永傳略云：

王鼇永山東臨淄人。明天啓五年進士，累官鄖陽巡撫。崇禎時，張獻忠犯興安，鼇永防江陵，大學士楊嗣昌督師好自用，每失機宜。鼇永嘗規之，不聽，遂奏罷鼇永。後嗣昌敗，授鼇永户部右侍郎。李自成陷京師，鼇永被拷索輸銀乃釋。本朝順治元年五月投誠，六月睿親王令以户部侍郎兼工部侍郎銜，招撫山東河南。鼇永至德州，同都統覺羅巴哈納石廷柱等，擊走自成餘黨，尋赴濟南，遣官分路招撫。尋命方大猷爲山東巡撫，巴哈納等移師征陝西。

鼇永同大猷及登萊巡撫陳錦等綏輯山東郡縣，剿餘賊。八月疏報濟南東昌泰安兗州青州諸屬邑俱歸順。鼇永赴青州。有趙應元者，自成裨將也。敗竄長清縣，窺青州兵少，十月率衆僞降，既入城，遂肆掠，蜂集鼇永官廨，縛之。鼇永駡賊不屈，遂遇害。

寅恪案，「爲清河公題海客釣鼇圖」一題，「清河」爲房氏郡望，「海客」爲可壯之號，「鼇」爲王鼇永之名，甚爲工巧。但此圖不知作於何時，若作於順治元年，海客初降清時，方可如此解釋，否則「鼇」字止可作海中之大龜解，指一般降清之大漢奸言。此圖之名及牧齋所題四詩，殊有深意。尤可注意者，乃第肆首「勞山拂水雙垂釣，東海人稱兩太公。」之結語。「拂水」在江蘇常熟縣，乃牧齋自指，「勞山」在山東即墨縣東南六十里海濱，用以指房氏，蓋謂兩人同爲暫時降清，終圖復明。海客在東北，牧齋在東南，分別「投竿錯餌」以引誘降服建州諸漢人，以反清歸明也。觀順治三年房氏任大理寺卿時，上疏主張恢復前明大理寺覆核刑部案件之舊例，其意蓋欲稍稍提高漢人之職責，略改滿人獨霸政權之局勢。其不得已而降清之微旨，藉此可以推見矣。

至牧齋此題涵芬樓本有學集列於「別惠房二老」及「別惠老兩絶句」之間。雖集中「別惠老兩絶句」後，即接以丁亥年所作「和東坡西臺詩韻」一題，但此時期牧齋所存之詩甚少，故「題海客釣鼇圖」詩，或賦於牧齋隨例北遷，將南還之時也。若謂牧齋於順治三年丙戌秋間別房氏後，至次年，即順治四年丁亥夏，在南京乃題此詩。則「釣鼇圖」無論由牧齋攜之南歸，或由房氏託便轉致，牧齋取此黃案迫急之際，忽作此閑適之事，必非偶然。頗疑牧齋之意，以爲房氏此際在北京任刑部右侍郎，可藉其力以脱黄案之牽累也。後來牧齋之得釋還家，是否與房氏有關，今無可考。但檢龔芝麓定山堂集叁順治十年癸巳五月任刑部右侍郎時所上「遵諭陳言疏」云：

一司審之規宜定也。十四司官滿漢並設，原期同心商酌，共砥公平，庶獄無遁情，官無曠職。近見大小獄情回堂時，多止有清字，而無漢字。在滿洲同堂諸臣，虛公共濟，事事與臣等參詳，然倉卒片言，是非立判，本末或未及深晰，底案又無從備查。至於重大事情，又多從清字翻出漢字。當其訊鞫之頃，漢司官未必留心，迨稿案已成，罪名已定，雖欲旁贊一語，輒苦後時。是何滿司官之獨勞，而漢司官之獨逸也。請自今以後，一切獄訟，必先從滿漢司官公同質訊，各注明切口詞，呈堂覆審。發落既定，或擬罪，或釋放，臣等即將審過情節，明注於口詞之內，付司存案，以便日後稽查。其有事關重大，間從清字翻出者，必仍引律敘招，臣等覆加看語，然後具題。事以斟酌而無訛，牘亦精詳而可守。

夫順治十年癸巳，在順治四年丁亥之後六年，龔氏又與房氏同是刑部右侍郎。其時滿人之跋扈，漢人之無權，尚如芝麓所言。何況當房氏任職之際耶？然則房氏在順治四年夏間，以漢族降臣之資格，伴食刑部，自顧不暇，何能救人？牧齋於此，可謂不識時務矣。斯亦清初滿漢關係實況之記載，頗有裨益於考史，故特詳錄之。讀者或不以枝蔓爲嫌也。

有學集壹秋槐詩集「贈濮老仲謙」云：

（詩見前引，茲從略。）

寅恪案，第叁章論陳臥子蝶戀花「春曉」詞，引劉鑾五石瓠「濮仲謙江千里」條云：「或見其爲柳夫人如是製弓鞋底版二雙。」牧齋此詩雖作於順治五年戊子，但濮老弓鞋底版之製，則疑在前一年丁亥河東君三十懸帨之辰。或者卽受牧齋之意旨爲之，蓋藉以祝賀河東君生日也。如此壽禮，頗嫌猥褻，若非河東君之放誕風流，又得牧齋之同意者，濮老必不敢冒昧爲之。噫！卽就此點觀之，牧齋之於河東君感恩之深，用情之足，一至於斯。後來河東君之殺身相殉，豈足異哉！

有學集貳秋槐支集「次韻何寤明見贈」（遵王注本題下有自注云：「寤明與孟陽交，故詩及之。」）云：

（詩略。）

有學集貳拾「新安方氏伯仲詩序」云：

戊子歲，余羈囚金陵，乳山道士林茂之僂行相慰問，桐皖間遺民盛集陶何寤明，亦時過從。相與循故宮，踏落葉，悲歌相和，既而相泣，忘其身之爲楚囚也。

寅恪案，前謂今有學集所載黃案期間牧齋相與唱和諸人，大抵表面與政治無關者，如牧齋序中標出林盛何等，卽是其例證。實則救免牧齋之重要人物，如函可粱維樞外，尙有佟國器。佟氏與牧齋得脫黃案之牽累，較之梁氏，尤不易得明顯之記述。茲請就所見資料，間接推證，或非全憑臆度也。有學集貳秋槐支集「馮研祥金夢蜚不遠千里，自武林唁我白門，喜而有作。」云：

（詩略。）

同書同卷「疊前韻送別研祥夢蜚」三首之三云：

少別千年近隔旬。勞人亭畔盡勞人。（遵王注本作「勞勞亭」，是。）誰家窟室能逃世，何處巢車可望塵。問字總歸沙數刦，相看已屬意生身。（此兩句注本作「自顧但餘驚破膽，相看莫是意生身。」）童初近有登眞約，爲我從容扣侍晨。

寅恪案，馮研祥爲馮開之之孫。其與牧齋之關係，前已論述，可不復贅。金夢蜚則尚待稽考。要之，此二人不遠千里，自武林至白門慰問牧齋，似是舊交密友可能之舉動。但鄙意以爲二人之由杭州至南京，恐非僅出本身之情意，實亦奉命而來也。若果奉命而來者，則疑是奉佟國器之命。又「疊前韻」第叁首柒捌兩句，當指國器及其繼配錦州錢氏而言。茲徵引國器及其妻錢氏並國器父卜年，與其他直接或間接有關資料，綜合論述，藉見牧齋之得脫於黃案之牽累，殊非偶然也。

眞誥壹貳稽神樞第貳略云：

張姜子西州人張濟妹也。李惠姑齊人夏侯玄婦也。施淑女山陽人施績女也。鄭天生鄧芝母也。此數女子昔世有仁行令聞，並得在洞中。洞中有易遷館含眞臺，皆宮名也。含眞臺是女人已得道者，隸太玄東宮。此二宮蓋女子之宮也。又有童初蕭閑堂二宮，以處男子之學也。

全唐詩第玖函陸龜蒙捌「上元日道室焚修寄襲美」云：

三清今日聚靈官。玉刺齊抽謁廣寒。執蓋冒花香寂歷，侍晨交佩響闌珊。（自注：「執蓋侍晨仙之貴侶矣。」）將排鳳節分階易，欲校龍書下筆難。唯有世塵中小兆，夜來心拜七星壇。

（寅恪案，以上二條，遵王注已略引。茲爲解釋便利之故，特更詳錄之。）

牧齋外集壹貳「佟夫人錢太君五十壽序」略云：

錢夫人者，大中丞遼海滙白佟公之嘉耦也。今年五十初度，五月初九日爲設帨之辰，年家子弟陶生某黃生某輩，相與謀舉觴稱壽，以祝嘏之詞來請。余于中丞公爲世交，爲末契。于夫人爲宗老爲伯兄，當酌兕觥爲諸子先。其何敢辭授簡。余惟夫人發祥石鏡，毓秀錦城。中丞得以勳歷中外，砥節首公，釋然無内顧之憂，夫人相之也。已而謀深籌海，績著保釐，以奉揚德意之故，誤被急徵，震電不寧，疾雷交作。夫人有籲天泣血之誠，有引繩束髮之節，閨門肅穆，道路嘆嗟，而中丞徼如天之賜，渙汗載頒，寵命洊至。天若以此曲成中丞一門之懿德，而巧用其埏埴者，何其奇也。吾讀墉城仙錄，西晉時有諶母者，潛修至道，遇孝道明王，授以眞訣，而諶母以授吳許二君，爲淨明忠孝之宗。故知神仙忠孝，非有二道，而眞誥所記易遷含眞，女子之有仁孝令聞，隸太玄宮中者，由此其選也。夫人之相中丞，淑愼其身，夷險不二，豈非有合于神仙孝道之法，爲羣眞之所默哕者歟？世之鉅公賢媛，享令名，保完福者，皆夙有靈骨，從仙籍中謫降。雖然，世之稱神仙上壽者，無如吾家彭祖，屈原稱其斟雉羹以享帝堯，受壽八百，入流沙以去。夫人出于彭城，亦籛後人也。爲夫人壽者，宜有取于此矣。然彭祖一意養生，杖晚而唾遠，老猶自悔其不壽。不若丹陽孝道之傳爲有徵也。若吾家故事，載在譜牒，夫人數典而知之久矣。又何待乎余言。

錢牧齋尺牘上「答佟思遠」云：

山中草木，幸脱餘生。晚歲桑榆，已爲長物。燭武抱無能之恨，師丹招多忘之譏。隨例稱觴，撫心自愧。深荷老姊丈惠顧殷勤，翰章重疊，遂令長筵生色，兒女忭舞。當賤誕之日，佳貺賁臨，故知吉人記存，即是慈光加被，可以招邀餘慶，敵退災星矣。拜嘉之餘，惟有銘勒。賢閫賢甥，並此馳謝。臨楮不勝馳企之至。

清史列傳柒捌貳臣傳甲洪承疇傳云：

〔順治四年〕承疇以江南湖海諸寇俱削平。又聞其父已卒於閩，請解任守制。乃調宣大總督馬國柱爲江南江西河南總督。命承疇俟假滿，仍回内院任事。五年四月至京。

羅振玉輯史料叢刊初編「洪文襄公呈報吳勝兆叛案揭帖」首署：

守制洪承疇謹揭。

末署：

順治肆年柒月初拾日。

清史稿貳佰叁疆臣年表壹總督欄載：

順治四年丁亥馬國柱七月戊午（十九日）總督江南江西河南。

牧齋外集壹越吟憔悴「壽佟中丞」八首之七（江左三大家詩鈔牧齋詩鈔下此題作「贈佟中丞匯白」。題下注云：「時繇閩虔移旌江浙，啓行之候，正値初度。」）云：

魚鑰金壺莫漫催，齊眉親送紫霞杯。合歡樹倚三眠柳，燭夜光傾四照梅。戴勝杖從金母授，羽衣曲自月妃來。當筵介壽多詩筆，授簡逡巡避玉臺。

牧齋尺牘中「與毛子晉」四十六首。其三十三云：

司理之册，乃欲求佟處（虔）撫賀文也。今佟已移鎮於浙，此事已無干矣。

施閏章學餘文集壹柒「黃氏皆令小傳」云：

（皆令）南歸過江寧，値佟夫人賢而文，留養痾於僻園，半歲卒。

國朝金陵詩徵肆壹佟國器小傳云：

國器字匯白，襄平籍，居金陵。順治二年授浙江嘉湖道，再遷福建巡撫，終江西南贛巡撫。有芟亭詩，燕行草，楚吟諸集。（原注：「魏惟度云，中丞築僻園在古長干。山水花木甲白下。子孫入籍焉。」）

同書同卷載佟國器「和宋荔裳遊僻園詩韻」（寅恪案，宋琬原詩見安雅堂未刻稿叁「佟匯白中丞僻園四首」。並可參同書貳「佟中丞匯白僻園觀姚伯右畫梅歌」。）云：

郊居塵自遠，蒼翠障河干。石老連雲臥，（楊鍾羲雪橋詩話貳錄此詩「老」作「磊」。）香酣促酒乾。（「酣促」楊書作「甜帶」。）孤松堪結侶，五柳欲辭官。（「欲」楊書作「倩」。）欸户君偏獨，（「欸户」楊書作「重竹」。）斜陽興未闌。（「斜陽」楊書作「忘歸」。）

雪橋詩話貳「佟匯白中丞國器」條略云：

去官後卜築鍾山之陰，小閣幽篁，酒客常滿。和宋荔裳遊余僻園韻云，（詩見上。）佟儼若（世思）有「僻園歌」。又有「僻園呈匯白伯父」（詩）。

有學集叁叁「佟母封孺人贈淑人陳氏墓誌銘」略云：

淑人姓陳氏，父諱其志，母湯氏。故山東按察司僉事登萊監軍佟府君諱卜年之妻，今御史中丞國器之母也。佟與陳皆遼陽上族。府君擢上第，宰京邑，册府錫命，天書煌煌，閨闈榮焉。天啓初，府君受命東略，監軍登萊。鈎黨牽連，蜚語逮繫，淑人奉二尊人暨諸姑子姪，扶攜顛頓，徙家于鄂。乙丑九月府君奉矯詔自裁，太公哀慟死客舍，淑人泣血襄事，奉太夫人渡漢遷黄陂。又三年仍遷江夏。秦寇躪楚，太夫人歿而渴葬。中丞補弟子員，奉淑人卜居金陵。崇禎甲申避兵，遷甬東。中丞受新命，以兵憲治嘉興。淑人版輿就養。丙戌九月十九日卒於官舍，年五十有八。淑人既歿，中丞扶柩歸金陵，卜葬於〔鍾〕山之陽。子一人，即中丞公國器，女適李寧遠曾孫延祖，（寅恪案，「李寧遠」指李成梁。蓋成梁封寧遠伯也。見明史貳叁捌本傳。）以死事贈同卿。中丞妻贈淑人蕭氏，繼室封淑人錢氏。孫三人世韓世南世傑。

乾隆修浙江通志壹貳壹職官壹壹分巡嘉湖道欄載：

佟國器。順治二年任。

朱延慶。遼東右衛人。順治四年任。

同書同卷提刑按察使欄載：

王瑨。江南山陽人。進士。順治三年任。

佟國器。順治六年任。

熊維傑。遼東鐵嶺人。順治八年任。

清史稿貳佰叁疆臣年表浙閩總督欄載：

順治二年乙酉張存仁十一月壬子總督浙江福建。由浙江總督遷。

順治三年丙戌張存仁。

順治四年丁亥張存仁十二月壬申病免。陳錦總督浙閩。

順治五年戊子陳錦。

清史列傳柒捌貳臣傳張存仁傳(參結埼亭外編叁拾「明大學士熊公行狀跋」。)略云：

張存仁遼陽人。明寧遠副將，守大凌河。本朝天聰五年隨總兵祖大壽等來降。順治元年隨豫親王多鐸征河南江南。二年六月大軍下浙江，存仁隨至杭州，遂管浙江總督事。十一月授浙江福建總督。三年端重親王博洛統師進征，明魯王遁，(方)國安(馬)士英就擒，伏誅。浙閩漸以底定。四年疏請解任。存仁莅浙後，屢以疾乞休，至是得旨俞允。五年二月因代者未至，遣將收復連城順昌將樂三縣。六年起授直隸山東河南總督。

張維屏國朝詩人徵略二編叁「佟國器」條引大清一統志云：

順治二年授嘉湖道，偕張國興擒馬士英。

牧齋外集柒「佟懷冬古意新聲序」(參同書同卷「佟懷冬擬古樂府序」及「佟懷冬詩選序」並有學集貳秋槐支集庚寅夏牧齋所作「閩中徐存永陳開仲亂後過訪，各有詩見贈，次韻奉答四首。」及「夏日讌新樂小侯於燕譽堂。林若撫徐存永陳開仲諸同人並集二首。」)略云：

古意新聲之什，創於陽羨俞羨長。佟中丞懷冬見而悦之，爲之嗣聲屬和。又益之以出塞宮詞閨情詠懷之屬，凡六十章。閩士徐存永陳開仲攜以入吴，予方有事採詩，深嘉其旨意，爲之序而傳焉。始存永開仲之以詩請也，秉燭命觴，相顧欣賞。昧旦而求之，余與二子衄然若有失也。浹旬吟咀，听然有得，始拈出風之一字，而二子遠矣。遇懷冬，輒舉似之。懷冬笑而不應。禪門有言，莫把金針度。此風之一字，懷冬之金針也。余顧嘵嘵然，逢人而扣其譜，不已愚乎？

同治修福建通志壹肆拾宦績門佟國器傳云：

佟國器奉天遼東拔貢。順治八年任左布政使。（寅恪案，葛萬里牧齋先生年譜順治八年辛卯條云：「自記九月避喧卻賀，扁舟詣白下懷東寓。」可供參考。）十年擢巡撫。

清史稿貳佰柒疆臣年表伍巡撫欄載：

順治十年癸巳張學聖二月甲子罷。四月丙午佟國器巡撫福建。

順治十一年甲午佟國器。

順治十二年乙未佟國器三月庚子調。宜永貴巡撫福建。

清史列傳肆佟養正（眞）傳（參同書同卷恩格圖及張大猷傳。）略云：

佟養正遼東人。其先爲滿洲，世居佟佳，以地爲氏。祖達爾哈齊以貿易寓居開原，繼遷撫順，遂家焉。天命初，佟養正有從弟養性，輸誠太祖高皇帝，於是大軍征明，克撫順，佟養正遂挈家並族屬來歸，隸漢軍。六年奉命駐守朝鮮界之鎮江城。時城守中軍陳良策潛通明將毛文龍，詐令諜者稱兵至，各堡皆呼譟，城中大驚，良策乘亂據城叛。佟養正被執，不屈死之。長子佟豐年，（寅恪案，國榷捌肆天啓元年八月丙子「遼東巡撫王化貞，參將毛文龍之捷。」條，「豐年」作「松年」。）並從者六十人，俱被害。詔以次子佟圖賴襲世職。佟圖賴初名佟盛年，後改今名。崇德七年始分漢軍爲八旗，佟圖賴隸鑲黃旗，授正藍旗都統。順治二年五月軍次江南，敗明舟師於揚子江，先後攻揚州及嘉興諸府，皆下之。十三年八月引疾乞休。命加太子太保，以原官致仕。十五年卒於家，年五十有三。康熙十六年聖祖仁皇帝以孝康皇太后推恩所生，特贈佟圖賴一等公爵，令其子佟國綱承襲，並令改隸滿洲。

同書同卷佟養性傳略云：

佟養性遼東人。先世爲滿洲，居佟佳，以地爲氏。因業商，遷撫順。天命初，見太祖高皇帝功德日盛，傾心輸欵，爲明所覺，置之獄，潛出來歸。賜尚宗室女，號曰西屋裏額駙。天聰五年正月太宗文皇帝命督造紅衣礮。初軍營未備火器，至是礮成，鐫曰天佑助威大將軍，征行則載以從。養性掌焉。時漢軍未分旗，敕養性總理，官民俱受節制。額駙李永芳及明副將石廷柱鮑承先等先後來降者，與佟氏族人，皆爲所屬。上以漢官漸多，慮養性無以服衆志，特諭養性曰，凡漢人事務，付爾總理，各官分別賢否以聞。爾亦當殫厥忠恂，簡善絀惡，恤兵撫民，竭力供職，勿私庇親戚故舊，陵轢疏遠仇讎，致負朕委任之意。又諭諸漢官曰，爾衆官如能恪遵約束，非敬謹養性，是重國體，而欽法令也。十一月祖大壽以大凌河城降。上命城中所得槍礮鉛藥，悉付養性。六年正月上幸演武場閲兵，養性率所轄漢軍試礮，擐甲列陣，上嘉其軍容整肅。養性卒於官，詔以其子普漢襲爵。普漢卒，弟六十襲。崇德七年隸漢軍正藍旗。

清史稿貳佰貳拾后妃傳略云：

元妃佟佳氏，歸太祖最早。子二，褚英代善。女一，下嫁何和禮。（可參孟森明元清系通紀清初三大疑案考實第貳種「世祖出家事考實」。）

孝康章皇后佟佳氏，少保固山額眞佟圖賴女。后初入宮，爲世祖妃。（順治）十一年三月戊申聖祖生。聖祖即位，尊爲皇太后。（康熙）二年二月庚戌崩，年二十四。后家佟氏，本漢軍。上（指聖祖。）命改佟佳氏，入滿洲。后族擡旗自此始。子一，聖祖。

孝懿仁皇后佟佳氏，一等公佟國維女，孝康章皇后姪女也。康熙十六年爲貴妃。二十年進皇貴妃。二十八年七月病篤，册爲皇后，翼日甲辰崩。（可參孟森清初三大疑案考實第叁種「世宗入承大統考實」。）

清朝通志貳氏族略貳「滿洲八旗姓佟佳氏」條略云：

佟佳氏散處瑪察雅爾呼加哈哈達佟佳等地方。佟養正鑲黃旗人。世居佟佳地方。國初率族衆來歸。其子佟圖賴係孝康章皇后之父，追封一等公。佟養性，佟養正之弟，國初來歸，太祖高皇帝以孫女降焉。

梅村家藏藁肆捌「佟母劉淑人墓誌銘」略云：

子江南右方伯諱彭年，方從政於吳。偉業聞之，自古興王之代，必先世祿之家。在我朝，佟爲貴族。

錢牧齋尺牘下「復佟方伯」略云：

江南半壁，仰賴旬宣。治某樗櫟散材，菰蘆長物，通家世誼，牽附高門。懷東匯白一元三公，氣叶椒蘭，誼深金石。

乾隆修江南通志壹佰陸職官志江蘇布政使欄載：

佟彭年。正藍旗人。舉人。康熙二年任。

慕天顏。靜寧人。進士。康熙九年任。

有學集壹陸「佟氏幽憤錄序」云：

佟氏幽憤錄者，故登萊僉事觀瀾佟公當絕命時，自著憂憤先生傳。其子今閩撫思遠，並出其對簿之揭與檻車之詩，集錄以上史館者也。東事之殷也，江夏公(指熊廷弼。)任封疆重寄，一時監司將吏，皆梔言蠟貌，不稱委任。江夏按遼時，佟公爲諸生，與同舍楊生崑仁，籌邊料敵，畫灰聚米，慨然有掃犂之志。江夏深知之，以是故，嚎咷呼援以助我，而公自以世受國恩，諳知遼事，盱衡抵掌，樂爲之用。當是時，撫清（指撫順清河。）雖熸，遼瀋無恙。以全盛之遼，撼新造之□。以老熊當道之威，布長蛇分應之局。鷸蚌未判，風鶴相疑，傳箭每一日數驚，□廬或一夕再徙。公將用遼民守遼土，倚遼人辦遼事，赦脅從，招携貳，施鈎餌，廣間諜。肅昚之矢再來，龍虎之封如故。經營告成，豈不鑿鑿乎其有成算哉！天未悔禍，國有煩言，奸細之獄，羅鉗於前，叛族之誅，瓜蔓於後。公既以獄吏膊書，啣冤畢命。馴至於一誤再誤，決河燎原，遼事終不可爲矣。嗚呼！批根黨局，假手奄宦，借公以螫江夏，又因江夏以剪公，此能人要路所爲合圍掩羣，惟恐或失者也。殺公以錮佟氏之族，錮佟以絕東人之望。於是乎穹廬服匿之中望窮，□□□□□□之屬目斷。刀環翕侯中行説之徒，相率矯尾厲角，僇力同心，以致死於華夏。堅脅從之心膽，廣内訌之羽翼，失招撫之大機，破恢復之全局，蓋自羣小之殺公始。此則操刀推刃者，瞢瞢不自覺，而世之君子，亦未必知其所以然也。國家當白山作難，人主旰食，中外震驚。惟是秉國成，參廟算者，用是以快恩仇，恣剸決，岐口沓舌，張羅設械，巧於剪外人之所忌，而精於弭敵國之所短，畫廟社於一牆，委人主爲孤注。河東之司命，遙寄於柄臣之門。關外之師期，尅定於獄吏之手。如公之死，不死於丹書，不死於西市，而死於髣髴錯莫，誕漫不可知之口語。迄於今，藏血久碧，墓艸再陳，山川陵谷，俯仰遷改，而卒未知坐公死者爲何法，責公死者爲何人。天不可問，人不可作，有鬼神構鬬其間，而公與國家並受其害，可勝痛哉？

盛昱八旗文經伍拾佟世思「先高曾祖三世行略」略云：

先高祖諱週，字儒齋，世居撫順，以撫順邊烽時警，望遼陽有白雲冉冉於其上，遂家焉。自北燕時，遠祖諱萬諱壽者，俱以文字顯。累傳至明洪武間，始祖諱達禮，以邊功加秩指揮同知，世其爵。五傳而生季甫公諱檳。季甫公生心一公諱懋，是爲儒齋公父。公生而穎異，讀書明性，理家資巨萬。謹恪自居，敎子弟以正。事無巨細，必取法古人。公生曾祖諱養義，字直菴，念時勢多艱，身家爲重。敎曾祖以恪謹居躬。曾祖心父之心，凜凜恐墜，數十年如一日。已而家難起，以撫順族人諱養性者，於明萬曆間獲罪，罪應族。於是通族之人，潛者潛，逃者逃，易姓者易姓，更名者更名。先高祖耿介性成，語人曰，族中有此，皆我伯叔之咎，正宜延頸待誅。潛逃何爲，易姓名何爲。遂爲有司所執。先曾祖相從於車塵馬迹中，徒步奔走，械鎖琅璫。春氣苦寒，淚凝冰合。先高祖歸命於法，始終無難色。先曾祖躃踊號泣，念先高祖以垂老之年，罹奇禍，呼天搶地，以爪入肉，血出不知。時曾叔祖諱養歲，叔祖諱純年同以事去。煢煢異地，父子祖孫無完卵。向以家素豐饒，爲捕按者魚肉奇貨之，家遂破。先是，先大父諱方年字長公，爲范公諱楠壻。范公即本朝師相文肅公（文程）父也。百計周旋，匿之館室。先大父自分不欲生，每思自首，以從祖父。文肅公屢慰之曰，非不欲爾死也，其如宗祀何？久之，人漸悉，徙之沈香林。（原注：「寺名。」）不可。東寄西遷，心勞力竭。又懼有司下除根之令，欲使姑易姓，先大父曰，我祖父叔弟皆因不忍易姓，而有此禍。我豈忍悖祖父叔弟之志，易姓以偷生乎？文肅公彊之至再，而後可。先高祖入關後，分禁永平諸邑獄。旋復因邑有水災，城爲水沒。若祖，若孫，若父，若子，若兄，若弟，不相顧。先高祖暨叔曾祖，叔祖，俱以水死。先是高祖莊坐大呼曰，伏朝廷之法，而不死於法，生猶不生也。時先曾祖身在水中，與怒濤爭上下，流之門側，聞先高祖之言如此，隨自臆度曰，是死終不明。得浮木，負之出。投邑令。令曰，爾父死，並以爾死上聞。盍去之。先曾祖告以前故，因厲聲曰，我何敢悖君父耶？遂觸階死。令曰，孝子也。鄉人過其邑，聞其言與事，而歸告之。特於歸骨之地未詳。嗚呼！痛哉！先大父既留，尚未婚。文肅公彊之完娶，先大父抵死不可。久之，乃成禮。三韓一帶盡入我清版章。族之人潛者出矣，逃者返矣，易姓更名者，連袂而歸矣。先大父相依文肅公，雖曰無家可歸，族人亦無許先大父歸者，蓋因先大父爲人方嚴侃直，落落難合，兼以家業飄零，竊恐歸宗爲累也。時既爲我清編氓，從戎大師，冀立功疆場，且欲覓先高曾遺骨歸葬。無如彼蒼不憫，壯志未酬，戰歿於灤州。高祖母梁，繼高祖母金楊，曾祖母李，祖母沈，患難之際，俱以病卒。

宣統修山東通志肆玖歷代職官表捌布按分司諸道欄載：

天啓朝。佟卜年。遼陽進士。

明史貳肆壹王紀傳（參國榷捌伍天啓二年七月甲辰「刑部尚書王紀削籍，以久稽佟卜年案也。」條。）略云：

王紀字惟理，芮城人。萬曆十七年進士。天啓二年代黃克纘爲刑部尚書。初李維翰熊廷弼王化貞下吏，紀皆置之重辟，而與都御史大理卿上廷弼化貞爰書，微露兩人有可矜狀，而言不測特恩非法官所敢輕議。有千總杜茂者，齎登萊巡撫陶郎先千金，行募兵。金盡，而兵未募，不敢歸，返薊州僧舍，爲邏者所獲，詞連佟卜年。卜年遼陽人，舉進士，歷知南皮河間。遷夔州同知，未行，經略廷弼薦爲登萊監軍僉事。邏者搒掠，茂言嘗客於卜年河間署中三月，與言謀叛。因挾其二僕，往通李永芳。行邊（兵部）尚書張鶴鳴以聞。鶴鳴故與廷弼有隙，欲藉卜年以甚其罪。朝士皆知卜年冤，莫敢言及。鎮撫既成獄，移刑部。紀疑之，以問諸曹郎。員外郎顧大章曰，茂既與二僕往來三千里，乃考訊垂斃，終不知二僕姓名，其誣服何疑？卜年雖非間諜，然實佟養眞族子，流三千里可也。紀議從之，邏者又獲奸細劉一巘，忠賢疑劉一燝昆弟，欲立誅一巘及卜年，因一巘以株連一燝。紀皆執不可。（沈）潅遂劾紀護廷弼等獄，爲二大罪。帝責紀陳狀，遂斥爲民。以侍郎楊東明署部事，坐卜年流二千里。獄三上三却，給事中成明樞張鵬雲沈惟炳，卜年同年生也。爲發憤摭他事，連劾東明。卜年獲長繫瘐死，而東明遂引疾去。紀既斥，大學士葉向高何宗彦史繼偕論救，皆不聽。後閹黨羅織善類，紀先卒，乃免。

清史列傳柒捌貳臣傳甲李永芳傳略云：

李永芳遼東鐵嶺人。明萬曆四十一年官遊擊，守撫順所。本朝天命三年，是爲明萬曆四十六年。太祖興師征明，以書諭永芳。永芳奉諭知大兵至，遂乘騎出降。上命毁撫順城，編降民千户。遷之興京。仍如明制，設大小官屬，授永芳副總兵，轄降衆。以上第七子貝勒阿巴泰女妻之。

明史貳伍玖熊廷弼傳略云：

熊廷弼字飛百，江夏人。萬曆二十五年舉鄉試第一，明年成進士。（天啓元年）駐山海關，經略遼東軍務。廷弼因白監軍道臣高出胡嘉棟，督餉郎中傅國無罪，請復官任事。議用遼人。故贊畫主事劉國縉爲登萊招練副使，夔州同知佟卜年爲登萊監軍僉事。故臨洮推官洪敷教爲職方主事，軍前贊畫，用收拾遼人心。並報允。先是，四方援遼之師，（王）化貞悉改爲平遼。遼人多不悦。廷弼言遼人未叛，乞改爲平東，或征東，以慰其心。自是化貞與廷弼有隙，而經撫不和之議起矣。化貞爲人騃而愎，素不習兵，輕視大敵，好謾語。務爲大言罔中朝，尚書〔張〕鶴鳴深信之，所請無不允，以故廷弼不得行其志。廷弼請用卜年，鶴鳴上駁議。御史蘇琰則言廷弼宜駐廣寧，不當遠駐山海。因言登萊水師無所用。廷弼怒，抗疏力詆三人。帝皆無所問。而帝於講筵，忽問卜年係叛族，何擢僉事？國縉數經論列，何起用？嘉棟立功贖罪，何在天津？廷弼知左右譖之，抗疏辨，語頗憤激。是時廷弼主守，謂遼人不可用，西部不可恃，〔李〕永芳不可信，廣寧多間諜，可虞。化貞一切反之，絕口不言守，謂我一渡河，河東人必内應，且騰書中朝，言仲秋之月，可高枕而聽捷音。孫杰劾〔劉〕一燝以用出嘉棟卜年爲罪，而言廷弼不宜駐關内。當時中外舉知經（指熊廷弼。）撫（指王化貞。）不和，必悞疆事。章日上，而鶴齡篤信化貞，遂欲去廷弼。二年正月員外郎徐大化希指劾廷弼不去必壞遼事。並下部。鶴鳴乃集廷臣大議。議撤廷弼者數人，餘多請分任責成。鶴鳴獨言化貞一去，毛文龍必不用命。遼人爲兵者必潰，西部必解體。宜賜化貞尚方劍，專委以廣寧，而撤廷弼他用。議上，帝不從。

清史列傳柒玖貳臣傳乙沈維炳傳略云：

沈維炳湖廣孝感人。明萬曆四十四年進士。初任香河知縣，入爲刑科給事中。〔天啓〕二年遼東經略熊廷弼，巡撫王化貞，以廣寧失陷逮勘。登萊道佟卜年爲廷弼所薦，有訐其謀叛者，大學士沈潅，兵部尚書張鶴鳴，欲藉以重廷弼罪。維炳疏言，潅因言官列其私跡，借廷弼爲抵彈謝過之具。廷弼承失地之罪足矣，豈必加以他辭。鶴鳴左袒化貞，角勝廷弼，致經撫兩敗，獨鶴鳴超然事外。今復欲加罪廷弼，有背公論。（寅恪案，光緒修孝感縣志壹肆人物志沈惟炳傳略云：「沈惟炳字斗仲，號炎洲。諸黨人又借經略熊廷弼，欲株連楚人，惟炳再疏切言之。」可供參證。）

寅恪案，佟國器於順治二年授浙江嘉湖道，當是從其叔佟圖賴軍破嘉興後，因得任此職。順治三年丙戌九月其母陳氏歿於官舍，歸葬金陵，揆以墨經從戎之古義及清初旗人喪服之制，並證以當時洪亨九丁父憂守制之事例，大約順治三年冬，或四年初，即可扶柩至白門。此時懷冬正可爲牧齋向南京當局解說。明南都傾覆未久之際，漢族南人苟延殘喘，已是幸事，自不能爲牧齋關說。其得爲牧齋盡力者，應爲北人，如梁慎可輩，而最有力者，則是匯白一流人物。蓋滿人武將與江南士大夫，絕無關涉。惟有遼東漢軍，如懷冬者，在明爲叛族，而在清則爲新貴，實是向金陵當局救脫牧齋最適宜之人。況國器之父卜年與洪亨九同爲萬曆四十四年丙辰進士，兩人本有通家之誼，尤便於進說乎？牧齋借眞誥「童眞」之語，以指佟姓。「凡佟姓即童姓。建州以佟爲公姓，所以其南有佟家江。」（見孟森明元清系通紀正編壹永樂四年「十一月乙丑木楞古野人頭目佟鎖魯阿等四十人來朝」條案語。）可謂巧合。「侍晨」用陸魯望詩自注「仙之貴侶」。即前引受之撰國器妻錢氏壽序所謂「錢夫人者，大中丞遼海佟公之嘉耦也。」亦殊工切。或疑浙江通志職官表載佟氏順治六年始任浙江按察使，則似不能遣馮金二人於五年初由杭州至江寧。鄙意思遠葬母後，即隨張存仁軍駐杭州。張氏前雖以病乞休，但因代者陳錦未至，五年二月尚留杭州。則國器亦當於五年春隨張存仁在杭州。故不必拘執方志之文，遂以鄙說爲不合事實。又匯白遣馮金二人往金陵慰問牧齋，正如其後來在官閩時，遣徐陳至常熟求牧齋作詩序之事相類。牧齋強拉「籛後人」之誼，認國器爲妹丈，固極可笑。然佟夫人實亦非未受漢族文化之「滿洲太太」。觀其留黃媛介於僻園一事，雖與錢柳有關，但亦由本人眞能欣賞皆令之文藝所致也。依佟儼若所記，當日在明人範圍之內，佟氏一族遭遇慘酷，可以想見。儼若一房幸與范文程有關，僅存遺種。卜年死後，其家遷居湖北，諒亦藉熊飛百之楚黨庇蔭，得以苟免。故牧齋陳氏墓誌銘等文所言其家之流離困厄，殊非虛語。夫遼東之地，自古以來，爲夷漢雜居區域，佟氏最初本爲夷族，後漸受漢化。家族既衆，其中自有受漢化深淺之分別。佟卜年一家能由科舉出身，必是漢化甚深之支派。佟養性養眞等爲明邊將，當是偏於武勇，受漢化不深之房派。明萬曆天啓間，清人欲招致遼東諸族，以增大其勢力，故特尊寵佟氏。不僅因其爲撫順之豪族，且利用其本爲明邊將，能通曉西洋火器之故。然則當日明清東北一隅之競爭，不僅爭土地，並亦爭民衆。熊飛百欲藉深受漢化之佟觀瀾，以挽回已失之遼東人心。清高祖太宗欲藉佟養性兄弟，更招降其他未歸附之漢族。由是言之，佟氏一族，乃明清兩敵國爭取之對象。牧齋「佟氏憂憤錄序」所言，似涉誇大，若按諸當日情勢，亦是實錄也。寅恪嘗論北朝胡漢之分，在文化而不在種族。論江東少數民族，標舉聖人「有教無類」之義。論唐代帝系雖源出北朝文化高門之趙郡李氏，但李虎李淵之先世，則爲趙郡李氏中，偏於武勇，文化不深之一支。論唐代河北藩鎮，實是一胡化集團，所以長安政府始終不能收復。今論明清之際佟養性及卜年事，亦猶斯意。至「佟佳」之稱，其地名實由佟家而來，清代官書顚倒本末，孟心史已於明元清系通紀前編「毛憐衛設在永樂三年」條，正編貳宣德元年「十二月乙丑賜建州左等衛歸附官軍鎮撫佟教化等，鈔綵等物。」條及正編肆正統五年九月己未「冬古河即棟鄂河。」等條，已詳述之，不待更贅。噫！三百五十年間，明清國祚俱斬，遼海之事變愈奇。長安棋局未終，樵者之斧柯早爛矣。

關於列朝詩集，凡涉及河東君者，皆備述之。其涉及牧齋者，則就修史復明兩端之資料稍詳言之。至於詩學諸主張，雖是牧齋著書要旨之一，但此點與河東君無甚關涉，故不能多所旁及，僅擇錄一二資料，聊見梗概，庶免喧賓奪主之嫌。容希白庚君著有「論列朝詩集與明詩綜」一文，(見嶺南學報第壹壹卷第壹期。)甚爲詳審。然容君之文與拙作之範圍及主旨不同，今唯轉載其文中所引與本文有關者數條，其餘讀者可取並參之也。

牧齋遺事云：

柳夫人生一女，嫁無錫趙編修玉森之子。柳以愛女故，招壻至虞，同居於紅豆村。後柳歿，其壻攜柳小照至錫。趙之姻戚咸得式瞻焉。其容瘦小，而意態幽嫺，丰神秀媚，幀幅間幾栩栩欲活。坐一榻，一手倚几，一手執編。牙籤縹軸，浮積几榻。自跋數語於幅端，知寫照時，適牧翁選列朝詩，其中閨秀一集，（寅恪案，「閨秀」二字，應作「香奩」。）柳爲勘定，故即景爲圖也。

寅恪案，河東君此小照不知尚存天壤間否？其自跋數語，遺事亦不備載其原文，殊爲可惜。今檢列朝詩集閏集陸外夷朝鮮門「許妹氏」條（參明詩綜陸伍下「許景樊」條。）云：

許景樊字蘭雪，朝鮮人。其兄筠篈皆狀元。八歲作廣寒殿玉樓上梁文，才名出二兄之右。適進士金成立，不見答於其夫。金殉國難，許遂爲女道士。金陵朱狀元（之蕃）奉使東國，得其集以歸，遂盛傳於中夏。柳如是曰，許妹氏詩，散華落藻，膾炙人口。然吾觀其遊仙曲「不過邀取小茅君，便是人間一萬年。」曹唐之詞也。楊柳枝詞「不解迎人解送人」，裴説之詞也。宫詞「地衣簾額一時新」，全用王建之句。「當時曾笑他人到，豈識今朝自入來。」直鈔王涯之語。「絳羅袱裹建溪茶，侍女封緘結綵花。斜押紫泥書勑字，内官分賜五侯家。」則撮合王仲初「黄金合裏盛紅雪」與王岐公「内庫新函進御茶」兩詩，而錯直出之。「間回翠首依簾立，閒對君王説隴西。」則又偷用仲初「數對君王憶隴山」之語也。次孫内翰北里韻「新粧滿面頻看鏡，殘夢闗心懶下樓。」則元人張光弼「無題」警句也。吳子魚（明濟）朝鮮詩選云：「遊仙曲三百首，余得其手書八十一首。」今所傳者，多沿襲唐人舊句。而本朝馬浩瀾遊仙詞，見西湖志餘者，亦竄入其中。凡塞上楊柳枝竹枝等舊題皆然。豈中華篇什，流傳雞林，彼中以爲琅函秘册，非人世所經見，遂欲掩而有之耶？此邦文士，搜奇獵異，徒見出於外夷女子，驚喜讚歎，不復覈其從來。桐城方夫人採輯詩史，評徐媛之詩，以「好名無學」四字，遍誚吳中之士女，於許妹之詩，亦復漫無簡括，不知其何說也。承夫子之命，讎校香奩諸什，偶有管窺，輒加槧記，今所撰錄，亦據朝鮮詩選，存其什之二三。其中字句竄竊，觸類而求之，固未可悉數也。觀者詳之而已。

寅恪案，牧齋遺事所言，河東君勘定列朝詩集閨秀一集事，可與相證。至王澐輞川詩鈔陸「虞山柳枝詞」十四首之十云：

　河梁錄別久成塵。特倩香奩品藻新。雲漢在天光奕奕，列朝新見舊詞臣。

及自注云：

　錢選列朝詩，首及御製，下注臣謙益曰云云。歷詆諸作者，託爲姬評。

則甚不公允。蓋牧齋編列朝詩集，河東君未必悉參預其事。但香奩一集，揆以錢柳兩人之關係及河東君個人興趣所在，諸端言之，乃謂河東君之評語，出於牧齋所假託，殊不近情理也。又勝時詩末兩句，即指列朝詩集乾集之上「太祖高皇帝」條所云：

臣謙益所撰集，謹恭錄內府所藏弇御製文集，冠諸篇首，以著昭代人文化成之始。

等之類。夫牧齋著書，借此以見其不忘故國舊君之微旨。勝時自命明之遺逸，應恕其前此失節之愆，而嘉其後來贖罪之意，始可稱爲平心之論，今則挾其師與河東君因緣不善終之私怨，而又偏袒於張孺人，遂妄肆譏彈，過矣！又牧齋尺牘中「與毛子晉」四十六通，其第壹柒通云：

乾集閱過附去。本朝詩無此集，不成模樣。彼中禁忌殊亦闊疎，不妨即付剞劂，少待而出之也。

其第壹捌通云：

諸樣本昨已送上，想在記室矣。頃又附去閏集五册，乙集三卷。閏集頗費蒐訪，早刻之，可以供一時談資也。

寅恪案，此兩札容君文中已引，今可取作勝時詩之注脚也。

關於牧齋者，請先論述其修史復明兩端，然後旁及詆議列朝詩集之諸說，更贅述牧齋與朱長孺注杜詩之公案，但此等不涉及本文主旨，自不必詳盡也。

牧齋歷朝詩集自序（據東莞容氏藏本。）云：

毛子子晉刻歷朝詩集成，余撫之愾然而歎。毛子問曰，夫子何歎？予曰，有歎乎，予之歎，蓋歎孟陽也。曰，夫子何歎乎孟陽也？曰，錄詩何始乎？自孟陽讀中州集始也。孟陽之言曰，元氏之集詩也，以詩繫人，以人繫傳，中州之詩，亦金源之史也。吾將倣而爲之。吾以採詩，子以庀史，不亦可乎？山居多暇，譔次國朝詩集幾三十家。未幾罷去，此天啓初年事也。越二十餘年，而丁開寶之難，海宇板蕩，載籍放失。瀕死訟繫，復有事於斯集。托始於丙戌，徹簡於己丑。乃以其間論次昭代之文章，蒐討朝家之史乘，州次部居，發凡起例，頭白汗青，庶幾有日。庚寅陽月，融風爲災，插架盈箱，蕩爲煨燼。此集先付殺青，幸免於秦火漢灰之餘。於乎！悕矣！追惟始事，宛如積刦。奇文共賞，疑義相析，哲人其萎，流風迢然。惜孟陽之草創斯集，而不能丹鉛甲乙，奮筆以潰於成也。翟泉鵝出，天津鵑啼，海錄谷音，咎徵先告。恨余之不前死，從孟陽於九京，而猥以殘魂餘氣，應野史亭之遺讖也。哭泣之不可，歎於何有？故曰，予之歎，歎孟陽也。曰，元氏之集，自甲迄癸，今止於丁者何居？曰，癸，歸也。於卦爲歸藏。時爲冬令，月在癸曰極。丁，丁壯成實也。歲曰彊圉。萬物盛於丙，成於丁，茂於戊。於時爲朱明，四十強盛之時也。金鏡未墜，珠囊重理，鴻朗莊嚴，富有日新。天地之心，聲文之運也。然則，何以言集，而不言選？曰，備典故，採風謠，汰冗長，訪幽仄，鋪陳皇明，發揮才調，愚竊有志焉。討論風雅，別裁僞體，有孟陽之緒言在，非吾所敢任也。請以俟世之作者。孟陽名嘉燧，新安程氏，僑居嘉定。其詩錄丁集。余虞山蒙叟錢謙益也。集之告成，在玄黓執徐之歲，而序作於玄月十有三日。

寅恪案，此序作於順治九年壬辰九月十三日。有學集壹捌耦耕堂詩序云：

崇禎癸未十二月，吾友孟陽，卒于新安之長翰山。又十二年，歲在甲午，余所輯列朝詩集始出。

可知列朝詩集諸集雖陸續刻成，但至順治十一年甲午，（參有學集壹柒「季滄葦詩序」。）其書始全部流行於世。牧齋自序云，「託始於丙戌」者，實因其平生志在修撰有明一代之國史，此點前已言及，茲不贅述。牧齋於丙戌由北京南還後，已知此志必不能遂，因繼續前此與孟陽商討有明一代之詩，仿元遺山中州集之例，借詩以存史。其時孟陽已前卒，故一身兼採詩庀史之兩事，乃迫於情勢，非得已也。（可參初學集捌叁「題中州集鈔」。）且自序中如「國朝」「昭代」「開寶之難」及「皇明」等辭，皆與其故國之思，復明之志有關。容君文中多已言及之。唯牧齋不稱「天寶之難」而言「開寶之難」者，蓋天寶指崇禎十七年清兵入關取北京。在此以前即清室併吞遼左，亦即第壹章所引「謙譽堂話舊」詩，「東虜遊魂三十年」之意也。「海錄」「谷音」者，「谷音」指杜本「谷音」而言。其書今已收入涵芬樓四部叢刊中，世所習知。「海錄」指龔開「桑海遺錄」而言，見吳萊淵穎集壹貳「桑海遺錄序」，其書寅恪未得見也。牧齋於序中詳言其編列朝詩集，雖倣中州集，然不依中州集迄於癸之例，而止於丁，實寓期望明室中興之意。（可參有學集壹柒「江田陳氏家集序」。）前論牧齋「次韻盛集陶」詩已擇錄金堡徧行堂集捌「列朝詩傳序」之文爲釋，茲再迻錄其他一節以證之。文

云：

覆瓿犂眉分爲二集，即以青田分爲二人。其於佐命之勳，名與而實不與，以爲其跡，非其心耳。心至，而跡不至，則其言長。跡至，而心不至，則其言短。觀於言之長短，而見其心之所存。故曰，古之大人志士，義心苦調，有非旂常竹帛可以測其淺深者，斯亦千秋之篤論也。析青田爲二人，一以爲元之遺民，一以爲明之功臣。則凡爲功臣者，皆不害爲遺民。虞山其爲今之後死者寬假歟？爲今之後死者興起歟？吾不得而知，而特知其意不在詩。於是蕭子孟昉取其傳，而舍其詩。詩者，訟之聚也。虞山之論，以北地爲兵氣，以竟陵爲鬼趣，詩道變，而國運衰，其獄詞甚厲。夫國運隨乎政本，王李鍾譚非當軸者，既不受獄，獄無所歸。虞山平生遊好，皆取其雄俊激發，留意用世，思得當，而扼於無所試，一傳之中，三致意焉。即如王逢戴良之於元，陳基張憲之於淮，王翰之於閩，表章不遺餘力。其終也惻愴於朝鮮鄭夢周之冤，辨核嚴正，將使屬國陪臣九京吐氣，是皆敗亡之餘，而未嘗移獄於其詩。則虞山之意，果不在於詩也。或謂虞山不能堅黨人之壁壘，而爲詩人建鼓旗，若欲爭勝負於聲律者。人固不易知，書亦豈易讀耶？

寅恪案，道隱論牧齋編列朝詩集，其主旨在修史，並暗寓復明之意，而論詩乃屬次要者。就寅恪所見諸家評列朝詩集之言，唯澹歸最能得其款要。蕭孟昉所抄當與今傳世之錢陸燦本相同，皆不加刪削，悉存牧齋之舊文者。偶檢牧齋尺牘中「與陸勅先」九通之七云：

承示婁東顧君論文書序，深訝其胸次繁富，識見超越。又復記存衰朽，不惜告之話言，賜以箴砭。其用意良厚，惜乎僕已灰心空門，撥棄文字，向所撰述，流布人間者，不特味同嚼蠟，抑且賤比土梗，不復能扳附當世俊賢，相與拈弄翰墨，而上下其議論也。列朝詩人小傳得加刪削，幸甚。然古之神仙，但有點鐵成金者。若欲點糞溲爲金銀，雖鍾呂不能，吾恐其勞而無功也。聊及之，以發足下一笑耳。日來從事華嚴疏鈔，謝客之禁甚厲，雖足下相過，亦不能數數延見。輒書此以道意，不悉。

可知牧齋甚重視其列朝詩集小傳，而不以顧氏之刪節爲然。（寅恪檢閱周容春酒堂詩話，知鄮山手錄列朝詩傳，亦稍加刪節。特附記於此。）蓋其書之主旨在修史，此點可與道隱之說互相印證也。

至列朝詩集論詩之語雖多，茲以非本文之範圍並主旨所在，故概從省略。讀者可取原書觀之，不須贅引。惟擇錄牧齋之文一二於下，以其言及陳子龍李雯黃淳耀，而此三人與河東君直接間接皆相關涉，饒有興趣也。

有學集肆柒「題徐季白詩卷後」云：

余少不能詩，老而不復論詩，喪亂之後，蒐采遺忘，都爲一集。間有評論，皋所聞於先生長者之緒言，略爲標目，以就正於君子。不自意頗得當于法眼，雜然歎賞，稱爲藝苑之金錍。而一二詢厲者，又將吹毛刻膚，以爲大僇。老歸空門，深知一切皆幻，付之盧胡而已。偶遊雲間，徐子季白持行卷來謁，再拜而乞言，猶以余爲足與言者也。余竊心愧之。余之評詩，與當世牴牾者，莫甚於二李及弇州。二李且置勿論，弇州則吾先世之契家也。余髮覆額時，讀前後四部稿，皆能成誦，闇記其行墨。今所謂晚年定論者，皆舉揚其集中追悔少作與其欲改正卮言，勿悞後人之語，以戒當世之耳論目食，刻舟膠柱者，初非敢鑿空杜譔，欺誣先哲也。雲間之才子如臥子舒章，余故愛其才情，美其聲律。惟其淵源流別，各有從來，余亦嘗面規之，而二子亦不以爲耳瑱。采詩之役，未及甲申以後，豈有意刊落料揀哉？嗟夫天地之降才與吾人之靈心妙智，生生不窮，新新相續。有三百篇，則必有楚騷，有漢魏建安，則必有六朝，有景隆開元，則必有中晚及宋元，而世皆遵守嚴羽卿劉辰翁高廷禮之瞽説，限隔時代，支離格律，如癡蠅穴紙，不見世界，斯則良可憐愍者。如雲間之詩，自國初海叟諸公，以迄陳李，可謂極盛矣。後來才俊比肩接踵，莫不異曲同工，光前絶後。季白則其超乘絶出者也。生才不盡，來者難誣，必欲以一人一家之見，評泊古今，牛羊之眼，但別方隅，豈不可笑哉？余絶口論詩久矣，以季白虛心請益，偶有棖觸，聊發其狂言，亦欲因季白以錞於雲間之後賢也。

牧齋尺牘中「與毛子晉」四十六通之四十五云：

蘊生詩自佳，非午溪輩之比。（寅恪案，「午溪」指元陳鎰而言。鎰有午溪集。可參四庫提要壹陸柒。此集爲孔暘編選，劉基校正。牧齋蓋以孔暘目子晉，而自比於劉基也。）須少待時日，與陳臥子諸公死節者並傳，已有人先爲料理矣。其他則一切以金城湯池禦之。此間聒噪者不少，置之不答而已。

又關於列朝詩集小傳，復有正錢錄一書，不得不略述之於下。

錢陸燦「彙刻列朝詩集小傳序」略云：

（康熙）八年冬，汪鈍菴（琬）招余與計甫草（東）黄俞邰（虞稷）倪闇公（燦）夜飲，論詩於户部公署。（寅恪案，「户部公署」指江陵西新關署。蓋是時堯峰正榷此關税務也。見清史列傳柒拾文苑傳汪琬傳。）出其集中有與梁侍御（日緝）論吴氏正錢錄書。（此書見堯峰文鈔叁貳。）錢則心知其爲牧齋公，未知吴氏何人也。比余去金陵，館常州董侍御易農（文驥）家。易農爲余言，吴氏名殳，字修齡，工於詩，深於禪，其雅遊也。（寅恪案，吴氏一名喬。其事蹟及著述，諸書所載，頗亦不少，但光緒續修崑新兩縣合志叁肆人物遊寓門吴殳傳，似較詳備。讀者可取參閲也。）遂就求其是錄觀之，大抵吴氏之論文，專主歐蘇，故譏彈詩集傳，不遺餘力，亦不知吴君蓋有爲言之。一時走筆，代賓戲客難，駁正若干條。駁正者，駁其正也。

（寅恪案，陸燦駁正之文共六條，兹不備引。讀者苟取湘靈全文觀之，則知修齡所正牧齋之言，皆吹毛求疵者也。）當是時，余猶未識吳君也。十七年始與君會於東海尚書相國之家。（寅恪案，「尚書」指徐乾學，「相國」指徐元文。）易農適亦以事至，置酒相歡也。君慨然曰，曩殳以詩文謁牧齋公於虞山，不見答。不平之鳴，抨擊過當，亦竊不意公等議其後矣。易農曰，無庸。是書具在，竊虞學者之擇焉而不精，存吳氏之正，則讀書家之心眼日細。又虞學者之語焉而不詳，存錢氏之駁，則著作家之風氣日上。一時以爲篤論。

雲間蔡練江澄雞窗叢話云：

鈍翁太史好排斥前輩，而於虞山尤甚。一日其密友吳江計孝廉東謂之曰，我昔登泰山頂，欲遺矢，若下山有四十里之遙，不可忍，遂於巖畔溺焉，而泰山不加穢也。汪知其刺己，跳躍謾罵，幾至攘臂。

吳喬圍爐詩話陸論陳臥子明詩選，推崇牧齋甚至。如：

獻吉高聲大氣，于鱗絢爛鏗鏘，遇湊手題，則能作殼硬浮華之語以震眩無識。題不湊手，便如優人扮生旦，而身披綺紗袍子，口唱大江東去。爲牧齋所鄙笑，由其但學盛唐皮毛，全不知詩故也。

嘉定以震川故，文章有唐叔達諸公。常熟以牧齋故，士人學問都有根本，鄉先達之關係，顧不重哉？

宏嘉詩文爲錢牧齋艾千子所抨擊，醜態畢露矣。以彼家門徑，易知易行，便於應酬，而又冒班馬盛唐之名，所以屢仆屢起。

全唐詩何可勝計，于鱗抽取幾篇，以爲唐詩盡於此矣。何異太倉之粟，陳陳相因，而盜擇（攫？）升斗，以爲盡王家之蓄積哉？唐人之詩工，所失雖多，所收自好。臥子選明詩，亦每人一二篇。非獨學於鱗，乃是惟取高聲大氣，重綠濃紅，似乎二李者也。明人之詩不工，所取皆陳濁膚殼無味之物。若牧齋列朝詩早出，此選或不發刻耳。

于鱗倣漢人樂府爲牧齋所攻者，直是笑具。（寅恪案，此條可參春酒堂詩話，論李於鱗改古詩「枕郎左邊，隨郎轉側。」之「左」爲「右」條。）

等條，皆是其例。（並可參同書叁論高棅唐詩品彙引牧齋之說條。）修齡之正錢錄，乃正牧齋列朝詩傳中，其文不合於歐曾者。若論詩之旨，則全與牧齋相同。特標出此點，以免世人言正錢錄者之誤會。復次，牧齋之編列朝詩集，其主旨在修史，論詩乃屬次要者。據上所引資料已足證明。茲並附述牧齋與朱長孺鶴齡注杜詩一重公案於此，以其亦與史事相關也。

新唐書貳佰壹文藝上杜審言傳附甫傳贊曰：

甫又善陳時事，律切精深，至千言不少衰，世號詩史。

牧齋箋注杜工部集首載諸家詩話引古今詩話一事云：

章聖（指宋眞宗。）問侍臣，唐時酒每斗價幾何？丁晉公（指丁謂。）奏曰，唐時酒每斗三百文。舉杜詩以證。章聖大喜曰，杜甫詩自可爲一代之史也。

可知牧齋之注杜，尤注意詩史一點，在此之前，能以杜詩與唐史互相參證，如牧齋所爲之詳盡者，尙未之見也。至其與朱長孺之爭論，以資料過煩，又非本文之主旨，故不必備述。僅錄牧齋尺牘中「與遵王」三十通之二十三於下，以見一斑。（可參牧齋尺牘上「與朱長孺」三通之二。）文云：

杜箋聞已開板，殊非吾不欲流傳之意，正欲病起面商行止。長孺來云，松陵本已付梓矣。繆相引重，必欲糠粃前列，此尤大非吾意。再三苦辭，而堅不可回，只得聽之。僕所以不欲居其首者，其說甚長。往時以箋本付長孺，見其苦心搜掇，少規正意，欲其將箋本稍稍補葺，勿令爲未成之書可耳。不謂其學問繁富，心思周折，成書之後，絕非吾本來面目。又欲勸其少少裁正，如昨所標舉云云。而今本已付剞劂，如不可待，則亦付之無可奈何而已。晚年學道，深知一切皆空，呼牛呼馬，豈憚作石林替身。以此但任其兩行，不復更措一詞。若箋本已刻，須更加功治定。既已賣身佛奴，繙閱疏鈔，又欲參會宗鏡。二六時中，無晷刻偷閑。世間文字，近時看得更如嚼蠟矣。杜注之佳否，亦殊不足道也。或待深秋初冬此刻竣事，再作一序，申明所以不敢注杜與不欲流傳之故，庶可以有辭於藝林也。昨石公云，義山注改竄後，又有紕繆許多。彼能爲義山功臣，獨不肯移少分於少陵乎？治定之役，令分任之何如？熱毒欲死，揮汗作字，閱過毀之。

足見牧齋初意本以所注杜詩尚未全備，欲令長孺續補成之。後見長孺之書，始知其反客爲主，以己身之著作，爲已陳之芻狗，故痛恨不置，乃使遵王別刊所著，與朱書並行。前於第叁章論宋轅文上牧齋書，曾詳引朱長孺致梅村書，朱氏此札作於牧翁身後，雖力排轅文之謬說，持論甚正，但亦陰爲己身辯護前此注杜詩，襲用牧齋舊作之故也。今梅村家藏稾中，未見關涉長孺此書之文，不知是否駿公置之不答，抑或後來因涉及牧齋，遂被刪削耶？考乾隆三十四年後，清廷禁燬牧齋著述，梅村集雖撤去牧齋之序，可以流通。頗疑其詩文中仍有刪去與牧齋有關之篇什不少。如今梅村家藏稾內，未見有挽錢悼柳之作，殊不近事理。或因清高宗早歲所撰樂善堂全集，曾賦題吳梅村集詩，贊賞備至，儻梅村集內復發現關涉稱譽牧齋之作，則此獨裁者將無地自容。豈當日諸臣及吳氏後人，遂於家藏稿中，刪削此類篇什，藉以保全帝王之顏面歟？久蓄此疑，未敢自信，特附於此，以俟更考。

復次，朱長孺愚菴小集拾「與李太史□□論杜注書」略云：

杜注刻成，蒙先生惠以大序，重比球琳，子美非知道者，此語似唐突子美。然子美自言之矣，文章一小技，於道未爲尊。此語正可與子美相視莫逆於千載之上也。杜詩注錯出無倫，未有爲之翦截而整齊之者，所以識者不能無深憾也。近人多知其非，新注林立，盡以爲子美之眞面目在是矣。然好異者失眞，繁稱者寡要，如「聊飛燕將書」乃西京初復，史思明以河北諸州來降，故用聊城射書事。今引安祿山降哥舒翰，令以書招諸將，諸將復書責之。此於收京何涉也。「豆子雨已熟」，本佛書，譬如春月下諸豆子，得暖氣色尋便出土。僞蘇注以豆子爲目睛，既可笑矣。今却云贊公來秦州，已見豆熟。夫「楊枝」用佛經，「豆子」亦必用佛書。若云已見豆熟，乃陸士衡所譏挈瓶屢空者，子美必不然也。「曠原延冥搜」原出穆天子傳，今妄益云原崑崙東北脚名，此出何典乎？「何人爲覓鄭瓜州」瓜州見張禮遊城南記。今云鄭審大曆中爲袁州刺史，審刺袁州，安知不在子美沒後乎？地理山川古蹟，須考原始及新舊唐書元和郡縣志，不得已乃引寰宇記長安志以及近代書耳。「春風回首仲宣樓」應據盛弘之荆州記甚明。今乃引方輿勝覽高季興事。季興五代人也。季興之仲宣樓豈即當陽縣仲宣作賦之城樓乎？以上特略舉其槩。他若黃河十月冰，三車肯載書，危沙折花當諸解皆鑿而無取。雖其説假託鉅公以行，然塗鴉續貂，貽誤後學，此不可以無正也。

寅恪案，長孺此札有數問題。一爲朱氏杜工部詩輯注付印之時間。二爲此札是否擬作。三爲李太史究爲何人。兹分別略論之。

一牧齋尺牘中「與遵王」札共爲三十通。其第貳壹通至第叁拾通皆關於注杜之事，前已略引。其中屢有言及錢朱二注開版事。但不知何故，於康熙三年甲辰牧齋逝世之前，兩書俱未曾全部付梓。今據上海復旦大學圖書館藏本朱鶴齡杜工部詩輯注觀之，卷首補鈔錢謙益序，後附牧齋手札云：

杜注付梓，甚佳。但自愧糠粃在前耳。此中刻未必成，即成，不妨兩行也。草復。

其後又有朱鶴齡附記云：

愚素好讀杜，得蔡夢弼草堂本點校之，會粹羣書，參伍衆説，名爲輯注。乙未（順治十二年）館先生家塾，出以就正。先生見而許可，遂檢所箋吳若本及九家注，命之合鈔，益廣搜羅，詳加考覈，朝夕質疑，寸牋指授，丹鉛點定，手澤如新。卒業請序，篋藏而已。壬寅（康熙元年）復館先生家，更錄呈求益。先生謂所見頗有不同，不若兩行其書。時虞山方刻杜箋，愚亦欲以輯注問世。書既分行，仍用草堂原本，節采箋語，間存異説。謀之同志，咸謂無傷。是冬館歸，將刻樣呈覽，先生手復云云。見者咸歎先生之曲成後學，始終無異如此。今先生往矣。函丈從容，遂成千古，能無西州之痛。松陵朱鶴齡書。

季振宜錢注杜詩序略云：

丙午（康熙五年）冬予渡江訪虞山劍門諸勝，得識遵王。一日指杜詩數帙，泣謂余曰，此我牧翁箋注杜詩也。凡箋注中未及記錄，特標之曰，具出某書某書。往往非人間所有，獨遵王有之。遵王棄日留夜，必探其窟穴，擒之而出，以補箋注之所未具。丁未（康熙六年）夏，予延遵王渡江，商量雕刻。遵王又矻矻數月，而後託梓人以傳焉。康熙六年仲夏泰興季振宜序。

寅恪案，錢注杜詩全部刻成於康熙六年，朱注杜詩則未知於何時全部刻成。鶴齡附記作於牧齋去世之後，但未署年月。其愚菴小集柒「杜詩輯注序」（此序復旦大學藏本朱注杜詩未載。）亦未言刊行之時間也。

後檢亭林佚文輯補「與人札」云：

十年間別，夢想爲勞。老仁兄閉户著書，窮探今古，以視弟之久客邊塞，歌兕虎而畏風波者，夐若霄凡之隔矣。正在懷思，而次耕北來，傳有惠札，途中失之。僅得所注杜集一卷。讀其書，即不待尺素之殷勤，而已如見其人也。吾輩所恃，在自家本領足以垂之後代，不必傍人籬落，亦不屑與人爭名。弟三十年來，並無一字流傳坊間，比乃刻日知録二本，雖未敢必其垂後，而近二百年來，未有此書，則確乎可信也。道遠未得寄呈。偶考杜詩十餘條，咐便先寄太原。旅次炙凍書次，奉候起居，不莊不備。

亭林此札所寄與之人，頗似長孺。（可參清史列傳陸捌及康熙刻潘檉章松陵文獻拾朱鶴齡傳。）除札中「閉户著書」之言及有關注杜事與鶴齡傳相符合外，愚庵小集叁載「送潘次耕北遊」七古末二句云：

鹿城顧子(自注:「寧人。」)久作客,爲我傳訊今何如。

更與札中「次耕北來,傳有惠札,途中失之。」等語適切。據徐遯荞嘉輯顧亭林先生詩箋注卷首所附顧亭林先生詩譜略云:

(康熙)八年己酉。潘節士之弟耒遠受學二首。(寅恪案,此詩見亭林詩集肆。)

又引吳映奎顧亭林年譜云:

冬抵平原,潘次耕耒來受學。

可知次耕北遊之時間爲康熙八年,其時朱氏杜注僅有一卷。足證其全部刻成,必在康熙六年季氏刻牧齋杜詩箋注之後也。

復檢愚菴小集拾「寄徐太史健菴論經學書」略云:

愚先出(尚書)埤傳是正于高明長者,(汪)鈍翁先生見之,急捐橐佽鐫,爲諸公倡。今已就其半矣。草澤陳人從未敢緘牘京華,特以今日文章道義之望,咸歸重於先生。又昔年忝辱交遊之末,故敢郵寄所梓,上塵乙覽。倘中有可采,望賜以序言,導其先路,庶幾剞劂之役可潰於成。

同書補遺壹「徐健菴太史過訪」五古略云:

亭林余畏友,卓犖儒林奮。三張才並雄,景陽名早晟。酷似舅家風,吾黨推淵鏡。愍余空橐垂，兼金助雕鋟。

由此觀之，長孺之書必非一次刻成，助其雕鋟者，亦必非一人所能爲力。但徐氏雖佽鐫長孺之書，而不言及杜注，必與之無涉也。

二復旦大學藏本朱注杜詩未載李太史序，若非因避忌刪去，則本無其序，長孺之文不過假設此題，借以駮牧齋之箋注耳。其札中所舉之注文如「聊飛燕將書」見錢注拾「收京」詩三首之一「燕將書」注。「豆子雨已熟」見錢注叁「別贊上人」詩「豆子」注。「人生五馬貴」見錢注拾「送賈閣老出汝州」詩「五馬」注。諸條即是例證，可不備引。至書中所云：「其說假託鉅公以行，然塗鴉續貂，貽誤後學，此不可以無正也。」牧齋與長孺因注杜而發生之糾紛，雖與遵王頗有關涉，（見牧齋尺牘中「與遵王」札及牧齋杜詩箋注自序等。）錢注本附刻前，又如季氏所言「遵王棄日留夜，必探其窟穴，擒之而出，以補箋注之所未具。」但其所補，當爲牧齋所標出，未及記錄者，非出諸遵王也。（可參下引有學集叁玖「復吳江潘力田書」：「聊用小籤標記，簡別泰甚，長孺大慍，疑吹求貶剝，出及門諸人之手。」等語。）長孺不便駁斥牧齋，故作此指桑罵槐之舉。斯豈長孺所謂「怨而不忍直致其怨，則其辭不得不詭譎曼衍。」者哉？（見愚菴小集貳「西崑發微序」。）

又牧齋杜詩箋注自序云：

族孫遵王謀諸同人曰，草堂箋注元本具在。若玄元皇帝廟，洗兵馬入朝，諸將諸箋，鑿開鴻蒙，手洗日月。當大書特書，昭揭萬世。而今珠沉玉錮，晦昧於行墨之中。惜也。考舊注以正年譜，倣蘇注以立詩譜。地里姓氏，訂譌斥僞，皆吾夫子獨力創始，而今不復知出於誰手。傎也。

牧齋藉遵王之言以詆斥長孺，今讀者取錢朱兩注自見。今觀朱氏輯注中或全部不著「錢箋」。如朱注伍「洗兵馬」即是其例。細繹牧齋所作之長箋，皆借李唐時事，以暗指明代時事，並極其用心抒寫己身在明末政治蛻變中所處之環境。實爲古典今典同用之妙文。長孺以其與少陵原作無甚關係，概從刪削，殊失牧齋箋注之微旨。或偶著「錢箋」，但增損其內容。如朱注壹叁秋興八首中有僅錄錢注「箋曰」之一部分，而棄其「又曰」之文，遂將箋注割裂竄易，宜其招致牧齋之不滿。又或用其意而改其詞，如取朱注壹「冬日洛城北謁玄元皇帝廟」之「錢箋」與錢注玖此題所箋之原文比較，則知愚菴所改，即牧齋託爲遵王之言「吾夫子獨力創始，而今不復知出於誰手。傎也！」等語所指者，此點尤爲牧齋所痛恨也。

三若朱注杜詩卷首原有李序，則長孺此札何以諱太史之名而不書，其中必有待發之覆。頗疑「李太史」乃李天生因篤。據雪橋詩話貳云：

李天生嘗以四十韻長律贈曹秋岳。秋岳歎爲風雅以來僅有斯製。初入都，南人易之。一日讌集，語杜詩應口誦。或謂偶熟，復詰其他，即舉全部，且曰吾於諸經史類然，願諸君叩之。

一座咋舌。

天生既熟精杜詩，其爲長孺作杜注序，自有可能也。今雖未發見長孺直接與天生有關之詩文，但兩人之間錯互間接之材料頗復不少，如清史列傳陸陸李因篤傳略云：

李因篤字天生。陝西富平人。明諸生。康熙間詔舉博學鴻儒，因篤夙負重名，公卿交薦，母勸之行，試列一等，授翰林院檢討。未逾月，以母老乞養，疏曰，比者內閣學士項景襄李天馥大理寺少卿張雲翼等旁采虛聲，聯虔薦牘。陝西巡撫促臣赴京。臣自念臣母年逾七十，屬歲多病，困頓牀褥，轉側需人。臣止一弟因材，從幼過繼。臣年四十有九，並無兒女，跬步難離。屢具呈辭，疊奉部駁。痛思臣母垂暮之年，不幸身嬰殘疾，臣若貪承恩詔，背母遠行，必致倚門倚閭，夙病增劇。況衰齡七十，久困扶牀，輦路三千，難通謦指。一旦禱北辰而已遠，回西景以無期。萬一有爲人子所不忍言者，則風木之悲何及，缾罍之恥奚償。臣永爲名教罪人。不惟始進已乖，無顏以對皇上，而循陔負咎，躁進貽譏，則於薦臣，亦爲有靦面目。皇上至仁至孝，遠邁前朝，而甘違老親，致傷風化。有臣如此，安所用之？查見行事例，凡在京官員，家無次丁，聽其終養，臣身爲獨子，與例正符，伏祈特沛恩慈，許臣歸養。母歿仍不出。因篤性伉直，然尚氣節，急人之急。顧炎武在山左，被誣陷，因篤走三千里，爲脱其難。（寅恪案，此事可參亭林詩集肆「子德李子聞余在難，特走燕中告急諸友人復馳至濟南省視，於其行也，作詩贈之。」五言排律及蔣山傭殘稿貳「與人書」第貳通「富平李天生因篤者，三千里赴友人之急，疾呼輦上，協計櫜饘，馳至濟南，不見官長一人而去。」等語。）嘗著詩説，炎武稱之曰，毛鄭有嗣音矣。與毛奇齡論古韻不合，奇齡強辨，炎武是因篤而非奇齡。

亭林文集叁「與李湘北（天馥）書」（並見蔣山傭殘稿貳題作「與李湘北學士書」）云：

> 關中布衣李君因篤，頃承大疏薦揚，既徵好士之忱，尤羨拔尤之鑒。但此君母老且病，獨子無依，一奉鶴書，相看哽咽。雖趨朝之義已迫於戴星，而問寢之私倍懸於愛日，況年逾七十，久困扶牀。路隔三千，難通嚙指。一旦禱北辰而不驗，迴西景以無期，則缾罍之恥奚償，風木之悲何及。昔者令伯奏其愚誠，晉朝聽許。元直指其方寸，漢主遣行。求賢雖有國之經，教孝實人倫之本。是用遡風即路，瀝血叩閽，伏惟執事宏錫類之仁，憫向隅之泣，俯賜吹噓，仰徼俞允，俾得歸供菽水，入侍刀圭。則自此一日之斑衣，即終身之結草矣。

蔣山傭殘稿貳「與梁大司農書」（〔顧〕衍生注：「諱清標，字玉立。」）云：

> 謹啓，關中布衣李君因篤，昔年嘗以片言爲介，上謁庭墀，得蒙一顧之知，遂預明揚之數。在於流俗，豈非至榮！然而此君母老且病。（衍生注：「下〔與〕與李學士書同。」）

同書叁「答李子德（因篤）」第貳通云：

老弟宜將令伯陳情表並注中事實録出一通，攜之笥中。在己不待書紳，示人可以開牆面也。以不預考爲上上，至囑至囑！此番入都，不妨拜客，即爲母陳情，則望門稽首，亦不爲屈。雖逢門便拜，豈有周顒矜放之嫌乎？梁公（原注：「清標。」）有心人，若不得見，可上書深切懇之。（寅恪案，前論牧齋之脱禍，與梁氏有關。此亦一旁證也。）外又託韓元少（菼）於館中諸公前贊成，亦可一拜。旁人佞諛之言，塞耳勿聽。凡見人，但述危苦之情，勿露矜張之色，則向後聲名，高於徵書萬萬也。又「同年」二字，切不可説，説於布衣生監之前猶可，説于兩榜之前，此恨將不可解。此種風氣相傳百餘年矣，亦當知之。至都數日後，速發一字於提塘慰我。

徐嘉顧亭林先生詩箋注壹陸「寄次耕，時被薦在燕中。」五古略云：

關西有二士，立志粗可稱。雖赴軺車招，猶知畏友朋。或有金馬客，問余可同登。爲言顧彦先，唯辦刀與繩。（寅恪案，「關西有二士」，指李天生因篤及王山史弘撰。見徐嘉注。所引亭林文集叁「與李星來（源）」第貳通「關中三友，山史辭病不獲而行，天生母病，涕泣言別。（李）中孚（顒）至以死自誓而後免。視老夫爲天際之冥鴻矣。」等語。）

愚菴小集伍「垂虹亭過徐太史公肅舟中」云：

（詩略。）

同書補遺壹「送潘次耕應舉入都」二首云：

（詩略。）

有學集參玖「復吳江潘力田書」（可參松陵文獻卷首潘檉章傳。）云：

杜詩新解不欲署名，曾與長孺再三往復。日來繙閱華嚴，漏刻不違，都無閒心理此長語。頃承翰教，拳拳付囑，似有意爲疏通證明之者。不直，則道不見，請訟言而無誅可乎？僕之箋杜詩，發端於盧德水。程孟陽諸老云，何不遂舉其全？遂有小箋之役。大意耑爲刊削有宋諸人僞注繆解，煩仍惷駁之文，冀少存杜陵面目。偶有詮釋，但據目前文史，提綱撮要，寧略無煩，寧疎無漏。深知注杜之難，不敢以削藁自任，置之篋衍，聊代薔蕆而已。長孺授書江邨，知其篤志注杜，積有歲年，便元本相付曰，幸爲我遂成之。略爲發凡起例，擿抉向來沿襲俗學之誤。別去數年，來告成事，且請爲序。妄意昔年講授大指，尚未遼遠，欣然命筆，極言注詩之難與所以不敢注杜之本意，其微指具在也。既而以成書見示，見其引事釋文，楦釀雜出，間資嗢噱，令人噴飯。聊用小籤標記，簡別泰甚，長孺大慍，疑吹求貶剝，出及門諸人之手，亦不能不心折而去。亡何，又以定本來，謂已經次第芟改，同里諸公商榷詳定，醵金授梓，灼然可以懸諸國門矣。乘間竊窺其藁，向所指紕繆者，約略抹去，其削而未盡者，瘡瘢痂蓋，尚落落卷帙間。杜詩非易注之書，注杜非聊爾之事，固不妨愼之又愼，精之又精。終不應草次裨販，冀幸舉世兩目盡眏，而以爲予雄也。諸公既共訂此事，必將探珠搜玉，盡美極玄，爲少陵重開生面，鄙人所期望者，如是足矣，又何容支離攘臂于其間乎？來教謂愚賤姓氏，挂名簡端，不惟長孺不忘淵源，亦諸公推轂盛意。詞壇文府，或推或挽，鵲巢鳩居，實有厚幸。僕所以不願厠名者，捫心撫己，引分自安，不欲抑沒矜愼注杜之初意，非敢倔強執拗，甘自外于衆君子也。來教申言前序九鼎已冠首簡。斯言也，殆慮僕愁有後言，而執爲要質者。若是，老夫亦有詞矣。未見成書，先事奬許，失人失言，自當二罪並案。及其見聞違互，編摩龎雜，雖復兩耳聾聵，亦自有眼有口，安能糊心救目，護前遮過，而喑不吐一字耶？荒村暇日，覆視舊箋，改正錯誤，凡數十條。推廣略例，臚陳近代注杜得失，又二十條。別作一叙，發明本末，里中已殺青繕寫，僕以恥于抗行，止之。今以前序爲息壤，而借以監謗，則此序正可作懺悔文，又何能終錮之勿出乎？僕生平痴腸熱血，勇于爲人。于長孺之注杜，鄭重披剝，期期不可者，良欲以古義相勗勉，冀其自致不朽耳。老耄昏忘，有言不信，不得已而求免厠名，少欲自列，而諸公咸不以爲然，居然以岐舌相規，以口血相責。匹夫不可奪志，有閔嘿竊嘆而已。少年時觀劉子駿與揚子雲書從取方書入籙，貢之縣官，而子雲答書曰，君不欲脅之以威，凌之以武，則縊死以從命。私心竊怪其過當。由今言之，古人矜重著作，不受要迫，可謂子雲老不曉事哉？餘生殘刼，道心不堅，稍有棖觸，習氣迸發。兄爲我忘年知己，想見老人癡頑，茹物欲吐之狀。傳示茂倫兄，（寅恪案，「茂倫」爲吳江顧有孝之字。盧綋所刻江左三大家詩鈔中之牧齋詩鈔，即有孝與吳江趙澐同輯者。）當閧堂一咲也。

寅恪案，依上引資料，可知長孺與亭林及徐潘二氏兄弟殊有關係，而諸人與天生尤爲密切。長孺本與曹秋岳交好，（可參愚菴小集補遺壹「獻曹秋岳侍郎三十韻」詩並曹秋岳溶靜惕堂詩集叁陸「朱長孺以尙書埤傳見貽，因傷右吉。」詩。及同書同卷「李天生以修明史授簡討不拜請養歸秦寄懷四首」）若不因曹氏，亦可由諸人間接請天生作序。至其所以不著「李太史」之名者，疑長孺不欲子德牽入注杜之糾紛也。牧齋「復吳江潘力田書」乃其平生所作文中妙品之一。蓋錢朱注杜公案，錯綜複雜，牧齋敍述此事，首尾曲折，明白曉暢，世之考論此問題者，苟取而細繹之，則知錢朱兩人及常熟吳江兩地文人之派別異同，可不須寅恪於此饒舌矣。故不避繁瑣之譏，詳盡錄之，通人君子或不以爲可厭可笑也。總而言之，上列三問題，皆爲假設，實無確證，姑備一說於此云爾。

復有可附論者，觚賸壹吳觚上「力田遺詩」條云：

潘檉章著述甚富，悉於被繫時遺亡，間有留之故人家者，因其罹法甚酷，輒廢匿之。如杜詩博議一書，引據考證，糾譌闢舛，可謂少陵功臣。朱長孺箋詩，多所採取，竟諱而不著其姓氏矣。

寅恪案，長孺襲用力田之語，而不著其名，不知所指何條。但長孺康熙間刻杜詩輯注時，牧齋尚非清廷之罪人，故其注中引用牧齋之語，可不避忌。至若檉章，則先以預於莊氏史案，爲清廷所殺害，其引潘說，而不著其名，蓋有所不得已。玉樵之說未免太苛而適合當時之情事也。

又亭林餘集「與潘次耕札」五通。其第叁通云：

都中書至，言次耕奉母遠行，不知所往。中孚即作書相慶。緜山之谷弗獲介推，汶上之疆，堪容閔子，知必有以處此也。

蔣山傭殘稿叁「與次耕」云：

曲周接取中之報，頗爲惜之。吾弟今日迎養都門，既必不可，菽水之供，誰能代之？宜託一親人照管，無使有尸饔之歎。不記在太原時，相與讀寅旭書中語乎？（寅恪案，王錫闡字寅旭。江蘇吳江人。事蹟見清史列傳陸捌本傳。）又既在京邸，當尋一的信與嫂姪相聞。即廷津在繫，亦須自往一看。此皆吾輩情事，亦清議所關，不可闕略也。（寅恪案，「嫂姪」二字可參亭林文集伍「山陽王君墓誌銘」：「余友潘力田死於杭，係累其妻子以北。」等語。）

寅恪案，亭林之不欲次耕得中博學鴻辭科，觀此二札可知。但何以天生之舉鴻博，亭林雖託友人代請清廷許其歸家養母，並不如其對次耕之痛惜者，蓋天生與次耕之情事有所不同。晉書捌捌王裒傳略云：

王裒字偉元。元城陽營人也。父儀，高亮雅直。爲文帝司馬。東關之役，帝問於衆曰，近日之事，誰任其咎？儀對曰，責在元帥。帝怒曰，司馬欲委罪於孤邪？遂引出斬之。裒少立操尚，行已以禮。痛父非命，未嘗西向而坐，示不臣朝廷也。於是隱居教授，三徵七辟皆不就。

然則潘耒之兄檉章，以莊氏史案，爲清廷殺害。亭林之意次耕亦應如偉元之三徵七辟皆不就也。茲有一事，出於牧齋當日與長孺爭論注杜時意料之外者，即牧齋不爲南潯莊氏史案所牽累事也。牧齋與潘力田檉章吳赤溟炎之撰述明史記極有關係。觀牧齋著作中有關此類材料亦不少，今擇錄一二於下。

牧齋外集捌修史小引云：

謙益白，蓋往昔濫塵史局，竊有意昭代編年之事。事多牴牾勿就。中遭廢棄，日夕鍵户，薈蕞所輯事略，頗可觀覽。天不悔禍，絳雲一炬，靡有孑遺。居恆忽忽，念海内甚大，何無一人可屬此事者。近得松陵吳子赤溟潘子力田，奮然有明史記之役，所謂本紀書表世家列傳，一倣龍門，取材甚富，論斷甚嚴。史家三長，二子蓋不多讓。數過余，索燼餘及訊往時見聞。余老矣，耳聵目眊，無以佐二子，然私心幸二子旦夕成書，得一寓目。又懼二子以速成自愉快，與市肆所列諸書無大異也。乃二子不要名，不嗜利，不慕勢，不附黨。自矢必成，而不求速。曰，終身以之。然則此事舍二子，其又誰屬？余因思海内藏書諸家，及與余講世好者，不能一一記憶。要之，此書成，自關千秋不朽計。使各出所撰著及家藏本，授之二子，二子必不肯攘善且忘大德也。敢代二子布告同人，毋以我老髦而憖遺我，幸甚！幸甚！

有學集叁捌「與吳江潘力田書」略云：

春時枉顧，深慰契闊。老人衰病，頭腦冬烘，不違攀留信宿，扣擊緒論，別後思之，重以爲悔。伏讀國史考異，援據周詳，辨析詳密，不偏主一家，不偏執一見。三復深惟知史事之必有成，且成而必可信可傳也。一官史局，半世編摩，頭白汗青，迄無所就，不圖老眼見此盛事。牆角殘書，或尚可資長編者，當悉索以備蒐采。西洋朝貢典錄，乞仍簡還，偶欲一考西洋故事耳。赤溟同志不復裁書，希道鄙意。

同書叁玖「復吳江潘力田書」（此札關於注杜事者，前已詳引，可參閱。）略云：

手教盈紙，詳論實錄辨證，此鄙人未成之書，亦國史未了之案。考異刊正，實獲我心，何自有操戈入室之嫌？唱此論者，似非通人。吹萬自已，不必又費分疏也。東事記略東征信史也。人間無別本，幸慎重之。俞本紀錄作絳雲灰燼。諸侯陸續寄上，不能多奉。

有學集補「答吳江吳赤溟書」（近承潘景鄭君寄示牧齋「吳江吳母燕喜詩」七律一首，雖是尋常詶應之什，無甚關係。但其中有「野史亭前視膳餘」句，亦可推知牧齋此書與此詩同爲一時所作，並足見兩人交誼之密切也。）略云：

三十餘年留心史事，於古人之記事記言，發凡起例者，或可少窺其涯略。倘得布席函丈，明燈促席，相與討論揚榷，下上其議論，安知無一言半辭可以訂史乘之疑誤，補掌故之缺略者。言及於此，胸臆奕奕然，牙頰癢癢然，又惟恐會晤之不早，申寫之不盡也。門下能無輾然一笑乎？所徵書籍可考者，僅十之一二，殘編蠹翰，間出於焦爛之餘，他日當悉索以佐網羅，不敢愛也。老病迂誕，放言裁復，並傳示力田兄共一捧腹。

亭林文集伍「書吳〔赤溟炎〕潘〔力田檉章〕事」略云：

莊名廷鑨，目雙盲，不甚通曉古今，以史遷有左丘失明，乃著國語之説，奮欲著書。其居鄰故閣輔朱公國楨家，朱公嘗取國事及公卿誌狀疏草命胥鈔錄，凡數十帙，未成書而卒。廷鑨得之，則招致賓客，日夜編輯爲明書，書冗雜不足道也。廷鑨死，無子，家貲可萬金。其父胤城遂梓行之。慕吳潘盛名。引以爲重，列諸參閱姓名中。書凡百餘帙，頗有忌諱語，本前人詆斥之辭未經刪削者。莊氏既巨富，浙人得其書，往往持而恐嚇之，得所欲以去。歸安令吳之榮告諸大吏，大吏右莊氏，不直之榮。之榮入京師，摘忌諱語密奏之，四大臣大怒，遣官至杭，執莊生之父及其兄廷鉞及弟姪等，並列名於書者十八人，皆論死。其刻書鬻書，並知府推官之不發覺者，亦坐之。發廷鑨之墓，焚其骨，籍沒其家產。所殺七十餘人，而吳潘二子與其難。方莊生作書時，屬客延予一至其家，予薄其人不學，竟去，以是不列名，獲免於難。二子所著書若干卷，未脱藁，又假予所蓄書千餘卷盡亡。予不忍二子之好學篤行而不傳於後也，故書之。且其人實史才，非莊生者流也。

寅恪案，當日風習，文士著作，其首多列顯著名人「鑑定」「參閲」字樣，藉作宣傳，並引爲自重。如江左三大家詩鈔中之牧齋詩鈔，卷目下所載參訂姓氏，上卷爲談允謙等，中卷爲季振宜等，下卷爲張養重等，即是其例。揆以牧齋此時之聲望及與力田赤溟之交誼，莊氏明書刻行，當共潘吳列名參閲無疑。然莊書竟不載錢氏之名，必因長孺注杜，牧齋堅不肯挂名簡端，至舉揚子雲故事爲比，辭旨激烈，潘吳遂不敢藉此老之名字，以爲莊氏標榜也。噫！當鄭延平率舟師入長江，牧齋實預其事。鄭師退後，雖得苟免，然不久清世祖殂逝，幼主新立，東南人心震動，故清廷於江浙區域，特加鎮壓。莊氏史案之主要原因，實在於此。今日觀之，牧齋與長孺雖爭無謂之閒氣，非老皈空門者之所應爲，終亦由此得免於莊案之牽累。否則河東君又有如在黃毓祺案時，代死從死之請矣。天下事前後因果，往往有出於意料之外者，錢朱注杜公案，斯其一證耶？論牧齋編輯列朝詩集尤重修史事，因並附及之。

論列朝詩集既竟，請略述錢柳復明之活動。今就所存材料觀之，關於牧齋者不少，若多加考述，則非本文之主旨，故擇其關於河東君者詳言之，其他牧齋活動之主要者，亦稍稍涉及，聊見兩人同心同志之梗概也。

河東君在崇禎甲申以前之作品，如陳臥子汪然明及牧齋等所鐫刻者，已傳播一時，故聲名藉甚。至弘光南都小朝廷時，河東君此期應有作品，但以關涉馬阮之故，疑爲牧齋所刪削不存。南都既傾覆，牧齋被黃毓祺案之牽累，賴河東君助力得以脫免，遂於順治四年丁亥河東君三十生日時，特和東坡西臺寄弟詩，偏示親友，廣事宣傳。是後雖於有學集中，間附有其篇什，如和牧齋庚寅人日及贈黃若芷大家等詩外，別無所見。此固由牧齋逝世，河東君即以身殉，趙管夫婦及孫愛等不能收拾遺稿所致，但亦因河東君志在復明，意存韜晦，與前此之情況迥異故也。

牧齋尺牘上與王貽上四通其一云：

亂後撰述，不復編次，緣手散去，存者什一。荆婦近作當家老姥，米鹽瑣細枕籍，煙燻掌薄，十指如錐，不復料理研削矣。却拜尊命，慚惶無地。

其三略云：

八十老叟，餘年幾何？既已束身空門，歸心勝諦，何暇復沉湎筆墨，與文人才子爭目睫之短長哉？秋柳新篇爲傳誦者攫去，伏生已老，豈能分兔園一席，分韻忘憂？白家老媼，刺促爨下，吟紅詠絮，邈若隔生。無以仰副高情，思之殊惘惘也。

王士禛感舊集壹「錢謙益」條，盧見曾補傳引古夫于亭雜錄云：

余初以詩贄於虞山錢先生，時年二十有八。

清史列傳玖王士禛傳略云:

王士禎山東新城人。順治十五年進士。十六年授揚州府推官。聖祖仁皇帝康熙三年總督郎廷佐巡撫張尚賢疏薦其品端才敏,奉職最勤。總河朱之錫亦以委盤河庫,綜覈精詳,協助隄工,剔除蠹弊,疏薦。下部敍錄,内陞禮部主事。(康熙)五十年五月卒於家,年七十有八。

寅恪案,漁洋初以詩贄於牧齋,乃在順治十八年。故牧齋書有「八十老叟」之語。此時距鄭延平率師入長江失敗後不久,牧齋實參預大木此舉。白門秋柳一題,錢柳俱涉嫌疑,自不欲和韻,否則「秋柳」原詩即使爲人攫去,亦可重抄傳寄。其答漁洋之言,不過推託之辭耳。至河東君是否眞如牧齋所謂「當家老姥,十指如錐。吟紅詠絮,邈若隔生。」亦殊有疑問。蓋此時固不免多少爲家務所干擾,但以當日士大夫之生活狀況言,絕不致無揮毫作字之餘暇,然則所謂「白家老媪刺促爨下」,仍是婉言辭謝,藉以免却外間之招摇而已。嗚呼!當河東君賦金明池詠寒柳詞時,謝象三目之爲「白氏女郎」。當王貽上請其和秋柳詩時,牧齋目之爲「白氏老媪」。二十餘年間,人事之變遷如此。牧齋詩云:「楊柳風流烟草在,杜鵑春恨夕陽知。」(見有學集叁夏五詩集「留題湖舫」二首之二。第肆章已引。)漁洋山人雖非舊朝遺老,然亦生於明季。錢柳不肯和秋柳詩之微意,或能有所感悟歟?

夫明南都傾覆,牧齋隨例北遷,據有學集拾紅豆詩二集「後秋興八首。八月初十日小舟夜渡,惜別而作。」其五云：「水擊風搏山外山。前期語盡一杯間。」(並見遵王注本投筆集。)當時牧齋迫於不得已而往北京，但河東君獨留南中，僅逾一歲，即順治三年秋，牧齋遂返故里。可知錢柳臨別時必有預約。兩人以後復明之志願，即決定於離筵之際矣。丁亥春黃毓祺之案，牧齋實預其事，距前此白門分手時，亦不過一年有半也。

黃毓祺案牧齋雖得苟免，然復明之志仍不因此而挫折。今就牧齋作品中所能窺見者，即遊說馬進寶反清一事。(寅恪案，馬氏於順治十四年九月清廷詔改其名爲「逢知」。見清史列傳捌拾馬逢知傳。)關於牧齋本身之活動，茲可不詳引。但涉及河東君者，則備論述之，以明本文賓主輕重之旨也。

今檢瞿忠宣公集伍「留守封事」類「奏爲天意扶明可必，人心思漢方殷，謹據各路蠟書，具述情形，仰慰聖懷。更祈迅示方略，早成中興偉業事。」略云：

> 臣子壬午舉人元錫，因臣孫於去臘離家，未知其到粵消息，遣家僮胡科探視。於(永曆三年己丑)七月十五日自家起程，今月十六日抵臣桂林公署，齎帶臣同邑舊禮臣錢謙益寄臣手書一通，累數百言，絕不道及寒溫家常字句，惟有忠驅義感溢於楮墨之間。蓋謙益身在(虜)中，未嘗須臾不念本朝，而規畫形勢，瞭如指掌，綽有成算。據言：「難得而易失者時也。計定而集事者局也。人之當局，如弈碁然。楸枰小技，可以喻大。在今日有全著，有要著，

有急著。善弈者，視勢之所急而善救之。今之急著，即要著也。今之要著，即全著也。（寅恪案，顧苓塔影園集壹「東澗遺老錢公別傳」云：「以隱語作楸枰三局，寄廣西留守太保瞿公。」今有學集中，固多觀棋之作，可稱隱語，然與此書之明顯陳述者，絕不相類。投筆集後秋興之六第肆首云：「腐儒未諳楸枰譜，三局深慙厪帝思。」及後秋興之十二第叁首云：「廿年薪膽心猶在，三局楸枰算已違。」牧齋詩語即指此致稼軒書言。豈云美雖間接獲知其事，而未親見原書，遂致有此誤會耶？至其列此事於黃案之前，其時間先後之訛舛，更不待辨矣。）夫天下要害必爭之地不過數四，中原根本自在江南。長淮汴京，莫非都會，則宜移楚南諸勳重兵，全力以恢荆襄。上扼漢沔，下撼武昌。大江以南，在吾指顧之間。江南既定，財賦漸充，根本已固，然後移荆汴之鋒，掃清河朔。其次所謂要著者，兩粵東有庾關之固，北有洞庭之險。道通滇黔，壤鄰巴蜀。方今吴三桂休兵漢中，三川各郡數年來非熊（指王應熊。）在彼，聯絡布置，聲勢大振。宜以重兵徑由遵義入川。三川既定，上可以控扼關隴，下可以掇拾荆襄。倘以芻言爲迂而無當，今惟急著是問。夫弈碁至於急著，則苟可以救敗者，無所不用。邇者燕京特遣恭順致順懷順三（逆？）進取兩粵。（寅恪案，清史列傳柒捌尚可喜傳略云：「崇德元年四月封智順王。順治三年八月同恭順王孔有德，懷順王耿仲明征湖南。」牧齋書中「智順」作「致順」，乃音近筆誤。原闕一字，今以意補爲「逆」字。蓋此三人者，在清爲順，在明爲逆也。）因懷順至吉安忽然縊死，故三路之師未即渡洞庭，過庾嶺。然其勢終不可遏，其期諒不甚遠。豈非兩粵最急時乎？至彼中現在楚南之勁〔敵〕，惟辰常馬蛟麟爲最。傳聞此舉將以蛟麟爲先鋒。幸蛟麟久有反正之心，與江浙〔虜？〕提鎮張天祿田雄馬進寶卜從善輩，皆平昔關通密約，各懷觀望。此眞爲楚則楚勝，而爲漢則漢勝也。蛟麟倘果翻然樂爲我用，則王師亟先北下洞庭。但得一入長江，將處處必多響集。我得以完固根本，養精蓄鋭，恢楚恢江，尅復京闕。若謙益視息餘生，奄奄垂斃，惟忍死盼望鑾輿拜見孝陵之後，槃水加劒，席藁自裁。」等語。臣反覆披閱，雖謙益遠隔萬里，而彼身爲異域之臣，猶知眷戀本朝，早夜籌維，思一得以圖報效，豈非上蒼悔禍，默牖其衷，亦以見天下人心未盡澌滅，眞祖宗三百年恩養之報。臣敢不據實奏聞，伏祈皇上留意詳閲，特賜鑒裁。臣繕疏方畢，適原任川湖督臣萬年策自平溪衞取路黎靖來至桂林。具述虜鎮馬回子駐兵常德，實有反正之心。回子即名蛟麟者也。以情事度之，錢謙益楸枰三局揣摩之語，確相脗合，似非無據。豈非楚南撥雲見日之時，而中興之一大機會耶？

永曆三年九月□□日具奏。

據此牧齋致稼軒書作於順治六年己丑之秋。其中已言及馬進寶。故次年庚寅即有往金華遊說馬氏之事。更可注意者，即說馬之舉，實與黃梨洲有關。黃宗羲思舊錄「錢謙益」條（此條第肆章已引，茲爲便利論述，故重錄之。）云：

一夜余將睡，公提燈至榻前，袖七金贈余曰，此內人（自注：「即柳夫人。」）意也。蓋恐余之不來耳。是年（指順治七年庚寅。）十月絳雲樓燬，是余之無讀書緣也。

結埼亭集壹壹「梨洲先生神道碑文」略云：

公既自桑海中來，杜門匿景，東遷西徙，靡有寧居。又有上變於大帥者，以公爲首，而公猶挾帛書，欲招婺中鎮將以南援。

黃炳垕編黃梨洲先生年譜中「順治七年庚寅」條云：

三月，公至常熟，館錢氏絳雲樓下，因得盡繙其書籍。

寅恪案，太沖三月至常熟，牧齋五月往金華。然則受之此次遊說馬進寶，實梨洲所促成無疑。觀河東君特殷勤款待黃氏如此，則河東君之參預勸馬反淸之政治活動，尤可證明也。

又金氏牧齋年譜「（順治八年）辛卯」條云：

爲黃晦木（宗炎）作書紹介見馬進寶於金華。（原注：「尺牘」）

金氏未言出於尺牘何通，但檢牧齋尺牘中「致□□□」略云：

餘姚黃晦木奉訪，裁數行附候，計已達鈴閣矣。友人陳崑良赴溫處萬道尊之約，取道金華，慨慕龍門，願一投分。介恃道誼之雅，輒爲紹介。晦木知必荷眄睞，先爲遙謝。

寅恪案，此札乃致馬進寶者。細玩其語氣，介紹晦木與介紹崑良，時間相距至近，且足知兩人俱是初次介紹。今檢浙江通志壹貳壹職官表分巡溫處道欄云：

陳聖治。遼東錦州人。順治十年任。

萬代尚。遼東鐵嶺人。順治十四年任。

孟泰。遼東遼陽人。貢士。順治十六年任。

及清史列傳捌拾馬逢知傳略云：

〔順治〕三年從端親王博洛南征，克金華，即令鎮守。六年命加都督僉事，授金華總兵，管轄金衢嚴處四府。七年九月奏言臣家口九十餘人，從征時即領家丁三十名星赴浙東，此外俱在旗下，距金華四千餘里，關山迢遞，不無內顧之憂。懇准搬取。下部知之。十三年遷蘇松常鎮提督。

並有學集柒高會堂詩集有：

丙申重九海上作。

一題及「高會堂酒闌雜詠序」末署：

〔順治十三年〕丙申陽月十有一日書於青浦舟中。

故綜合推計牧齋之介紹晦木見馬進寶於金華，實在順治十三年丙申秋季以前，馬氏尚未離金華赴松江之時。至浙江通志列萬代尙之任溫處台道，始於順治十四年者，不過因排次便利，只書年而不書月。否則，絕無元旦上任，除夕解職之理也。

又徐孚遠釣璜堂存稿壹貳「懷陳崑良」(原注：「時聞瞿稼軒之變。」)云：

　　嗟君萬里赴行都。桂嶺雲深入望迂。豈意張公雙劍去，却令伍子一簫孤。粵西駐輦當通塞，湖北揚旌定有無。分手三年鴻雁斷，如余今日正窮途。

可見陳氏同是當時參預復明運動之人。牧齋介紹之於馬進寶，必非尋常干進以求衣食者之比。惜光緒修常昭合志稿叁壹義行門陳璧傳僅云：

　　陳璧字崑良。崇禎末嘗三上書論事。不報。歸隱。

寥寥數語，殊爲簡略。今讀闇公此詩，則陳氏平生志事，更可證知矣。

茲僅錄牧齋作品中，庚寅夏往返金華，遊說馬進寶之作品，並略加釋證於下。有學集叁庚寅夏五集序云：

　　歲庚寅之五月，訪伏波將軍於婺州。以初一日渡羅刹江，自睦之婺，憩於杭。往返將匝月，漫興口占，得七言長句三十餘首，題之曰夏五集。春秋書夏五，傳疑也。疑之而曰夏五，不成乎其爲月也。不成乎其爲月，則亦不成乎其爲詩。繫詩於夏五，所以成乎其爲疑也。易曰，或之者，疑之也。作詩者，其有憂患乎？

寅恪案，此夏五集可稱爲第壹次遊說馬進寶反清復明之專集。河東君參預此活動，尤爲顯著。讀者應特加注意也。

「早發七里灘」云：

> 欲哭西臺還未忍，喉空朱噣響雲端。（遵王注本此句下有牧齋自注云：「謝皋羽西臺慟哭記即釣臺也。其招魂之詞曰：化爲朱鳥兮，有噣焉食。」）

寅恪案，「未忍」者，即未忍視明室今已亡之意。前論牧齋次韻答盛集陶見贈詩「終然商頌歸玄鳥，麥秀殘歌詎忍刪。」句及牧齋編列朝詩集，終於丁集事，俱詳言之，玆不更贅。涵芬樓本「忍」作「得」，殊失牧齋本旨，故從遵王注本作「忍」。

「五日釣臺舟中」云：

> 緯繣江山氣未開。扁舟天地獨沿洄。空哀故鬼投湘水，誰伴新魂哭釣臺。五日纏絲仍漢縷，三年灼艾有秦灰。吳昌此際癡兒女，競渡讙呶盡室迴。

寅恪案，此詩第柒第捌兩句頗不易解。以恆情論，牧齋獨往金華，河東君及其女應在常熟家中，殊與「吳昌」之語不合。豈河東君及其女雖不同牧齋至金華，但僅送之至蘇州，留居於拙政園耶？俟考。檢劉繼莊獻廷廣陽雜記叁「涵齋又言海澄公黃梧既據海澄以降，即條陳平海五策」條，其第貳策云：

鄭氏有五大商在京師蘇杭山東等處，經營財貨，以濟其用。當察出收拿。

清史列傳玖黄梧傳云：

順治十三年七月梧斬僞總兵華棟等，率衆以海澄縣投誠。

延平王户官楊英從征實錄「永曆十一年丁酉五月」條云：

藩行令對居守户官鄭宫傅察算，裕國庫張恢，利民庫林義等稽算東西二洋船本利息，並仁義禮智信，金木水火土各行出入銀兩。

明清史料丁編叁「五大商曾定老等私通鄭成功殘揭帖」云：

（上缺。）萬兩，前往蘇杭二州置買綾紬湖絲洋貨，將貨盡交僞國姓訖。一，順治十二年五月初三四等日，曾定老就僞國姓管庫伍宇舍手内領出銀五萬兩，商販日本，隨經算還訖。又十一月十一二等日，又就伍宇舍處領出銀十萬兩，每兩每月供利一分三釐。十三年四月内將銀及湖絲緞匹等貨搬運下海，折還母利銀六萬兩，仍留四萬兩付定老等作本接濟。

牧齋賦此詩時，鄭氏之五大商尚未被清廷察出收拿。河東君之送牧齋至蘇，或與此有關。夫鄭氏之興起，雖由海盜，但其後即改爲經營中國南洋日本間之物產貿易。蘇杭爲絲織品出產地，鄭氏之設有行店，自是當然之事。況河東君以貴婦人之資格，以購買物品爲名，與綢緞店肆往來，暗作通海之舉，可免爲外人所覺察也。此說未敢自信，姑記於此，以俟更考。

「五日泊睦州」云：

客子那禁節物催。孤篷欲發轉徘徊。晨裝警罷誰驅去，暮角飄殘自悔來。千里江山殊故國，一抔天地在西臺。遙憐弱女香閨裏，解潑蒲觴祝我迴。

寅恪案，第肆句蓋與第柒第捌兩句相關，謂不與家人同作金華之行也。或疑「自悔來」之語，乃此行不成功之意。但據前引馬逢知傳，順治七年庚寅九月，進寶奏請搬取在旗下之家口，可知進寶實已受牧齋遊說之影響。然則牧齋此次婺州之行，亦不可謂無所成就矣。

「桐廬道中」云：

涉江無事但尋花。（自注：「蘭溪載花盈舟，越人笑之。」）

寅恪案，此句並自注可參下引「東歸漫興」六首之五。牧齋此行明是有事，而曰「無事」，與尺二書中「一宿無話」之「無話」，遣辭用意正復相同，可發一笑也。

「留題湖舫」（自注：「舫名不繫園。」）二首之二云：

湖上堤邊艤櫂時。菱花鏡裏去遲遲。分將小艇迎桃葉，偏采新歌譜竹枝。（江左三大家詩畫合卷芝麓所寫「新」作「長」。）楊柳風流烟草在，杜鵑春恨夕陽知。憑闌莫漫多回首，水色山光自古悲。

寅恪案，此題二首，第肆章已全引。第貳首第貳聯亦特加論釋。茲復迻錄第貳首全文，藉見牧齋此時之情感。今江左三大家詩畫合卷，除牧齋「西湖雜感」二十首及梅村所繪圖外，並有芝麓所書此詩，末署：

癸卯三月十又二日芝麓弟龔鼎孳拜題。

據此，孝升題字乃在牧齋卒前一年。若非贋作，則龔氏深賞牧齋此詩，可以想見也。

「西湖雜感」序（此題序及詩皆依江左三大家詩畫合卷牧齋自寫本。其他諸本間有不同，而意義亦佳者，並附注於下，以供參考。）云：

浪迹山東，繫舟湖上。漏天半雨，夏月如秋。登登版築，地斷吴根。攘攘烟塵，天分越角。岳于雙表，綠字猶存。南北兩峰，青霞如削。想湖山之繁華，數都會之佳麗。舊夢依然，新吾安在。況復彼都人士，痛絕黍禾。今此下民，甘忘桑椹。侮食相矜，左言若性。何以謂之，嘻其甚矣。昔者南渡行都，慭遺南士。（「士」涵芬樓本及注本作「市」。）西湖隱跡，返抗西山。（涵芬樓本及注本「返」作「追」。）嗟地是而人非，忍憑今而弔古。叢殘長句，凄絕短章，酒闌燈灺，隔江唱越女之歌。風急雨淋，度峽落巴人之淚。敬告同人，勿遺下體，敢附采風，聊資剪燭云爾。庚寅夏五憩湖舫凡六日，得詩二十首。（諸本此句下有「是月晦日，記於塘棲道中。」十字。）特倩梅村祭酒作圖以爲緣起，今並錄之。

寅恪案，此序中「侮食相矜，左言若性。」之句，出文選肆陸王元長「三月三日曲水詩序」。遵王已引，不待更釋。牧齋用此典以罵當日降清之老漢奸輩，雖己身亦不免在其中，然尚肯明白言之，是天良猶存，殊可哀矣。檢四庫全書總目提要壹柒叁別集類朱鶴齡愚庵小集條云：

〔鶴齡〕與錢謙益爲同郡，初亦以其詞場宿老，頗與倡酬。既而見其首鼠兩端，居心反覆，薄其爲人，遂與之絕。所作元裕之集後一篇，稱裕之舉金進士，歷官左司員外郎，及金亡不仕，隱居秀容，詩文無一語指斥者。裕之於元，既足踐其土，口茹其毛，即無反詈之理。非獨免咎，亦誼當然。乃今之訕辭詆語，曾不少避，若欲掩其失身之事，以誑國人者，非徒詩也，其愚亦甚云云。其言蓋指謙益輩而發，尤可謂能知大義者矣。

寅恪案，牧齋之降清，乃其一生污點。但亦由其素性怯懦，迫於事勢所使然。若謂其必須始終心悅誠服，則甚不近情理。夫牧齋所踐之土，乃禹貢九州相承之土，所茹之毛，非女眞八部所種之毛，館臣阿媚世主之言，抑何可笑。回憶五六十年前，清廷公文，往往有「食毛踐土，具有天良。」之語。今讀提要，又不勝桑海之感也。

「西湖雜感」二十首。其二云：

瀲灩西湖水一方。吳根越角兩茫茫。孤山鶴去花如雪，葛嶺鵑啼月似霜。油壁輕車來北里，梨園小部奏西廂。而今縱與空王法，（「與」諸本作「會」。）知是前塵也斷腸。

寅恪案，此首可與第肆章引河東君湖上草西泠十首之一「小苑有香皆冉冉，新花無夢不濛濛。金鞭油壁朝來見，玉佩靈衣夜半逢。」兩聯相證發。柳賦詩在崇禎十二年己卯，錢賦詩在順治七年庚寅。相去十二載，湖山一隅，人事變遷，已復如此，眞可令人腸斷也。

其八云：

西泠雲樹六橋東。月姊曾聞下碧空。楊柳長條人綽約，桃花得氣句玲瓏。（諸本此句下自注云：「桃花得氣美人中。西泠佳句。爲孟陽所吟賞。」）筆牀研匣芳華裏，翠袖香車麗日中。今日一來方丈室，（「一來」諸本作「一燈」。）散花長侍淨名翁。

寅恪案，此首爲河東君而作，自不待言。第柒句牧齋自寫本作「一來」，不作「一燈」，蓋用佛典四向之一以指河東君。牧齋於崇禎十三年庚辰冬答河東君半野堂初贈詩云：「霑花丈室何曾染。」竟在十年之前作此預言矣。

其十六云：

建業餘杭古帝丘。六朝南渡盡風流。白公妓可如安石，蘇小墳應並莫愁。戎馬南來皆故國，江山北望總神州。行都宮闕荒烟裏，禾黍叢殘似石頭。（諸本此句下有自注云：「有人問建業。云吳宮晉殿亦是宋行都矣。感此而賦。」）

寅恪案，此首自傷其弘光元年五月迎降清兵之事。夫南宋都臨安，猶可保存半壁江山，豈意明福王竟不能作宋高宗耶？「吳宮晉殿」乃指明南都宮闕而言，不過詭稱前代之名爲隱語耳。

其十七云：

珠衣寶髻燕湖濱。翟茀貂蟬一樣新。南國元戎皆使相，上廳行首作夫人。紅燈玉殿催旌節，畫鼓金山壓戰塵。粉黛至今驚毳帳，可知豪傑不謀身。（諸本此句下有自注云：「見周公謹羅大經諸書，亦南渡西湖盛事。」）

寅恪案，此首以梁紅玉比河東君，甚爲恰當。牧齋賦詩，以梁比柳者甚多。此首作於遊說馬進寶反清之際，其期望河東君者，更與他作泛指者不同。可惜河東君固能爲梁紅玉，而牧齋則不足比韓世忠。此乃人間之悲劇也。

「東歸漫興」六首其一云：

經旬悔別絳雲樓。衣帶眞成日緩憂。入夢數驚嬌女大，看囊長替老妻愁。碧香茗葉青磁碗，紅爛楊梅白定甌。此福天公知吝與，綠章陳乞莫悠悠。

寅恪案，此首可與第肆章所引東山詶和集貳牧翁「二月十二春分日橫山晚歸作」及河東君次韻詩參照。錢柳兩詩作於崇禎十四年辛巳。牧齋此詩則爲順治七年庚寅所賦，就牧齋方面言之，則地是人是，而時世則非。故賦此首時，與當日只限於私人情感者，更復不同矣。

其三云：

棨戟森嚴禮數寬。轅門風靜鼓聲寒。據鞍老將三遺矢，分閫元戎一彈丸。戲海魚龍呈變怪，登山烟火報平安。腐儒篋有英雄傳，細雨孤舟永夜看。

寅恪案，牧齋外集拾馬總戎四十序略云：

今伏波猶古伏波也。予讀史好觀馬文淵行事。

故牧齋所作關於馬進寶之詩文，皆用馬援之典。此首亦是其一。玩此詩之辭旨，蓋懷疑進寶是否果能從己之遊說，以叛清復明。華笑廎雜筆壹「黃梨洲先生批錢詩殘本」條，「東歸漫興」批云：

牧齋意欲有所爲，故往訪伏波，及觀其所爲，而廢然返櫂。

可供參證也。

其四云：

林木池魚灰燼寒。鴛湖恨水去漫漫。西華葛帔仍梁代，（自注：「南史，任昉子西華，流離不能自振，冬月着葛帔練裙。」）東市朝衣尚漢官。白鶴遄歸無石表，（「石表」遵王注本作「表柱」。）金雞旋放少綸竿。舊棋解覆惟王粲，東閣西園一罫看。（自注：「過南湖，望勺園，悼延陵君而作。其子貧薄，故有任西華之歎。」寅恪案，來之有子名祖錫，字佩遠。徐闇公釣璜堂存稿壹叁「吳佩遠郊居」七律首句云：「雅遊季子已家貧。」張玄箸煌言張蒼水集第貳篇奇零草「送吳佩遠職方南訪行在，兼會師鄖陽。」四首之四結語云：「憑君馳蠟表，蚤晚聽鐃歌。」祖錫本末詳見徐俟齋枋居易堂集壹肆「吳子墓誌銘」及「吳子元配徐碩人墓誌銘」並蒼水集所附王慈撰張忠烈公詩文題中人物考略及陳乃乾陳洙撰徐闇公先生年譜順治三年丙戌條。牧齋此詩自注所指來之之子，即是佩遠也。）

寅恪案，此首與下一題「感歎勺園再作」，同是爲吴昌時而賦，俟於下題論之。

其五云：

水跡雲蹤少滯留。拖烟抹雨一歸舟。雖無桃葉迎雙槳。（自注：「婦囑買婢不得。」）恰有蘭花載兩頭。古錦裹將唐百衲，（自注：「買得張老頌琴，蓋唐斲也。」）行宫拾得宋羅睺。（自注：「宋景靈宫以七夕設摩羅睺。今市上猶鬻之。」）孺人稚子相勞苦，一握歡聲萬事休。

寅恪案，此首第壹聯可與前引「桐廬道中」詩「涉江無事且尋花」句並注參讀。河東君囑牧齋買婢，而牧齋不能完成使命。揆以當日情勢，江浙地域亂離之後，豈有買婢不得之理，蓋舊時婢妾之界畫，本不甚分明。牧齋於此嫌疑之際，最知謹慎。第肆章引河東君依韻和牧齋「中秋日攜內出遊」二首之二「夫君本自期安樂」句，自注云：「有美詩云：迎汝雙安槳。」今牧齋詩既用王獻之故事，然則買婢不得，非不得也，乃不敢也。買琴乃爲河東君，買摩羅睺乃爲趙管妻。牧齋此等舉動，眞不愧賢夫慈父矣。

其六云：

不因落薄滯江干。那得歸來盡室歡。巷口家人呼解帶，牆頭鄰姥問加飡。候門栗里天將晚，秉燭羌村夜向闌。簷鵲噪乾燈穗結，笑憑兒女話團圞。

寅恪案，此首寫小別歸來，家人團聚之情事，殊爲佳妙。牧齋性本怯懦，此行乃梨洲及河東君所促成。惴惴而往，施施而歸，故慶幸之情，溢於言表也。檢清史列傳捌拾馬逢知傳略云：

（順治七年）十一月土賊何兆隆嘯聚山林，外聯海賊，爲進寶擒獲，隨於賊營得僞疏稿，謂進寶與兆隆通往來，疏請明魯王頒給敕印。又得僞示，稱進寶已從魯王。進寶以遭謗無因，白之督臣陳錦，以明心跡。錦疏奏聞。得旨，設詐離間，狡賊常情。馬進寶安心供職，不必驚懼。

據此馬氏爲人，反覆叵測，可以推知。何兆隆一案，與牧齋金華之行，時間相距至近，兩者或有關係，亦未可知。然則牧齋此行，實是冒險，河東君送之至蘇，殆欲壯其膽，而堅其志歟？

「感歎勺園再作」云：

曲池高館望中賒。燈火迎門笑語譁。今舊人情都論雨，暮朝天意總如霞。（寅恪案，此聯下句遵王注引范石湖「占雨」詩「朝霞不出門，暮霞行千里。」爲釋，甚是。但牧齋意則以「朝霞」比建州，以「暮霞」比永曆，亦即左太沖魏都賦「彼桑榆之末光，踰長庚之初暉。」之旨，謂天意將復明也。至上句遵王已引杜工部集壹玖「秋述」一文「舊雨來，今雨不來。」爲釋，固昔人所習知。唯今日遊北京中山公園來今雨軒者，恐未必盡知耳。一笑。）園荒金谷花無主，巷改烏衣燕少家。惆悵夷門老賓客，停舟應不是天涯。

寅恪案，牧齋此行過嘉興，感嘆勺園，一再賦詩，兼寓朝政得失，民族興亡之感，不待贅論。其實牧齋之微旨，尚不止此，蓋勺園者，即河東君於崇禎十三年春由杭至禾養痾之地。是年冬牧齋至嘉興遇惠香（當即卞玉京。）河東君之訪半野堂，亦預定於此時。職是之由，勺園一地，乃錢柳因緣得以成就之樞紐。牧齋不憚一再賦詩，殊非偶然。今梅村集中關於勺園之詩，「鴛湖曲」一首，最爲世所傳誦。讀者謂其追傷舊朝亡友而已，但不知其中實隱藏與卞玉京之關係。其微旨可從原詩辭句中揣知之也。特記於此，以告世之讀駿公詩者。

「婺歸，以酒炙餉韓兄古洲口占爲侑」云：

好事何人問子雲。一甘逸少與誰分。酒甜差可稱歡伯，炙美眞堪遺細君。大嚼底須回白首，淺斟猶憶醉紅裙（自注：「兄高年好談風懷舊事。」）晴窗飯罷摩雙眼，硬紙黄庭向夕曛。（自注：「兄家藏楊許黄庭楷書，日撫數紙。」）

寅恪案，有學集貳肆「韓古洲太守八十壽序」云：

歲在旃蒙協洽雷州太守古洲韓兄春秋八十。余曰，是吾年家長兄也。是吾吳之佳公子，良二千石，國之老成人也。是閎覽博物之君子，海内收藏賞鑒專門名家也。

嘉慶修雷州府志玖職官表明知府欄載：

韓逢禧。長洲人。官生。天啓元年任。

李之華。

丁緯。

范得志。七年任。

容庚君藏蘭雪齋刻定武蘭亭帖附韓氏跋云：

余先宗伯（寅恪案，逢禧父世能，曾任禮部侍郎。事蹟見明史貳壹陸黄鳳翔傳附世能傳，明詩綜伍壹韓世能條及同治修蘇州府志捌柒長洲縣韓世能傳等。）於萬曆甲戌曾得韓侂胄所藏定武蘭亭，時余尚未生。及余既長，篤好法書，遂蒙見賜。臨玩最久，寢食與俱。崇禎庚午又購得榮芑所藏本，二卷皆嚴氏物。榮芑本有項子京印識。今閲此本，與余所藏榮芑舊本同一手搨出，紙墨奇古，神采勃發。卷内有朱文公手題，前後亦有項子京印識，可見項氏藏物之富如此。（天啓四年）甲子解組歸田，心厭煩囂，復得覩此，合余藏二卷，同校於半山草廬。三卷同是定武眞刻，六百餘年神物，今得竝來同聚一室，大是奇緣，眼福良厚矣。喜書其後。半山老人韓逢禧。（下鈐有「朝廷氏」印。）

又容君藏鍾繇薦季直表帖附秋圃老民跋云：

韓跋各看款題誌皆俗手揭去。黑紙白字名曰黑老虎，非降龍伏虎，不能得也。

及翁同龢題詩二首，其二云：

滿口娑婆不識佛，天台山鳥勸君歸。何如一切都捐棄，黑老虎來爲解圍。（自注：「韓逢禧嘗學佛，再髡而再髮。入天台遇樵者，訶之曰，滿口娑婆哄度日云云。册有韓印，戲及之。黑老虎乃前跋中語也。」）

又容君藏安素軒石刻中唐人書七寶轉輪聖王經附韓氏跋云：

此爲唐相鍾紹京手蹟。書法悉宗右軍樂毅論，時兼有歐虞褚體，正見其集大成也。紙爲硬黄，爛漫七千餘言，神采燁然，眞世之罕物。相傳鮮于困學公珍藏此卷於室中，夜有神光燭人者，非此其何物耶？長洲韓逢禧識。

唐蕉庵翰題「唯自勉齋長物志」中書畫名蹟類云：

南海吳學士榮光所刻藏宋玉石本定武蘭亭，後有明崇正間韓太守逢禧跋云，明成國公朱箑庵舊物，與慮鴻草堂圖永興廟堂眞跡九件，同時售於項氏天籟閣。此卷項氏藏印纍纍，凡蘭亭所用之印，卷中無不有。其爲一時所押可知。傳之有緒，足爲吾齋中書跡甲觀。

韓氏事蹟雖未能詳知，但依上所引資料，亦可得其涯略。牧齋此詩自表面觀之，辭旨與遊說馬進寶之事無涉。又非汪氏遊舫與湖山盛衰家國興亡有關者之比，似甚奇特。細思之，夏五一集乃赴婺說馬之專集，牧齋由金華還，即以酒炙餉韓，侑以此詩。若說馬之事與韓氏無關，則牧齋不應揷入此題。頗疑古洲既多藏彝器字畫，牧齋或取其一二與馬伏波有關之假古董，以爲謁見進寶之贄。及其歸也，自應以酒炙相餉。又韓氏好談風懷舊事，牧齋此次經過蘇州嘉興，韓氏必與之談及昔年柳卞在臨頓里勺園之艷蹟，故牧齋詩語戲及之。翁叔平謂古洲「再髡再髮」，足見韓氏亦是欲「老皈空門」，而不能實行者，其人正與牧齋相類。有學集「病榻消寒雜詠」云：「蒲團歷歷前塵事，好夢何曾逐水流。」不僅自詠，亦可兼詠韓氏也。

「書夏五集後示河東君」云：

帽簷欹側漉囊新。乞食吹簫笑此身。南國今年仍甲子，西臺昔日亦庚寅。（自注：「皐羽西臺慟哭，亦庚寅歲也。」）聞雞伴侶知誰是，畫虎英雄恐未眞。詩卷叢殘芒角在，綠牕剪燭與君論。

寅恪案，此首爲夏五集全集之結論。第貳句寓復明之意。第叄句謂永曆正朔猶存。第伍句目河東君爲同心同志之人。第陸句用後漢書列傳壹肆馬援傳，援誡兄子嚴敦書中「畫虎不成，反類狗者也。」之語，牧齋蓋疑馬進寶之不可恃也。總而言之，牧齋此次金華之行，河東君爲暗中之主持人，細繹此詩辭旨，更無疑義矣。

牧齋庚寅夏五集後一年所賦之詩，最佳最長者應推哭瞿式耜五言排律一題。本文以範圍限制之故，不能全引，惟擇其中有關諸句，並牧齋自注，略論述之於下。

有學集詩注肆「哭稼軒留守相公詩一百十韻用一千一百字」略云：

（自注：「已下叙聞訃爲位之事。」）傷心寢門外，爲位佛燈前。一慟嘗魂逝，三號涕泗漣。脩門歸漠漠，故國望姍姍。庚寅徵覽揆，辛卯應災躔。（自注：「君生於庚寅，甲子一周而終，故引庚寅以降之詞。其聞訃辛卯夏也，故引朔日辛卯之詩。皆假借使之也。」）劍去梧宮冷，刀投桂水煎。（自注：「已下叙其戊辰後歸田燕遊之事。」）拊心看迸裂，彈指省轟闐。攀附龍門迥，追陪鶴蓋連。園林歸綠水，屋宇帶紅泉。一飯常留客，千金不問田。以忙消塊壘，及暇領芳妍。日落邀賓從，舟移沸管絃。丹青搜白石，杖履撰松圓。（自注：「君好藏白石翁畫。于程又有師資之敬。」）

寅恪案，關於錢瞿之交誼及當日明清興亡諸端，茲不具論。所可注意者，即河東君於崇禎十三年庚辰冬初訪牧齋於半野堂。次年即崇禎十四年辛巳夏錢柳結褵於茸城舟中兩大事。牧齋此詩中「舟移沸管絃」句，或間接有關涉，尚難確定。若就稼軒方面言之，則東山訓和集中不載瞿氏篇什。此或因稼軒雖曾賦詩，但未被牧齋收錄所致。今日瞿氏作品遺佚頗多，殊不易決言，援以稼軒與牧齋及河東君之關係，如第肆章論述絳雲樓落成詩所引牧齋尺牘例之，稼軒似非如黃陶菴之不以河東君爲然者，何故於錢柳因緣之韻事，絕無一語道及，甚不可解。姑記此疑，以俟更考。

又此年牧齋所賦詩當亦不少。今所存者，排列先後恐有錯亂。詩題有關諸人，可考見者殊不多，故只擇數題列之於下。

「寄懷嶺外四君」四首。其一「金道隱使君」（自注：「金投曹溪爲僧。」）云：

（詩略。）

其二「劉客生詹端」云：

（詩略。）

其三「姚以式侍御」云：

（詩略。）

其四「詠東皋新竹寄留守孫翰簡」云：

笋根苞粉尚離離。裂石穿雲嶺外知。祖榦雪霜催老節，孫篁煙靄護新枝。紫泥汗簡連編綴，青社分符奕葉垂。昨夜春雷喧北户，老夫欣賦籜龍詩。

寅恪案，前論牧齋「庚寅人日示內」詩及河東君和詩，已略及金劉姚三人。惟瞿翰簡未及。故特錄此詩全文。「翰簡」者，指稼軒孫昌文而言。永曆特任昌文爲翰林院檢討，稼軒兩疏懇辭，原文見瞿忠宣公集陸，茲不具引。鄙意此時牧齋與永曆政權暗中聯絡。其寄此四詩，必有往來之便郵無疑也。「贈盧子繇」云：

雲物關河報歲更。寒梅逼坐見平生。眉間白髮垂垂下，巾上青天故故明。老去閒門聊種菜，
朋來參語似班荆。楞嚴第十應參遍，已悟東方雞後鳴。

寅恪案，杭大宗世駿道古堂集貳玖「名醫盧之頤傳」略云：

之頤字子繇，生明熹宗時，號晉公，又自稱蘆中人。父復，字不遠，精於醫理。舊史曰，陳曾蘐傳論之頤云，歲丙戌監國者在山陰，之頤杖策往謁，大爲親信，授職方郎。事敗，跳身歸里閭，與舊相識者往來。門庭雜沓，蹤跡不測。性又簡傲，雖以醫術起家，輕忽同黨，好自矜貴，出入乘軒車，盛傔從，廣座中伸眉抵掌，論議無所忌。識者謂必中奇禍。頃之，兩目皆盲，瞑瞑成廢人，不出户庭，而曩所交遊皆斷絕，詫歎一室，竟以憤懣卒。此殆天之所以保全之也。

可見牧齋此時相與往來之人，其詶贈詩章見於有學集者，大抵爲年少尚未有盛名，而志在復明之人。如晉公即是一例。其他諸人，皆可以此類推之也。

「七十答人見壽」（涵芬樓本題下有「辛卯」二字。）云：

七十餘生底自嗟。有何鱗爪向人誇。驚聞窸窣牀頭蟻，羞見彭亨道上蛙。著眼空花多似絮，
撐腸大字少於瓜。三生悔不投胎處，罩飯僧家賣餅家。

寅恪案，葛萬里牧齋先生年譜順治八年辛卯條（參有學集陸秋槐別集「乙未小至日宿白塔寺與介立

師兄夜話辛卯秋憩友蒼石門院，扣問八識規矩，屈指又五年矣，感而有作二首。」)云：

春遊武林。夏有吳稼軒長篇。自記：九月避喧郤賀，扁舟詣白下懷東(自注：「佟中丞。」)寓。朱雀桁市囂聒耳，乃出城，棲止長干大報恩寺，與二三禪侶優遊浹月，論三宗而理八識云云。

牧齋此年秋避壽郤賀，往金陵寓佟國器家。據上引福建通志此年佟氏任福建左布政使。至牧齋之詣金陵，懷東是否在家，尙難確知。即使在家，爲時亦必不久。似此情況，牧齋與外人往還，較爲便利。然終嫌其囂聒，乃遷居大報恩寺。頗疑此中尙有待發之覆。蓋當日志懷復明諸人，往往託跡方外，若此輩謁牧齋於懷東寓所者過多，則不免惹起外間驚怪，轉不如竟棲止於佛寺，更爲妥愼。其言與禪侶研討內典，恐不過掩飾之辭。後來牧齋再往金陵，亦嘗棲止於報恩寺，仍是爲順治十六年己亥鄭延平大舉攻取南都之準備也。又檢許穀人浩基編鄭延平年譜「永曆七年癸巳三月張名振張煌言請師入長江」條，附按語云：

浩基按，名振與煌言凡三入長江，而未知初入長江爲何年？又不知題詩祭陵爲何年？各書紀載紛岐，莫知所據。魯春秋東南紀事俱作壬辰。海東逸史作癸巳。小腆紀年作癸巳初入長江，而甲午題詩祭陵。臺灣外紀海上見聞錄亦作癸巳，而未言祭陵事。南疆繹史明季南略則俱作甲午。尤有不可解者，全氏撰蒼水碑云，癸巳冬入吳淞，明年軍於吳淞，會名振之師入長江，遙祭孝陵。甲午再入長江。蓋癸巳之明年即甲午也。既書明年，下復繫甲午，誤甚。

謝山猶恍惚其詞，後人更難推測矣。

假定張名振張煌言此次率師入長江至京口之年，果爲壬辰者，則其前一年辛卯秋牧齋避壽至金陵，似與之有關。而此年秋間牧齋所賦「京口觀棋六絕句」其六云：

金山戰罷鼓桴停。傳酒爭誇金鳳瓶。此日江山紆白髮，一枰殘局兩函經。

尤可注意矣。夫牧齋不在家作生日，避往金陵，其故河東君必知之。然則牧齋此次復明之活動，河東君亦曾參預其事，可無疑也。

今檢有學集順治九年壬辰十年癸巳兩年間皆無詩什。金氏牧齋先生年譜癸巳條云：

季春遊武林，復往金華。先生伏波弄璋歌有「百萬婺民齊合掌，浴兒仍用五銖錢。」等句。按此蓋勸伏波復漢也。（原注：「壬辰癸巳奔走國事，無詩。武林觀棋及伏波弄璋歌，當是癸巳所作，並入敬他老人集者。又按，〔李〕定國退師，先生仍事聯絡，其志彌苦已。」）

寅恪案，金氏因此兩年不見牧齋之詩，因以意取順治十一年甲午所作「伏波弄璋歌」爲癸巳年所賦，實非有確據。但牧齋於此兩年間有學集中未錄存其詩，亦必有待發之覆。據塔影園集壹「東澗遺老錢公別傳」云：

安西將軍李定國以永歷六年七月克復桂林，承制以蠟書命公及前兵部主事嚴栻聯絡東南。公乃日夜結客，運籌部勒，而定國師還。於是一意學佛，殫心教典，凡十年而卒。

有學集叁柒嚴宜人文氏哀辭序云：

宜人姓文氏，東閣大學士謚文肅震孟之長女。嫁兵部主事嚴栻，少保謚文靖諱訥之孫也。文肅忠果正直，耿然如秋霜夏日，愛其女，以爲類己。文肅參大政，百日而罷歸里，踰年而卒。宜人從夫官信陽，哭其父過時而毀，忽忽如不欲生。越九年而卒，崇禎甲申之十一月也。年四十有六。日月有時，卜葬於虞山祖塋之側，哀子熊，屬其舅氏秉撰述行狀來請爲誌，伏地哭不能起。余爲感而泣下。往文肅輟講筵歸，改葬陸夫人。以丘嫂之誼，謁余爲銘。今老居此世，忍復執筆而銘其女乎？宮𨻶金虎，感倚伏於前。左帶沸唇，悼橫流於後。紘么徽急，塀歎壑盈，俯仰三世，於余心有戚戚焉。彈毫綴思，百端交集，聊爲哀辭一通，以寫余懷。

常昭合志稿貳伍人物門嚴栻傳（參郟掄逵虞山畫志貳嚴栻條）略云：

嚴栻字子張，號髻珠，澤子。少穎悟，工書畫篆刻，兼善騎射。登進士（寅恪案，本志貳拾選舉表進士欄載：「嚴栻。崇禎（七年）甲戌科進士。」舉人欄載：「嚴栻。崇禎（三年）庚午科舉人。」）知信陽州。丁艱服闋，起爲兵部主事，未赴。順治初，大吏交薦，自以衰廢固辭。卒年七十有九。

夫顧云美所記，自非虛構，可不待言。然今尚未發現他種材料可以證實顧氏之說者。檢明史貳柒玖堵允〔胤〕錫傳略云：

時〔桂〕王在武岡，加胤錫東閣大學士，封光化伯，賜劍，便宜從事。胤錫疏請，得給空敕鑄印頒賜秦中舉兵者。時頗議其專。

則李定國承制，以蠟書命錢嚴聯絡東南，亦是可能。蓋胤錫當日地位權勢遠不及定國，尚能作如是舉動，何況李氏復取桂林，孔有德自殺，聲威正盛之時乎？沈佳存信編（據朱希祖君明季史料題跋「鈔本存信編跋」所引。）云：

永曆六年〔壬辰〕冬謙益迎姚志卓朱全古祀神於其家。（寅恪案，有學集肆絳雲餘燼集上有「朱五兄藏名酒肆，自號陶然。余爲更之曰逃禪，戲作四小詩。」一題及同書肆貳「戲作朱逃禪小影贊」有「朝扶鸞，夕降乩。」之語。未知朱逃禪是否即朱全古？附記於此，以俟更考。）定入黔請命之舉。七年〔癸巳〕七月，姚志卓入貴筑行營，上疏安隆，召見慰勞賜宴，遣志卓東還，招集義兵海上。冢宰范鑛以朱全古萬里赴義，題授儀制司主事。八年七月遣內臣至廈門，冊封漳國公鄭成功爲延平王。九年三月簡封朱全古兼兵科給事中，視師海上。先是甲午秋文安之密與全古曰，劉〔文秀〕李〔定國〕之交必合，衆志皆與孫〔可望〕離，但未知事機得失如何也。我當以冬還蜀，君可以春還〔吳〕，吳楚上下流觀察形勢，各靖其志。是年春，海上有警，行營吏部尚書范鑛請遣使宣諭姚志卓，遂命全古。全古還吳，轉渡江，由海門至前山洲。志卓已卒。全古宣敕拜奠。丁酉入楚報命。十三年六月延平王鄭成功率師圍南京。

南疆逸史叁陸姚志卓傳云：

乙未冬入海攻崇明，歿於陣。浙東封仁武伯。

假定沈氏之言可信，姚志卓朱全古曾於壬辰年親至牧齋家，則錢柳復明之舉動，若是活躍，其詩篇後來以避忌諱刪棄，殊不足怪。投筆集小舟惜別云：

北斗垣牆闇赤暉。誰占朱鳥一星微。破除服珥裝羅漢，（自注：「姚神武有先裝五百羅漢之議，內子盡橐以資之，始成一軍。」）滅損虀鹽餉佽飛。娘子繡旗營壘倒，（自注：「張定西謂阮姑娘，吾當派汝捉刀侍柳夫人。阮喜而受命。舟山之役，中流矢而殞。惜哉！」）將軍鐵稍鼓音違。（自注：「乙未八月神武血戰死崇明城下。」）鬚眉男子皆臣子，秦越何人視瘠肥。（自注：夷陵文（安之）相國來書云云。）

據牧齋所言，河東君捐資以助姚軍，應在甲午及乙未兩年間事，而牧齋以姚氏戰死於順治十二年乙未，與南疆逸史同，唯秋冬季節稍異。是志卓之死在九十月間，故傳聞微有參差耳。至諸本列姚氏之死於前一年，鄙意牧齋爲親預此舉之人，此詩又涉及河東君，其所記之年，必非誤記。觀前論黃毓祺案牧齋被逮之年，可以推知也。至阮姑娘者，當實是女性。汪光復明季續聞略云：

己丑秋晉阮進太子少傅。進姪浚英義將軍。阮美阮騂阮驥俱左都督。

又云：

甲午春正六日，再入京口，至觀音門儀眞一帶，擒斬參將阮姑娘。

阮姑娘究爲何人，尙待考證。但其爲阮進之女或姪女，似無可疑。若非然者，張名振絕不致派一男子侍柳夫人，豈不成爲河東君之面首，而牧齋亦不應以定西此語相誇也。金氏牧齋年譜丙申條以牧齋秋興詩自注中之阮姑娘爲阮駿，而以甲午年死於京口之阮姑娘別爲一人，誤矣。又牧齋「娘子繡旗營壘倒」句，自是指阮姑娘。遵王注引唐平陽公主事爲釋，此世人習知之古典，尙不足了解當日之今典也。檢鈞璜堂存稿貳拾「北伐命偏裨皆攜室行，因歌之。」云：

浪激風帆高入雲。相看一半石榴裙。簫聲宛轉鼓聲起，江左人稱娘子軍。長江鐵鎖一時開。旌旆飛揚羯鼓催。既喜將軍揮羽入，更看素女舞霓來。揮戈築壘雨花臺。左狎夫人右酒杯。笑指金陵佳麗地，只愁難帶荔枝來。

徐闇公先生年譜弘光元年（自注：順治二年。）乙酉條云：

冬在閩娶戴氏。

年譜後附錄黃仲友定文東井文鈔「書鮚埼亭集徐闇公傳後」云：

戴氏者，從亡總兵戴某女也。與闇公善，謂闇公文弱，風濤戎馬，難以自全，而其女有文武才，以妻闇公。戴戎裝握刀上陣，艱危奔走，卒賴其力以免。闇公卒於潮，戴上書州守，乞負骨歸葬，許之。乃與其仲子永貞扶櫬歸松江，與闇公前妻姚，同志相守以死。至今松江人傳其戎服遺像。

寅恪案，闇公之詩似讖當日復明舟師偏裨攜帶眷屬，致妨軍事之進行者。但復據黃氏所記闇公後室戴夫人事，則知當時海上復明諸軍，實有能戎裝握刀上陣之女性，故牧齋詩自注中之阮姑娘乃女子，而非阮駿之託名，更得一旁證矣。又牧齋詩自注引文氏書語，此書疑是永曆九年即順治十二年乙未由朱全古轉致者。姚氏封號，似以溫書作「仁武」者爲是。若「神武」，則恐因吳音相近致訛也。至金氏牧齋年譜謂「定國退師，先生仍事聯絡，其志彌苦已。」所言甚是。顧氏所謂「定國師還，於是一意學佛，殫心教典，凡十年而卒。」則殊與事實不符。云美非不知牧齋在定國師還以後之復明活動，但不欲顯言之，恐招致不便耳。

順治十一年甲午牧齋集中有二作品與馬進寶有關，亦即與復明之活動有關也。牧齋外集拾「馬總戎四十壽序」略云：

大元戎馬公專征秉鉞，開府婺州者七載餘，而春秋方四十。四月十有三日，爲懸弧之辰。予以衰老辱知於公，禮之以函丈，申之以盟好，其能不叙次一言，以效封人之祝。

寅恪案，清史列傳貳和碩端重親王博洛傳云：

（順治三年）六月圍金華，七月克之。

及同書捌拾馬逢知傳云：

（順治）三年從端重親王博洛南征，克金華，即令鎮守。

故牧齋謂馬氏「開府婺州者，七載餘」，應指自順治三年七月至十一年四月而言也。有學集伍絳雲餘燼集下「伏波弄璋歌」六首，其五云：

龍旗交曳矢頻懸。綉褓金盆笑脅駢。百福千祥銘漢字，浴兒仍用五銖錢。

其六云：

充閭佳氣溢長筵。孔釋分明抱送年。授記不須尋寶誌，老夫摩頂是彭籛。

寅恪案，依「摸頂」句，可知馬進寶生子，牧齋親往金華致賀。其時間當在甲午秋間，觀此歌前第陸題爲「甲午春觀吳園次懷人詩卷」及同書壹柒「季滄葦詩序」云：「甲午中秋余過蘭江。」句可證。又此歌前第貳題爲「武陵觀棋六絕句」，其第壹首有「初桐清露又前期」句，其第陸首有「太白芒寒秋氣澄」句，是牧齋此次往金華，秋間經過杭州之一旁證也。牧齋「五銖錢」句，復明之意甚顯，遵王不敢注一字。檢後漢書列傳壹肆馬援傳云：

初援在隴西，上書言，宜如舊鑄五銖錢。事下三府，三府奏以爲未可許，事遂寢。及援還，從公府求得前奏難十餘條，乃隨牒解釋，更具表言，帝從之。

則牧齋之詩，不僅表示復明之微旨，實亦採用馬文淵故事也。但馬氏雖「愛結納名流」，實不通文墨，牧齋之深意，彼自不能了解也。（參阮葵生茶餘客話捌「馬進寶」條。）復次，有學集詩注伍順治十一年甲午，十二年乙未，兩年所賦之詩，與蘇州有關者甚多。如「甲午十月二十夜宿假我堂，夢謁吳相伍君，延坐前席，享以魚羹，感而有述。」「（葉）聖野（襄）攜伎夜飲綠水園，戲題四絕句。」「冬夜假我堂文宴詩，有序。」「歸自吳門，（袁）重其復來徵詩。小至日止宿劇談，喜而有作。」「甲午仲冬六日吳門舟中，飲罷放歌，爲朱生維章六十稱壽」「虎邱舟中戲爲張五穉昭題扇，得絕句八首。穉昭少年未娶，不肯席帽北遊，故詩及之。」「乙未秋日許更生扶侍太公邀侯月鷺翁于止路安卿登高莫釐峰口占二首」（寅恪案，此題可參牧齋外集柒「翁季霖詩序」。）「遊東山雨花臺，次許起文韻。」「路易公安卿置酒包山官舍即席有作二首」等題，可爲例證。夫牧齋家居常熟，蘇州乃省會所在，其往來經過，原不足怪。但牧齋此兩年間復明之活動正在暗中進行，其頻繁往來於常熟蘇州，終不能使人無疑。前引廣陽雜記謂鄭成功設有商店於蘇州。在順治十三年七月黃梧降清以前，尚未被清廷覺察。牧齋之屢遊蘇州，或與通海之舉動有關。若更取與路安卿有關之兩題四律證之，益爲明顯矣。茲錄「路易公（寅恪案，涵芬樓本亦作「易公」疑「易」乃「長」字之誤。）安卿置酒包山官舍，即席有作。二首」於下。

其一云：

綠酒紅燈簇紙屏。臨觴三嘆話晨星。刊章一老餘頭白，抗疏千秋託汗青。龍起蒼梧懷羽翼，
鶴歸華表佇儀型。撐腸磈礧須申寫，放筋捫胸拉汝聽。

「懷羽翼」下，遵王注云：

唐王以違禁越奏，錮鳳陽高牆。崇禎癸未路公總漕蒞任，謁鳳陽祖陵。愴然念天潢子孫，賙以銀米。國變後，文貞護之出。至南中。乙酉□□□鄭鴻逵奉唐王入閩，七月即□□於福州。下詔求公。曰，振飛於□有舊恩，今擕家蘇之洞庭山，有能爲□致之者，官五品，賞千金。公偕次子澤濃，間行入關。十一月詣□□，拜太子太保，吏部尚書，兼兵部尚書，文淵閣大學士。澤濃改名太平，官職方司員外郎。丙戌三月□□延平，公居守建寧。八月仙霞關陷，□蒼皇西□，□公視師安關，公趨赴延平，與□□相失，航海走廣州。廣州復陷，依國姓於廈門。戊子六月□□□端州，手□召公。公力疾赴命，道卒於順德。□贈左柱國特進光祿大夫太傅，謚文貞。蔭一子中書舍人。

其二云：

霜鬢飄蕭念舊恩。郎君東閣重相存。饑來美饌忘偏勸，亂去清歌記旅魂。故國湖山禾黍日，
秋風賓客孟嘗門。燈前戰壘分吳越，范蠡船頭好共論。

小腆紀傳貳肆路振飛傳略云：

路振飛字見白，曲周人。天啓乙丑進士，除涇陽知縣。崇禎初，徵授御史。尋出按福建。海賊劉香者，數勾紅夷入犯，懸千金激勵將士，於是鄭芝龍等破之。八年巡按蘇松。常熟奸民張漢儒訐鄉官錢謙益瞿式耜貪狀，（溫）體仁主之，坐振飛以失糾，擬旨令自陳，乃白謙益式耜無罪，而語刺體仁。體仁益恚，激帝怒，謫河南按察司檢校。

寅恪案，牧齋詩題中之「路長公」即指見白長子澤溥而言。徐嘉顧亭林先生詩箋注伍「贈路舍人澤溥」云：

東山峙太湖，昔日軍所次。奉母居其中，以待天下事。

則澤溥之久居太湖東山，不歸曲周故里之心事，爲亭林一語道破矣。見白以祖護錢瞿謫官，牧齋賦詩，感念舊情，溢於言表，自是應爾。但此時牧齋之與路氏兄弟往來，恐不僅懷舊之意，實兼有政治活動。蓋路氏父子與鄭芝龍鴻逵成功兄弟父子關係密切，牧齋尺牘上「與侯月鷺」四通，其第貳通略云：

客秋至今，一往況味，如魔如病，口不能言。手教津津，一筆描盡。河上之歌，同病相憐，非箇中人，那能委悉如此。桑榆之收，良有厚望。拊髀嘆息，知有同心。太夫人不朽之託，已承尊命，敢復固辭？（寅恪案，今涵芬樓有學集補載「侯母田太夫人墓誌銘」，殊多刪削，蓋有所避忌也。）期以長夏了此功課，並路文貞神道碑次第具藁。安卿昆仲煩爲致聲。

其第肆通（寅恪案，此通與牧齋外集貳貳與路（自注：「名澤溥」）書文字全同。略云：

文貞公墓隧之碑，伏承尊委，不辭固陋，謹草勒輒簡呈上。切念時世改遷，物情人事，未免多所觸忤。不肖老矣，頭童齒豁，一無建樹，惟此三寸柔翰，忝竊載筆，不用此表揚忠正，指斥奸回，定公案於一時，徵信史於後世，依違首鼠，模稜兩端，無論非所以報稱知己，取信汗青，其如此中耿耿者何哉？謹用古人陽秋之法，據事直書。

等札，可供參證。諸書記載路氏父子事甚多，以遵王注關涉振飛事較詳，故附錄之。（歸莊集柒路中書家傳及同書捌路文貞公行狀兩文亦皆詳實，可供參證。）惟不悉錢曾所據爲何種資料，若謂出於牧齋所撰路文貞公神道碑，則恐未當。蓋見白三子長澤溥，字安卿，號蘇生又作甦生。次澤淳，字聞符。少澤濃，字吾徵，唐王賜名太平，牧齋似不應誤以澤濃爲次子也。數百年來記載路氏兄弟諸書，殊多混淆舛譌。此點可詳閔爾昌碑傳集補叁伍歸莊撰「路中書（澤淳）家傳」中所附閔氏自撰「書顧亭林廣師後」一文，並李桓耆獻類徵叁捌壹金德嘉代某撰「路澤濃墓誌銘」等，茲不贅辨。又金氏牧齋年譜己亥條云：「冬爲路文貞公神道碑。」未知金氏何所依據。但牧齋致侯性尺牘第貳通「客秋」之語，當指順治十六年己亥秋間鄭延平攻南京失敗之事。然則路碑之作成，應在順治十七年庚子也。俟考。復次，有學集詩注陸「贈侯商邱若孩四首」其一云：

殘燈顧影見蹉跎。十五年來小劫過。曾捧赤符迴日月，遂刑白馬誓山河。閒門菜圃英雄少，朝日瓜疇賓客多。挂壁龍淵慙繡澁，爲君斫地一哀歌。

其二云：

三十登壇鼓角喧。短衣結束署監門。吹簫伍員求新侶，對酒曹公念舊恩。五嶺蒙茸餘剩髮，九疑綿亘誤招魂。與君贏得頭顱在，話到驚心手共捫。

其三云：

蒼梧雲氣尚蕭森。八桂風霜散羽林。射石草中猶虎伏，戛金壁外有龍吟。夢迴芒角生河鼓，醉後旌旗拂井參。莫向夷門尋舊隱，要離千載亦同心。

其四云：

橘社傳書近卜隣。龍宮破陣樂章新。蒼梧野外三衣衲，廣柳車中七尺身。世事但堪圖鬼魅，人間祗解楦麒麟。相逢未辦中山酒，且買黃柑醉凍春。

寅恪案，華笑廎雜筆壹「黃梨洲先生批錢詩殘本」條，「贈侯商丘四首」批云：

侯性字若孩，商丘人。在廣西時，有翼戴功，封祥符侯。兩粤既破，遁跡吳之洞庭山。

小腆紀傳叁陸侯性傳云：

侯性不知何處人。永曆時，以總兵銜駐箚古泥關。丁亥上幸武岡，性往來迎駕。自三宮服御，至宮人衣被，皆辦。上喜，口授商邱伯。

月鷺既爲商邱人，又經永曆口授商邱伯，故牧齋遂以此目之。（孔尚任桃花扇考據引錢牧齋有學集「贈侯商邱」一題，蓋誤認侯商邱爲侯朝宗也。）最可注意者，第肆首第壹句用太平廣記肆壹玖引廣異集柳毅傳書故事。頗疑若孩之卜居吳中太湖之洞庭山，殆有傳達永曆使命，接納徒衆，恢復明室之企圖。然則牧齋其以錢塘君比鄭延平，而期望終有「雷霆一發」之日耶？此說未敢自信，尚待詳考。尤可注意者，即牧齋於順治十一年甲午卜築白茆港之芙蓉莊，並於十三年丙申遂遷居其地一事。葛氏牧齋年譜順治十一年甲午條云：

是年卜築芙蓉莊，亦名紅豆莊。

及「順治十三年丙申」條云：

是歲移居紅豆村。

金氏牧齋年譜「（順治十三年）丙申」條云：

移居白茆之芙蓉莊，即碧梧紅豆莊也。在常熟小東門外三十里。先生外家顧氏別業也。（寅恪案，柳南隨筆伍云：「芙蓉莊在吾邑小東門外，去縣治三十里，白茆顧氏別業也。某尚書爲憲副臺卿公（玉柱）外孫，故其地後歸尚書。莊有紅豆樹，又名紅豆莊。」可供參考。）白茆爲長江口岸之巨鎭，先生與同邑鄧起西，崑山陳蔚村（原注云：「常主毛子晉。」）歸玄恭及松江嘉定等諸遺民往還，探刺海上消息，故隱迹於此。一以避人耳目，一以與東人往還較便利也。（寅恪案，嘉慶一統志柒捌關隘門云：「白茆港巡司在昭文縣東北九十里。宋置寨。明初改置巡司。」並龔立本松窗快筆拾「白茆」條皆可證明金氏之說。）

夫牧齋於此時忽別購紅豆莊於白茆港，必非出於偶然。金氏所言甚合當日事理。所不可知者，牧齋此際何以得此巨款經營新居？豈與蘇州鄭氏所設之商店有關耶？俟考。

茲有可注意者，即假我堂文讌，究在何年之問題是也。有學集詩注伍「冬夜假我堂文宴詩」序云：

> 嗟夫！地老天荒，吾其衰矣。山崩鐘應，國有人焉。於是涤水名園，明燈宵集，金閶諸彥，秉燭夜談，相與惻愴窮塵，留連永夕。珠囊金鏡，攬衰謝於斯文。紅藥朱櫻，感昇平之故事。杜陵箋注，刊削豕魚。晉室陽秋，鐫除島索。三爵既醉。四座勿諠。良夜漸闌，佳詠繼作。悲涼甲帳，似拜通天。霑灑銅盤，如臨渭水。言之不足，慨當以慷。夜烏咽而不啼，荒雞喔其相舞。美哉吳詠，諸君既裴然成章。和以楚聲，賤子亦慨然而賦。無以老耄而捨我，他人有心。悉索敝賦以致師，則吾豈敢。歲在甲午陽月二十有八日。客爲吳江朱鶴齡長孺，崑山歸莊玄恭，嘉定侯玄泓研德，長洲金俊明孝章，葉襄聖野，徐晟禎起，陳島鶴客，堂之主人張奕綏子。拈韻徵詩者，袁駿重其。（寅恪案，重其事蹟可參趙尊三經達編歸玄恭先生年譜永曆三年即順治六年己丑「十一月袁重其駿來訪。」條所引資料。）余則虞山錢謙益也。

朱長孺鶴齡愚菴小稿玖「假我堂文讌記」（寅恪案，庚辰仲春燕京大學圖書館校印本愚菴小集玖此文僅有牧齋詩二首之二，且第柒句爲「文章忝竊誠何補」，與有學集伍及小稿不同。）云：

張氏假我堂，待詔異度公之故居也。地傴胥關，園多勝賞。丁酉冬日，牧齋先生僑寓其中。山陰朱朗詣選二十子詩以張吳越，先生見而歎焉。維時孤館風淒，嚴城柝靜。悵雲巒之非故，悲草木之變衰，乃命袁重其招邀同好，會讌斯堂。步趾而來者，金子孝章，葉子聖野，歸子玄恭，侯子硯德，徐子禎起，陳子鶴客，並余爲七人。孝章談冶城布衣，（自注：「顧子與治。」）禎起述渭陽舊事，（自注：「姚子文初。」）玄恭徵東林本末，余叩古文源流。聖野約種橘包山，硯德期垂綸練水。辨難鋒起，俳諧間發。紅牙按板，紫桂燃膏。殺豆薦而色飛，酒車騰而香洌。（燕京本「洌」作「烈」。）先生久斷飲，是夕驩甚，舉爵無算。顧命而言曰，昔吳中讌會（燕京本「讌」作「彥」。），莫盛於祝希哲文徵仲唐子畏王履吉諸公。風流文采，照耀一時。今諸君子其庶幾乎？可無賦詩以紀厥盛。飲罷，重其拈韻，先生首唱（其一）云：「奇服高冠競起余。論文説劍漏將除。雄風正喜鷹搏兎，雌霓應憐獺祭魚。故壘三分荒澤國，前潮半夜打姑胥。古時北郭多才子，結隱相將帶月鋤。」（其二）云：「歲晚顛毛共惜余。明燈促席坐前除。風塵極目無金虎，（燕京本「塵」作「烟」）霜露關心有玉魚。草殺綠蕪悲故國，花殘紅燭感靈胥。退耕自昔能求士，慚愧荒郊自荷鋤。」翼日，余七人各次和一首，先生再疊前韻一首。次日（燕京本「次日」作「翼日」。下同。）余七人又各次和一首，先生又每人贈詩一首。次日余七人又各次和一首。（自注：「詩多不錄。」）先生之詩如幽燕老將，介馬衡堅。吾輩乃以羸師應戰，（燕京本「應」作「誘」。）有不轍亂旗靡者哉？先生顧不厭以隋珠博燕石，每奏一章輒色喜，復製序弁其端。都人詫爲美談，好事之徒，傳之剞劂。迄今未及一紀，而朗詣聖野鶴客硯德皆赴召修文，先生亦上乘箕尾矣。南皮才彥，半化烟雲。臨頓唱酬，空存竹樹。後之君子登斯堂者，當必喟然有感於嘉會之難再也。悲夫！

寅恪案，假我堂即在張士偉淥水園中，異度與牧齋之交誼詳見初學集伍肆張異度墓誌銘。今繹錢朱兩人所言，明是一事，而牧齋以爲在順治十一年「甲午陽月二十有八日」，長孺以爲在順治十四年「丁酉冬日」，兩者相差三年。鄙意有學集第伍卷諸詩排列先後頗相銜接，似無譌舛。或者長孺追記前事，偶誤「甲午」爲「丁酉」歟？俟考。至長孺記中「余叩古文源流」一語，恐非偶然。蓋有學集詩注伍「和朱長孺」七律自注云：「長孺方箋注杜詩。」與序中「杜陵箋注，刊削豕魚。」之語符合。長孺不道及注杜事，殆有所諱，可謂欲蓋愈彰者矣。一笑！

復有可附論者，牧齋順治十一年至蘇州，陰爲復明活動，表面則共諸文士遊宴，徵歌選色，斯不過一種烟幕彈耳。今詳檢此時之作品中，亦有非政治性質者，如有學集詩注伍敬他老人集下「題柳枝春鳥圖」云：

婀娜黃金縷，春風上苑西。靈禽能嘯侶，（寅恪案，涵芬樓本「嘯」作「笑」。非。）先揀一枝棲。

此圖不知何人所繪，細玩後兩句之辭旨，殆與惠香公案相關涉。「靈禽」指河東君先歸己身，然後可嘯召女伴，如卞玉京黃皆令輩。假定所揣測不誤，此圖豈是河東君所繪耶？姑附妄說於此，以資談助。

葛氏牧齋年譜順治十二年乙未條云：

冬有寶應淮陰諸詩，時三韓蔡魁吾爲總漕。又自記小至日宿白塔寺，與介立師兄夜話。長干度歲，偕介丘道人同榻，有詩。

寅恪案，蔡魁吾名士英，事蹟附見清史稿貳陸貳其次子蔡毓榮傳及錢儀吉纂碑傳集陸壹蔡士英傳。今檢有學集詩注陸有「寶應舟次寄李素臣年姪」「題黃甫及舫閣」「寄淮上閻再彭眷西草堂」「竹谿草堂歌爲寶應李子素臣作」等題，並有學集貳陸乙未嘉平月所撰之「竹谿草堂記」皆與牧齋順治十二年乙未冬間訪蔡氏於淮甸有關之作。更檢牧齋尺牘致蔡魁吾四通之二略云：

自老公祖旌節還朝，不肖弟瞻企德輝，雲泥迥絕。頃者恭聞榮命，再涖長淮。歲聿云暮，未能即叩堂階，謹裁里言，具粗幣，附敝相知黃甫及便郵，奉候萬福。

初視之，似與牧齋此次訪蔡有關。但檢清史稿貳佰叁疆臣年表壹總漕欄載：

順治十二年乙未蔡士英總督漕運。

順治十三年丙申蔡士英。

順治十四年丁酉蔡士英八月戊戌召。九月辛丑亢得時總督漕運，巡撫鳳陽。

順治十五年戊戌亢得時。

順治十六年己亥亢得時七月庚辰溺死。八月癸巳蔡士英總督漕運，巡撫鳳陽。

順治十七年庚子蔡士英。

順治十八年辛丑蔡士英病免。

則牧齋此札乃順治十六年己亥八月以後蔡氏重任漕督時所作，與此次訪蔡無關。因札中涉及黃甫及，恐讀者誤會，附辨之於此。總之，牧齋此行必與復明運動相涉，觀寄李素臣詩「冠劍丁年唐進士」，寄閻再彭詩「西向依風笑，南枝擇木謀」等句，可知李閻皆心懷復明之人。至題黃甫及舫閣「且試燈前一局棋」，復與前引牧齋寄瞿稼軒書中所謂「棋枰三局」之意符合。由此推之，牧齋以老耄之年，奔走道途，遠遊淮甸，其非尋常干謁詶應之舉動，抑又可知。惟錢蔡二人之關係及何人爲之介紹，今不易考。檢閔爾昌碑傳集補伍玖列女壹載徐世昌撰盧龍蔡琬傳（參清史稿伍佰捌列女傳「高其倬妻蔡（琬）」傳及楊鍾羲雪橋詩話叁「高文良」條。）云：

蔡琬者，字季玉。綏遠將軍盧龍蔡毓榮之女，高文良其倬之繼妻也。初吳三桂寵姬有八面觀音者，與圓圓同稱國色。吳亡，歸毓榮，（寅恪案，此點可參奕賡撰佳夢軒叢著之一東華錄綴言叁「吳三桂先世」條。）生琬，明豔嫺雅，淹貫羣書。其倬章疏移檄，多出其手裁，號爲閨中良友。（參沈歸愚德潛國朝詩別裁叁壹蔡琬條。）其倬撫蘇州，與總督（趙芸書宏恩）不合，卓然孤立，屢爲所傾陷，嘗詠白燕詩得「有色何曾相假借」之句，琬應聲代對之曰，「不羣仍恐太分明」。蓋規之也。琬素工詩，著有蘊眞軒小草。沈德潛別裁集稱其擲地有聲。張裕犖序則謂其事姑相夫訓子皆至賢孝，身處崇高，跬步守法，友愛任恤，有古丈夫風焉。君子曰，琬之母一吳家姬耳，而生女賢明若此，可謂出淤泥不染者矣。詩曰，委委佗佗，如山如河。氏有之焉。

蔡季玉琬蘊眞軒詩鈔上「滇南爲先大夫舊蒞之地。四十年後，余隨夫子督滇，目擊勝概猶存，而大人之墓有宿草矣。撫今憶昔，淒然有感，因得八長句，用誌追思之痛。」其第伍首「九峯寺」云：

> 蘿壁松門一徑深。題名猶記舊鋪金。苔生塵鼎疎烟歇，經蝕僧廚古木森。赤手屠鯨千載事，白頭歸佛一生心。征南部曲皆星散，剩有孤僧守故林。

沈確士選此詩，評云：

> 綏遠將軍平吳逆後，隨獲譴咎，歸空門以終。（又楊子勤先生亦引毓榮猶子蔡若璞珽守素堂集「重經香界寺」詩，以證「白頭歸佛」之句。）

寅恪案，今檢蘊眞軒詩鈔，惟此滇南八律最佳，其餘諸詩皆未能及。蓋具眞感情也。假定季玉母實爲吳月所之寵姬者，則與陳畹芬同是一流人物。仁菴之獲譴，與此點有關，（可參清史列傳柒及清史稿貳陸貳蔡毓榮傳。）故季玉於滇南感舊諸詩，言之猶有隱痛焉。夫八面觀音與畹芬俱在昆明平西王邸第，畹芬又曾與河東君同居蘇州之臨頓里。時越數十年，地隔數千里，可云似同而實異也。然八面觀音獨能生此季玉，通文藝，工政事，頗與河東君相彷彿。仁菴白頭歸佛，復與牧齋之老歸空門相類似。殆所謂異中有同，同中有異者耶？吾人今日讀舊時載記見錢柳之婿趙管既不如高章之，管妻復更不及蔡季玉，則不暇爲蔡仁菴及八面觀音羨，而深爲錢柳之不幸悲也。綜合上引材料，足知蔡氏一門，雖源出明代遼東降將，然漢化甚高。牧齋與魁吾之往來頗密，實有理由。故錢蔡之關係，與錢佟（國器）之關係，約略相似，而與錢馬（進寶）之關係大不同也。復次，牧齋順治十二年乙未冬間訪蔡魁吾於淮甸，其詩什所涉及諸人之中，唯李素臣與黃甫及，須略論之於下。

有學集陸「寶應舟次寄李素臣年姪」云：

冠劍丁年唐進士。

同書壹捌「李黼臣甲申詩序」云：

（黼臣）以書生少年，當天崩地坼之時，自以受國恩，抱物恥，不勝枕戈躍馬之思。其志氣固已憤盈噴薄，不可遏抑矣。

同書貳陸「竹谿草堂記」略云：

李子薄遊燕趙，憑弔陵市，毀車束馬，結隱挫名。覽斯山也，陵阜延亘，草木蒙籠，部婁隱蔽，豈其上有許由冢乎？臨斯湖也，朝而浴日焉，夕而浴月焉，咸池丹淵，猶在吾池沼乎？

乙未嘉平月記。

漁洋感舊集肆李藻先條云：

藻先字黻臣，江南寶應縣順治丁酉舉人，右通政茂英之子。有甲申詩，湖外吟，南遊草。

後附案語云：

是科江南場屋弊發，按驗得白者，藻先及陸其賢沈旋三人而已。龔芝麓贈詩云，名成多難後，心白至尊前。（寅恪案，孝升此詩見定山堂詩集壹叁「送李素臣孝廉歸寶應」四首之一。）

道光修寶應縣志壹陸李茂英傳略云：

李茂英字君秀，萬曆三十九年進士。（寅恪案，「九」爲「八」字之誤。蓋萬曆三十九年無會試故也。又牧齋乃萬曆三十八年庚戌進士，其詩題稱李素臣爲「年姪」，更可證知牧齋與君秀爲同年矣。）子藻先，字素臣，順治（十四年）丁酉舉於鄉。科場難起，按驗得白者三人，藻先其一也。

寅恪案，李藻先爲明室故家。依上引資料，則其人亦是有志復明者。但後來變節，恐亦與侯朝宗同類，皆不得已而爲之者耶？(可參第肆章引壯悔堂文集所附侯洵撰年譜順治八年辛卯條及所論。)至素臣是否與蔡魁吾有關，尚待詳考。有學集詩注貳秋槐支集「己丑歲暮讌集連宵，於時豪客遠來，樂府駢集，縱飲失日，追懽忘老，即事感懷，慨然有作，凡四首。」云：

風雪塡門噪晚鴉。翛翛書劍到天涯。何當錯比楊雄宅，恰似相逢劇孟家。夜半壯心迴起舞，酒闌清淚落悲笳。流年遒盡那堪餞，卻喜飛騰莫景斜。

送客留髡促席初。履交袖拂樂方舒。酒旗星上天猶醉，燭炬風欹歲旋除。霜隔簾衣春盎盎，月停歌板夜徐徐。觥船莫惜頻頻勸，已是參橫斗轉餘。

風光如夢夜如年。如此懽娛但可憐。曼衍魚龍徒瞥爾，醉鄉日月故依然。漏移驚鶴翻歌吹，霜壓啼烏殺管絃。曲宴未終星漢改，與君堅坐看桑田。

扶風豪士罄追歡。楚舞吳歈趁歲闌。銀箭鼓傳人惝怳，金盤歌促淚汍瀾。杯銜落日參旗動，炬散晨星刼火殘。明發昌門相憶處，兩床絲竹夜漫漫。

同書同卷「蜡日大醉，席上戲示三王生，三生樂府渠帥，吳門白門人也。」詩云：

美人雜坐酒盈觴。雪虐風饕避畫堂。卒歲世猶存八蜡，當場我自看三王。蘭膏作樹昏如晝，竹葉生花醒亦狂。大笑吳猷愁失日，漫漫長夜復何妨。

寅恪案，牧齋於順治六年己丑春得免於黃案之牽累，被釋還家。是年冬，忽有此盛會，甚可注意。初讀此兩題，亦不知「豪客」及「扶風豪士」所指爲何人，又不解吳門白門樂府渠帥之三王生，何以忽於此際駢集牧齋之家，作此慰勞之舉。後檢有學集貳叁「黄甫及六十壽序」及同書貳陸「舫閣記」。並杜于皇變雅堂詩集貳「書黄甫及册子，因贈。」七古，龔芝麓定山堂集陸「贈黄甫及，和〔陳〕百史册中韻。」五律等，始豁然通悟錢文及杜龔詩，即牧齋此兩題之注脚。又檢計用賓六奇明季南略肆所載「黄澍笏擊馬士英背」條及「黄澍辯疏」條附記等。取與上列諸詩文參較，更得推知牧齋已丑歲暮及蜡日詩之本事矣。

茲錄諸材料於下，並稍加詮釋，或可藉是勘破此重公案歟？牧齋記略云：

> 黄子甫及謝監軍事，退居淮安。於其廳事之左，架構爲小樓，顏之曰舫閣，而請余爲記。淮爲南北孔道，使車遊屐，過訪黄子者，未嘗不攝衣登閣，履齒相躡，皆相與撫塵拂几，飲酒賦詩，如高齋砥室，流連而不忍去。嘗試穴窗啓櫺，旋而觀之，淮陰垂釣之水，漂母之祠，跨下之橋，遺跡歷然，欄檻之下，可指而數也。又遙而矚之，長淮奔流，泗水迴複，芒碭雲起之地，鍾離龍飛之鄉，山河雲物，前迎後却，枌榆禾黍，極目騁望，未嘗不可歌而可泣也。黄子坐斯閣也，伊吾谷蠡，鳴横劍之壯心，得無有獵獵飛動者乎？宿昔之籌邊説劍，骨騰肉飛，精悍之色，猶在眉宇間。固將如浮雲，如昔夢，釋然而無所有矣。客有笑于旁者曰，昔者韓淮陰貧行乞食，俛首爲市人所姍笑。及其葬母，則曰，度其傍可置萬家。今黄子

架閣如鷄窠鵲巢耳，以酒炙啗過客，使載筆而書之，如楚之岳陽黃鶴。又抉摘歐陽公之文，以爲口實。淮陰人好大言，多誇詡，自秦漢以來，其習氣猶未艾乎？黃子笑曰，夫子之言，則高矣！美矣！客之揶揄，亦可供過客一解頤也。請書之以爲記。

牧齋序云：

余嘗謂海内多故，非纖兒腐儒可倚辦。得一二雄駿奇特非常之人，則一割可了。兵興以來，求之彌切，而落落不可見。既而思之，召雲者龍，命律者呂。今吾以媮懦遲緩，蚩蚩横目之民，而訪求天下雄駿奇特非常之人，翳雉媒而求龍友，其可幾乎？己丑之冬逼除閉户，黃君甫及自金陵過訪，寒風打門，雪片如掌。俄爲余張燈開宴，吳下名娼狡童有三王生，取次畢集。清歌妙舞，移日卜夜，酒酣耳熱，銜盃慨歎。余擊壺誦扶風豪士歌，賦四詩以紀事。余自此眼中有一人矣。甫及自金陵歸淮安，余再過其居，疏窗砥室，左棋右書，庭竹數竿，自汲水灌洗，有楚楚可憐之色。名刺謁門，賓從填塞，軒車之使，彈鋏之客，遊閑淪落之徒，奔趨望走，如有期會。甫及通行爲之亭舍，典衣裘，數券齒，傾身僇力，皇皇如也。太史公稱鄭當時置驛馬，請謝賓客，夜以繼日，其慕長者，如恐不稱。甫及庶幾似之。客或謂余是何足以名甫及？甫及以身許國，持符節監軍事，磨盾草檄，傳籤東伍，所至弭盜賊，振要害，風雷雨雹攫拿發作於指掌之中。一旦束身謝事，角巾歸里，削鞋逃影，竄跡氈裘毳衣中，眉睫栩栩然不可辨識，是何足以名甫及哉？余觀驪山老姥，三元甲子，陰符秘文，知天地翻覆，木生火尅之候，士之乘殺機而出者，往往翕忽閃現，使人不得見其首尾。陸放翁紀靖康城下之役，姚平仲乘青驢走數千里，隱於青城山。而南渡後，如張惟孝龍可趙九齡之流，所舉不就，安知其不遁跡仙去，如其不去，則毀車殺馬，棄甲折箭，出入市朝，相隨闤雞走狗間，人固不得而物色之也。季咸有言，子之先生不齊，吾無得而相之。余何以相甫及哉？明年二月，甫及六十初度之辰也。江淮之間，俊人豪士從甫及遊者，相與烹羊擊鮮，合樂置酒。于時風物駘蕩，草淺弓柔，長淮湯湯，芒碭千里，覽淮陰釣遊之跡，詠聖予魚腹之篇，殆必有踟躕迎却，相顧而不舍然者。於是相與謀曰，知甫及者，莫如虞山蒙叟，盍請一言，申寫英雄遲暮之意，爲甫及侑一觴乎？余自顧常人也，何足以張甫及者？援簡閣筆，茫然自失者久之。衆君子聞而笑曰，吾輩舉常人也則已，果以爲非常人也，則何以斂眉合喙，而乞言於叟？叟之善自譽也，亦侈矣哉！有酒如淮，請遙舉大白以浮叟，而後更起爲甫及壽。笑語卒獲而罷。

于皇詩云：

杜陵寂寞將欲死。劉郎贈我淮南子。淮南爲人卓且眞。磊落不染半點塵。讀書一目數行下，説劍凜凜如有神。雲霄不垂韓信釣，徐泗正與黃公鄰。橋邊墮履臭味合，臺上落帽風致親。

如此之人恨不相逢早。吳宮未埋幽逕草。京都繁華未銷歇。健兒身手各未老。於今萬事皆雨散。才士相看惟有嘆。雖然才士變化烏得知。學仙學佛猶爾爲。

芝麓詩四首之一云：

疇昔金門地，盈庭誶婦姑。子雲猶戟陛，東觀已鉗奴。（自注：「黃子宦燕邸時，予正得罪繫司敗獄。」）江海孤蓬合，兵戈萬事殊。浮蹤躭勝晚，經亂鬱爲儒。

用賓「黃澍笏擊馬士英背」條云：

黃澍字仲霖，徽州人。丙子舉浙闈，丁丑登進士，授河南開封推官，以固守功，擢御史，巡按湖廣，監左良玉軍。甲申弘光立。六月二十日丙子澍同承天守備太監何志孔入朝，求召對。既入見，澍面糾馬士英權奸悞國，淚隨語下，上大感動。

又「黃澍辯疏」條後附記云：

乙酉大兵下徽州，閩相黃道周拒於徽州之高堰橋。自晨至暮，斬獲頗多。澍以本部邑人，習知橋下水深淺不齊，密引大清騎三十，由淺渚渡，突出閩兵後，驟見駭甚，遂潰。徽人無不唾罵澍者。後官於閩，謀擒鄭成功家屬，以致邊患，遂罷。

依以上諸材料及通常名與字號之關係，可以推知黃甫及即黃仲霖澍。甫及之稱，殆黃澍後來所自改也。又芝麓詩自注「黃子宦燕邸時，予正得罪繫司敗獄。」據定山堂詩餘菩薩蠻「（崇禎十六年癸未）初冬以言事繫獄」及萬年歡「（崇禎十七年甲申）春初繫釋」二題，足知芝麓以劾時宰下獄之時，正仲霖在京任御史之日也。牧齋序之「持符節監軍事」即用賓文中之「監左良玉軍」。錢序云：「一旦束身謝事，角巾歸里，削鋩逃影，竄跡氈裘毳衣中，眉睫栩栩然不可辨識。」疑即計氏附記中所言乙酉年澍密引清騎，由淺渚渡水，擊潰黃道周之師於徽州高堰橋之事。此等材料，更可證明黃甫及即黃澍也。

于皇詩謂甫及「雲霄不垂韓信釣，徐泗正與黃公鄰。橋邊墮履臭味合，臺上落帽風致親。」似黃氏在明南都傾覆後，復入滿人或降清漢人之幕。錢詩云：「夜半壯心迴起舞，酒闌清淚落悲笳。」及「曲宴未終星漢改，與君堅坐看桑田。」並記中所云：「黃子坐斯閣也，伊吾谷蠡，嗚橫劍之壯心，得無有獵獵飛動者乎？宿昔之籌邊說劍，骨騰肉飛，精悍之色，猶在眉宇間。」則甫及雖混跡滿人或降清漢人幕中，似仍懷復明之志。又牧齋序文中言甫及於「己丑之冬，自金陵過訪。俄爲余張燈開宴，吳下名娼狡童有三王生，取次畢集。清歌妙舞，移日卜夜。」是甫及之後面，必有強大勢力爲之支拄，使能作此盛會。且此盛會除慰勞牧齋外，必別有企圖也。茲再略引史料，試論之於下。

清史列傳柒捌貳臣傳甲張天祿傳略云：

張天祿陝西榆林人。明末與弟天福以義勇從軍，積功至總兵官。福王時，大學士史可法督師，爲瓜州前鋒，駐瓜州。本朝順治二年五月豫親王多鐸下江南，福王就擒，天祿及天福率所部三千人隨忻城伯趙之龍迎降。豫親王令以原官隨征，後隸漢軍正黃旗。時明僉都御史金聲家居休寧，受唐王聿鍵右都御史兼兵部侍郎，糾鄉勇十餘萬據徽州。貝勒博洛遣都統葉臣往剿，天祿從。十月偕總兵卜從善李仲興劉澤泳等由旌德縣進，連破十餘寨。至績溪縣，生擒聲及中軍吳國禎等，諭降不從，斬於軍。徽州平。十二月明唐王大學士黃道周率兵犯徽州。天祿擊斬其將程嗣聖等十餘人，擒總兵李莞先等。三年正月大敗道周兵於婺源，擒黃道周，諭降不從，斬之。二月加都督同知，授徽寧池太總兵官。五月賜一品冠服。四年四月授江南提督。五年三月敘投誠功，授三等輕車都尉。八年五月晉三等子爵。九年十月海賊圍漳州，天祿奉命赴閩援剿。抵延平，會都統金礪已解漳州圍，天祿留駐延平，剿各山賊。十一年明魯王定西侯張名振由浙江犯崇明，天祿馳還松江，調將出洋撲剿。正月奪稗沙老營，追至高家嘴。名振遁入浙，尋乘潮突犯吳淞深淘港，傷兵焚船。天祿坐是降三級，戴罪剿賊。十二年總督馬明佩以深淘港告警時，多失礮械及舟師三百餘，天祿匿不報，疏劾之。而閩浙總督佟泰亦奏自洋逃回兵稱，天祿與名振通書詔。並下刑部訊，通書無據，以隱匿罪革提督，降子爵爲三等輕車都尉。十六年卒。

小腆紀年附考壹壹順治二年乙酉九月「我大清兵克績溪，明右都御史右侍郎金聲等死之。」條略

云：

聲起兵後，拜表閩中，王命中書童赤心，授聲右都御史，兵部右侍郎，總督南直軍務。遂拔旌德寧國諸縣。王師攻績溪，江天一登陴守禦，間出迎戰，殺傷相當。降將張天祿以少騎牽制天一於績溪，間道從新嶺入，守嶺者先潰。是月二十日，徽故御史黃澍詐稱援兵，聲見其著故衣冠，而髮未薙也。信之。城遂破。聲被擒。

同書同卷「我大清兵克徽州，明推官溫璜死之。」條略云：

璜既聞金聲敗，方嚴兵登陴，而黃澍已獻城矣。

同書同卷十二月壬寅（二十四日）「明督師黃道周敗績於婺源，遂被執。」條略云：

秋九月道周至廣信府，聞徽州破。婺源令某者，亦門人也，僞致降書，道周信之，決計深入。十二月進兵至童家坊。遂前次明堂里，僅三百人，馬十匹，糧三日。壬寅天微曙，我提督張天祿（原注：「考曰，天祿本史閣部將。」）率兵猝至，道周揮賴繼謹等督師鏖戰，參將高萬榮請引兵登山，憑高可恃。正移師間，騎兵從間道突出，（可參上引計氏明季南略「黃澍辯疏」條附記。）箭如雨，從者俱散。道周曰，吾死此矣！遂被執。

據此，則甫及自順治二年乙酉降於張天祿，又助其殺害金聲溫璜黃道周等，疑必常依傍張氏。仲霖既懷歸明之意，而張氏於順治四年四月任江南提督後，既如上引瞿忠宣公集伍「留守封事」所

云：

彼中現在楚南之勁〔敵〕，惟辰常馬蛟麟爲最，傳聞此舉（寅恪案，「此舉」指清兵將進取兩粵事。詳見上引。）將以蛟麟爲先鋒。幸蛟麟久有反正之心，與江浙〔虜〕提鎮張天祿田雄馬進寶卜從善輩，皆平昔關通密約，各懷觀望。此眞爲楚則楚勝，而爲漢則漢勝也。

則天祿爲當日降將中「關通密約，各懷觀望」之一，可知其本爲明總兵官，又曾在史可法部下，自亦具有反清之志者。此點於其後來被劾與張名振通書詔事，雖云無據，仍足證明其非眞能忠於建州也。由是言之，己丑歲暮張天祿令黃澍至牧齋家，作此聯絡，乃必然之舉動。蓋斯爲明末清初降於建州諸漢人，每懷反覆之常態也。

茲有一問題，即此次牧齋家中之讌集，張天祿是否與黃澍同來？牧齋詩文引用李太白「扶風豪士歌」（見全唐詩第叁函李白陸。）之「扶風豪士」以比擬己丑歲暮遠來其家之「豪客」。此「豪客」究爲何人？或謂後魏曾置扶風郡於安徽境，（見魏書壹佰陸中地形志載：「霍州扶風郡治烏溪城。」）與甫及之著籍安徽有關，故牧齋取以指黃氏。此說亦可通。但張天祿爲陝西人，自較仲霖更爲適切於「扶風豪士」之稱號。故不能不疑張氏亦曾與黃氏同來，不久即離去也。未敢決言，姑附記於此，以俟更考。至牧齋己丑歲暮詩題，所以不欲明著張氏及黃氏之姓名，必因當時尚有避忌，與後來作甫及壽序及舫閣記時，情勢大異，自可著仲霖之姓及別字。此可取與牧齋順治十四年作梁愼可母壽序，不諱言河東君曾寄居彫陵莊之事，相參證也。

又談遷棗林雜俎仁集逸典類「黃澍」條云：

> 歙人黃澍年少輕儇，作葉子格，品第宗婦之貌，見忤於族，走杭州，通籍郡庠。丙子舉於鄉，明年成進士，授開封推官。壬午禦流寇，開渠轉粟，河水秋溢，因灌汴城，禍自渠始。又搜民間藏粟並金錢奪之，汴人切齒。內召，先帝面問開渠者誰也？委之流寇。利口迅舌，人莫能難。以御史按楚，未及瓜，遽入朝，意覬開府，借馬士英爲市。蓋平賊將軍左良玉嗛馬氏，故大言清君側之惡。輒示人良玉手書，挾重鎭刼之。其廷攻也，一言一涕，甚傾宸聽。士英伏階下媿死。澍退，捐九萬金助餉，自云世橐。高相國（弘圖）問予，彼卓鄭也哉？予曰，否，否。彼補杭郡諸生，父爲人筦質庫，小才貪詐，不足信也。澍還按楚，士英陰遣人購良玉，而澍孤矣。尋免其官，畏禍匿良玉所，女歸其子。按臣通婚本鎭，向未之有也。明年左氏稱兵犯闕，蕩覆我公室，雖士英之罪擢髮難數，而誰生厲階，至今爲梗？哀哉！

寅恪案，依上引材料及孺木此條所載，黃氏人品如此卑劣，爲當時所鄙棄。牧齋之不著其名，此亦是別一原因也。

復次，牧齋以姚平仲比甫及。平仲事蹟見宋史叁叁伍种師道傳及庶齋老學叢談中卷上「姚將軍靖康初以戰敗亡命」條等，並陸放翁劍南詩稿柒「寄題青城山上淸宮」詩。

陸詩及序云：

姚將軍靖康初，以戰敗亡命。建炎中，下詔求之不可得。後五十年，乃從呂洞賓劉高尚往來名山，有見之者。予感其事，作詩寄題青城山上清宮壁間。將軍儻見之乎？

造物困豪傑，意將使有爲。功名未足言，或作出世資。姚公勇冠軍，百戰起西陲。天方覆中原，殆非一木支。脱身五十年，世人識公誰。但驚山澤間，有此熊豹姿。我亦志方外，白頭未逢師。年來幸廢放，儻遂與世辭。從公遊五嶽，稽首餐靈芝。金骨換綠髓，欻然松杪飛。

寅恪案，牧齋之意，豈謂與黃氏共謀復明，若事敗，則可與之同遊五嶽，如放翁欲從平仲之比耶？

綜觀上所引述，可知牧齋自順治六年己丑冬至順治十二年乙未冬賦「題黃甫及舫閣」詩時，（見有學集陸秋槐別集。）與仲霖之關係迄未中斷。

牧齋詩云：

文練縈窻香篆遲。舫齋恰似艤舟時。垂簾每讀淮陰傳，卷幔長懷漂母祠。落木雲旗開楚甸，夕陽日珥抱鍾離。鄂君繡被歌誰和，且試燈前一局棋。

此詩之典故及辭旨與「舫閣記」頗多類似，應爲同時所作。第伍句「夕陽日珥抱鍾離」及第捌句「且試燈前一局棋」尤可注意。蓋牧齋此次訪蔡魁吾並與李素臣黃甫及等作此聯絡，乃一局棋中之數著，未可分別視之也。

復次，康熙修徽州府志玖選舉志上科第門明崇禎九年丙子鄉試欄（可參結鄰集陸「黃澍」條下注「仲霖次公勑菴浙江錢塘籍，江南休寧人。」等語。）載：

> 黃澍字次公，休寧龍灣人，錢塘籍，（崇禎十年）丁丑進士。爲文有奇氣，落筆千言，出入秦漢，不假思索。歷御史，入國朝，至福建副使。

可取與上引明季南略肆「黃澍辯疏」條附記所言「後官于閩，謀搗鄭成功家屬，以致邊患，遂罷。」等語相參證。

牧齋此次遊淮訪蔡，竟至歸途留滯，在金陵度歲，可見其負有重大使命。觀有學集詩注陸「長干送松影上人楚遊，兼柬楚中郭尹諸公二首」。時嘉平二十四年。（寅恪案，「年」應作「日」。）其一云：

> 吳頭楚尾一軍持。斷取陶輪右手移。四鉢尚擎殷粟米，七條還整漢威儀。毗藍風急禪枝定，
> 替戾聲殘咒力悲。取次莊嚴華藏界，護龍河上落花時。

其二云：

孤篷微霰浪花堆。眉雪茸茸抖擻來。跨海金鈴依振錫，緣江木柹襯浮柸。九疑旭日扶頭見，
三户沉灰按指開。喚起呂仙横笛過，岳陽梅柳蚤時催。

「乙未除夕寄內」云：

頳尾勞勞浪播遷。長干禪榻伴僧眠。魚龍故國猶今夕，雞犬新豐又一年。瓦注臘醅邨舍酒，
柴門松火佛前錢。團圞兒女應流涕，老大家翁若箇邊。

「長干偕介邱道人守歲」云：

明燈度歲守招提。去殿宫雲入夢低。怖鴿有枝依佛影，驚烏無樹傍禪棲。塔光雪色恆河象，
天醒霜空午夜雞。頭白黄門熏寶級，香爐曾捧玉皇西。

寅恪案，松影遊楚，當與前引沈佳存信編文安之告朱全古「吴楚上下流觀察形勢」之語有關。否則值此歲暮，似無急急首途之理。介邱乃髡殘之字，即明畫家石谿也。小腆紀傳伍玖髡殘傳略云：

髡殘字介邱，號石溪，武陵劉氏子。至白門，遇一僧言已得雲棲大師爲薙度，因請大師遺像，拜爲師。返楚，居桃源某庵，久之，忽有所悟，心地豁然。再往白門，謁浪杖人，一見皈依。所交遊皆前朝遺逸，顧炎武其一也。

至「與介邱守歲」詩末二句，初未能確定其辭意所在，後檢有學集詩注捌長干塔光集「丁酉仲冬十有七日長至禮佛大報恩寺，偕石溪諸道人燃燈繞塔，乙夜放光應願懽喜，敬賦二十韻記事。」詩，

有「科頭老衲驚呼急，禿袖中官指顧詳。」兩句，則「黃門」當作宦者解。足見與石溪諸道人同在大報恩寺者，亦有中官。疑大報恩寺曾有皇帝親臨降香之事，此皇帝或即福王，亦未可知。此類宦者，殆爲先朝所遺留者耶？遵王注以「黃門」爲給事中，似認介邱曾任桂王之給事中，恐非。蓋今無載記可以證明也。諸居寺中之明室遺民，雖託跡方外，仍不斷爲恢復之活動。牧齋與此類遺民親密如是，必有待發之覆。其除夕寄河東君詩，隱藏此次報國忘家之旨。當時河東君亦必參預斯事，而諒其不能還家度歲，與兒女團圞之苦心也。

夫牧齋於順治十二年乙未既在金陵度歲，十三年丙申及十四年丁酉又連歲來往虞山金陵之間，則其與金陵之密切關係，必非僅限於遊覽名勝，尋訪朋舊而已。牧齋尺牘上「與吴梅村」三通之三「論社」略云：

頃與閣下在郡城晤言，未幾遽分鷁首，竊有未盡之衷，不及面陳。比因沈生祖孝雪樵，魏生耕雪竇，顧生萬庶其三子，欲謁門下之便，敢以其私所憂者，獻於左右。三子者，李翺曾鞏之亞，今世士流，罕有其儔，而朴厚謹直，好義遠大，可與深言。

寅恪案，牧齋於此三人，可謂極口讚譽。沈顧兩氏，茲姑不論。唯魏耕者，實與牧齋之頻繁往來金陵有關，請略述之於下。

結埼亭集捌「雪竇山人墳版文」（可參楊大瓢〔賓〕雜文殘稿「祁奕喜李兼汝合傳」及「魏雪竇傳」等。

楊氏所記，雖較詳備，但不言及白衣致書延平，請率舟師攻取南都之計劃，故茲從略。）略云：

雪竇山人魏耕者，原名璧，字楚白。甲申後改名，又別名甦，慈谿人也。世冑，顧少失業，學爲衣工于苕上，然能讀書。有富家奇其才，客之，尋以贅壻居焉，因成諸生，國亡，棄去。先生所交皆當世賢豪義俠，志圖大事。與於苕上起兵之役，事敗，亡命走江湖，妻子滿獄弗恤也。久之，事解，乃與歸安錢纘曾居苕谿。閉户爲詩，酷嗜李供奉。長洲陳三島尤心契之。東歸，遊會稽，有張近道者，好黄老管商之術，以王覇自命。見詩人則唾之曰，雕蟲之徒也。而其里人朱士稚與先生論詩，極傾倒。近道見之，亦輒痛駡不置。然三人者，交相得。因此並交纘曾三島，稱莫逆。先生又因此與祁忠敏（彪佳）公子理孫班孫兄弟善，得盡讀淡生堂藏書，詩日益工。久之，先生又遣死士致書延平（鄭成功），謂海道甚易，南風三日可直抵京口。己亥延平如其言，幾下金陵，已而退軍。先生復遮道留張尚書（煌言），請入焦湖，以圖再舉。不克。是役也，江南半壁震動。既而聞其謀出於先生。於是邏者益急。纘曾以兼金賄吏，得稍解。癸卯有孔孟文者，從延平軍來，有所求於纘曾，不饜，並怨先生，以其蠟書首之。先生方館於祁氏，邏者猝至，被執至錢塘，與纘曾俱不屈以死，妻子盡沒，班孫亦以是遣戍。初，諸子之破産結客也，士稚首以是傾家，近道救之，得出獄，而近道竟以此渡江遇盜而死。己亥之役，三島亦以憂憤而死。眞所謂白首同歸者矣。先生之居於苕上，爲晉時二沈高士故山，故有息賢堂，因名其集曰息賢堂集。

同書外編肆肆「奉萬西郭問白衣息賢堂集書」略云：

按白衣原名璧，字曰楚白。後改名耕，別字白衣。又改名更，稱雪竇山人。白衣少負異才，性軼蕩，傲然自得，不就尺幅。山陰祁忠敏公器之，爲徧注名諸社中。既丁國難，麻鞵草屨，落魄江湖，徧走諸義旅中。當是時，江南已隸版圖，所有遊魂餘燼，出沒山寨海槎之間，而白衣爲之聲息。複壁飛書，空坑仗策，荼毒備至，顧白衣氣益厲。癸卯以海上降卒至，語連白衣。白衣遁至山陰，入梅里祁氏園。時忠敏子班孫謀募死士爲衛，間道浮海，卒爲蹤跡所得。縛到軍門，抗詞不屈，死於會城菜市。

寅恪案，魏氏爲順治十六年己亥鄭延平率舟師攻南京之主謀者，今檢牧齋著述中，除上引「與吳梅村」尺牘外尚有有學集詩注伍敬他老人集順治十一年冬在蘇州所賦「贈陳鶴客兼懷朱朗詣」一首云：

雀喧鳩鬧笑通津。橫木爲門學隱淪。名許詩家齊下拜，姓同孺子亦長貧。風前剪燭尊無酒，雪後班荆道少人。却憶西陵有羈客，荒雞何處警霜晨。

據全謝山所撰魏氏墳版文，陳三島朱士稚與魏氏關係密切，則牧齋此詩題中雖不涉及魏氏，要是間接亦與魏氏有聯繫之一旁證。前言牧齋此數年間屢至蘇州，絕非僅限於文酒清遊，實有政治活動。觀其假我堂文讌互與詶和之人，皆屬年輩較晚，陰謀復明者，如歸玄恭徐禎起等，可以推知。（可參小腆紀傳伍捌徐晟及歸莊傳等。）當時魏氏或亦曾參與此會，但以鄭延平攻南京失敗之後，清廷追究主謀，魏氏坐死，同黨亦被牽累，後來編有學集者，殆因白衣之名過於顯著，遂删去牧齋與其唱和之作耶？俟考。

順治十二年乙未冬牧齋赴淮甸訪蔡魁吾後，不逕還常熟度歲，而留滯金陵，至次年丙申約在三月間，始歸虞山。其何以久留金陵之理由，必有不可告人之隱情。檢有學集詩注陸此年春間之詩有「就醫秦淮，寓丁家水閣絶句三十首。」大抵爲與當日南京暗中作政治活動者，相往還詶唱之篇什。其言就醫秦淮，不過掩飾之辭，自不待辨。茲擇錄有關諸首，並略加詮釋於下。

「丙申春就醫秦淮，寓丁家水閣浹兩月。臨行作絶句三十首，留別留題，不復論次。」其一云：

數莖短髮倚東風。一曲秦淮曉鏡中。春水方生吾速去，眞令江表笑曹公。

其二云：

秦淮城下即淮陰。流水悠悠知我心。可似王孫輕一飯，它時報母只千金。

其三云：

舞榭歌臺羅綺叢。都無人跡有春風。踏青無限傷心事，併入南朝落照中。

寅恪案，以上三首，乃此三十首之總序。三國志肆柒吳書貳孫權傳云：

〔建安〕十八年正月曹公攻濡須，權與相拒月餘，曹公望權軍，嘆其齊肅，乃退。

裴注引吳歷略云：

> 權爲牋與曹公曰，春水方生，公宜速去。曹公語諸將曰，孫權不欺孤。乃徹軍還。（寅恪案，遵王注已節引。）

據鄭氏近世中西史日表，順治十三年丙申三月十日爲清明。第叁首遵王注「踏青」引李綽歲時記云：

> 上巳賜宴曲江，都人于江頭禊飲，踐踏青草，曰踏青。

然則牧齋在南京度歲後，留滯至三月初旬始還家。此可與詩題「浹兩月」之語相印證。更疑牧齋在弘光元年上巳時節，曾預賜宴之列。今存是年之官書，闕載此事。或又曾偕河東君並馬阮輩作踏青之遊，因有學集關於此時期之作品，皆已刪除，故亦無從考見。果爾，則此首乃述其個人之具體事實，而非泛泛傷春之感也。第貳首前二句謂其至淮甸訪蔡魁吾及久留金陵作復明活動之事，與後二句出史記玖貳淮陰侯傳及漢書叁肆韓信傳，實能揉合今典古典，足見其文心之妙。後二句又謂他時果能恢復明室，則所以詶報今日之地主，當遠勝王孫之於漂母。據此可知丁繼之與牧齋關係之密切。觀此歲之前十年，即順治四年丁亥，牧齋受黃案牽累，出獄後，即與河東君遷於丁氏河房。（見前所考論。）此歲之後五年，即順治十八年辛丑，於「干戈滿地舟艦斷，五百里如關塞長。闔閭城上晝吹角，閟宮清廟圍棋槍。腥風愁雲暗天地，飛雁不敢過迴塘。況聞戍守連下邑，塒雞籬犬皆驚惶。」之情況中，丁氏特至常熟賀牧齋八十生日兩事，（見有學集詩注壹壹紅豆三集「丁老行。送丁繼之還金陵，兼簡林古度。」）尤可證知。鄙意牧齋所以於丙申春初由大報恩寺移寓丁氏水閣者，以此水閣位於青溪笛步之間，地址適中，與諸有志復明之文士往來，較大報恩寺爲便利。由是言之，丁氏水閣在此際實爲準備接應鄭延平攻取南都計劃之活動中心，而繼之於此活動中，亦居重要地位，可不待言也。

其四云：

苑外楊花待暮潮。隔溪桃葉限紅橋。夕陽凝望春如水，丁字簾前是六朝。

其五云：

夢到秦淮舊酒樓。白猿紅樹蘸清流。關心好夢誰圓得，解道新封是拜侯。

寅恪案，以上二首皆爲河東君而作。第肆首前二句謂河東君此時在常熟與己身不能相見。「暮潮」有二意。一即用李君虞江南詞「嫁得瞿塘賈，朝朝悞妾期。早知潮有信，嫁與弄潮兒。」（見全唐詩第伍函李益貳。）言己身不久歸去，不致如負心之李十郎也。二即明室將復興，如暮潮之有信。與第陸首之後兩句，同一微旨也。第伍首之作夢人乃河東君。此首兼用王少伯「青樓曲」二首之二「馳道楊花滿御溝。紅妝縵綰上青樓。金章紫綬千餘騎，夫婿朝回新拜侯。」及「閨怨」詩：「閨中少婦不曾愁。春日凝妝上翠樓。忽見陌頭楊柳色，悔教夫壻覓封侯。」(俱見全唐詩第貳函王昌齡肆。)用其「拜侯」之旨，而反其「悔教覓封侯」之意，正所以見河東君志在復明，非尋常婦女拘牽離情別緒者可比也。

又綜合第叁首及第肆首觀之，與李義山詩「刻意傷春復傷別，人間惟有杜司勳。」者何異？(見李義山詩集上「杜司勳」七絕。)第貳章論黃媛介事，引吳梅村詩「不知世有杜樊川」之句，然則牧齋之刻意傷春傷別一至於此，不僅其名字與樊川相同，其心事亦與司勳相合矣。

其六云：

東風狼藉不歸軒。新月盈盈自照門。(自注：「夢中得二句。」)浩蕩白鷗能萬里，春來還沒舊潮痕。

其七云：

後夜繙經燭穗低。首楞第十重開題。數聲喔喔江天曉，紅藥堦前舊養雞。

寅恪案，以上兩詩皆牧齋自述其此時在金陵之旅況心情。第陸首第壹句用李太白「東風春草綠，江上候歸軒。」之句，(見全唐詩第叁函李白壹柒「送趙判官赴黔府中丞叔幕」。)蓋謂河東君望其歸家之意，並用韓退之「狂風簸枯榆，狼藉九衢內。」之句，(見全唐詩第伍函韓愈柒「感春」三首之二。)「九衢」指南都。其易「狂風」爲「東風」者，即前引初學集貳拾上東山詩集叁「秋夕燕譽堂話舊事有感」詩「東虜遊魂三十年」之「東虜」也。第貳句「新月」指「桂王」，即作此詩之次年，順治十四年丁酉所賦「燕子磯歸舟作」七律「金波明月如新樣，鐵鎖長江是舊流。」之旨。第叁第肆兩句，即「鐵鎖長江是舊流」之義。觀「萬里」之語，其企望鄭延平之成功及己身自許之心情，可以想見矣。第柒首前兩句謂其此時第貳次草楞嚴蒙鈔已至最後一卷。考牧齋之作此疏，起於順治八年辛卯，成於十八年辛丑，首尾凡五削草。其著書之勤，老而不倦，即觀此詩及牧齋尺牘中「與含光師」諸札，可以推知。後二句固是寫實，但亦暗寓復明之志。末句用文選叁拾謝玄暉「直中書省」詩「紅藥當階翻」句，不忘故國故君之意也。

其八云：

多少詩人墮刼灰。佺期今免冶長災。阿師狡獪還堪笑，翻攪沙場作講臺。（自注：「從顧與治問祖心千山語錄。」）

寅恪案，關於顧夢游及祖心事，前已備論，今不贅述。顧韓二人固皆有志復明者也。

其九云：

牛刀小邑亦長編。朱墨紛披意惘然。要使世間知甲子，攤書先署丙申年。（自注：「乳山道士修志溧水。」）

其十云：

（詩略。）

寅恪案，以上二首皆關涉林古度者，林氏事蹟前已詳述，今不重論。第拾首詩於第肆章論絳雲樓上梁詩第壹首時，已全引，故從略。唯可注意者，那子居金陵最久，交遊甚廣，牧齋此際與有志復明之人相往來，凡此諸人，大抵亦爲乳山道士之友朋也。

其十一云：

虛玄自古誤乾坤。薄罰聊司洞府門。未省吳剛點何易，月中長守桂花根。（自注：「薛更生敍易解云：王輔嗣解易未當，罰作洞府守門童子。」）

其十二云：

天上羲圖講貫殊。洞門猶抱韋編趨。沉沉紫府眞人座，曾授希夷一畫無。（自注：「更生云，吾注易成，將以末後句，問洞府眞人也。」）

寅恪案，以上二首俱爲薛正平而作。有學集叁壹「薛更生墓誌銘」略云：

君諱正平，字更生，華亭人也。晚以字行，字那谷，號旻老夫。少爲儒，長爲俠，老歸釋氏。死石頭城下，葬于方山之陽，年八十有三。子二人，長逢，次暉。君懷奇氣，糞溲章句小儒，每自方阿衡太師。崇禎末，主上神聖憂勤，將相非人，國勢日蹙。君早夜呼憤，草萬言書上之，冀得旦夕召見平臺，清問從何處下手，庶幾國恥可振，而天步可重整也。取道北海，經牢山，聞國變，慟哭欲投海死，同行者力挽之歸。歎曰，吾今日眞薛更生矣。更名，所以志也。故宮舊京，麥秀雉雊，登臺城，瞻孝陵，望拜悲歌，彷徨野哭。又以其間觀星□象，占風角，訪求山澤椎埋屠狗之夫。人咸目笑君八十老翁，兩脚半陷黃土，不知波波刦刦何爲也？平生好著書，横竪鈎貫，學唐之覃季子。（寅恪案，「唐之覃季子」事蹟，見柳宗元河東先生集壹壹「覃季子墓銘」。）金剛周易陰符老莊，下及程朱孫吳，各有纂述。作孝經通箋，發揮先皇帝表章至意，取陶靖節五孝傳附焉。謂靖節在晉宋間，不忘留侯五世相韓之義，古今通孝，不外於此。激而存之，以有立也。其用意深痛如此。病瞶滋甚，畫字通語。勗伊法師城南開講，輒側耳占上座。蹩躠二十里，憑老蒼頭肩以行，如邛邛負蟨然。道未半，饑疲足剎，則又更相扶也。丁酉臘月八日，長干熏塔，薄暮冒雨追余，持薛公自傳，拜而屬銘。十九日送余東還，入清涼，憩普德，累日而後返，持經削牘如平時。廿四日晨起，呼逢誦道德指歸序。問曰，孔子稱老子猶龍，是許老子，未許老子？逢未答。曰，我方思熟睡，汝姑去。丙夜呼燈起坐，稱佛號者三，顧逢曰，今日睡足如意。轉身倚逢面，撼之，逝矣。長干僧釀錢庀葬具，皆曰，脩行人臨行洒然，得如薛老足矣。銘曰：

君之亡也，介丘道人評之曰，貧則身輕，老而心輕。放脚長往，生死亦輕。達哉斯言，取以刻銘。

述薛氏事蹟者，牧齋之文較備，故稍詳引之。據錢氏所言，則更生志在復明，尤爲接應鄭延平攻取南都，有助力之人。且與長干諸僧交誼切摯，與牧齋之共方外有志復明者相往來之情事，更相適合也。至此兩首所用典故，遵王注多已解釋，不須更贅。唯第壹壹首第叁句「未省吳剛點何易」之「點」字，疑是「黜」字之譌。據酉陽雜俎前集壹「天咫」門云：

舊言月中有桂，有蟾蜍，故異書言，月桂高五百丈，下有一人常斫之，樹創隨合。人姓吳名剛，西河人。學仙有過，謫令伐樹。

則吳剛學仙有過，謫令伐樹，與廣異記所述王輔嗣以未能精通易義，被罰守門者，（見太平廣記叁玖「神仙」門叁玖「麻陽村人」條。遵王注已節引。）正復相同。但牧齋詩意，更別有所在，「月中常守桂花根」句之「月中桂花根」，即暗指明桂王由榔而言，與投筆集上「後秋興之五」第捌首「丹桂月舒新結子，蒼梧雲護舊封枝。」之句，可以互相印證也。

其十三云：

欹斜席帽五陵稀。六代江山一布衣。望斷玉衣無哭所，巾箱自摺蹇驢歸。（自注：「重讀紀戇叟詩。」）

寅恪案，紀戇叟映鍾事蹟，諸書頗多記載，茲不備引。有學集肆柒「題紀伯紫詩」略云：

海內才人志士，坎壈失職，悲刼灰而歎陵谷者，往往有之。至若沈雄魁壘，感激用壯，哀而能思，愍而不懟，則未有如伯紫者也。涕灑文山，悲歌正氣，非西臺痛哭之遺恨乎？吟望閔江，徘徊玉樹，非水雲送別之餘思乎？芒鞵之間奔靈武，大冠之驚見漢儀，如談因夢，如觀前塵。一以爲曼倩之射覆，一以爲君山之推緯，愀乎？憂乎？杜陵之一飯不忘，渭南之家祭必告，殆無以加於此矣。余方鋃鐺逮繫，纍然楚囚，誦伯紫之詩，如孟嘗君聽雍門之琴，不覺其欷歔太息流涕，而不能止也。雖然，願伯紫少閟之，如其流傳歌詠，廣賁焦殺之音，感人而動物，則將如師曠援琴而鼓最悲之音，風雨至而廊瓦飛，平公恐懼，伏於廊屋之間，而晉國有大旱赤地之凶，可不慎乎？可不懼乎？

蓋牧齋初讀伯紫詩，在黃案未了時，至順治十三年丙申春間，虆叟復以詩示牧齋，故云「重讀」。第叁句用杜工部集拾「行次昭陵」詩。「玉衣」之典，見杜詩蒙叟注。又定山堂文集陸有「紀伯紫金陵故宮詩跋」一篇，其文多所刪削，頗難詳知其內容。但觀「鍾山一老，徘徊吟眺，麥秀之感，苞桑之惕，凜乎有餘恫焉。」等語，疑與牧齋此詩所指者有關。俟考。伯紫在黃案以前，疑已有「芒鞵間奔靈武，大冠驚見漢儀。」之事，及順治六年己丑至十三年丙申之間，仍作復明之舉，卒至失望歸返金陵，欲以終老歟？又陳田明詩紀事辛籤壹貳「紀映鍾」條所選伯紫詩，中有「兵至」，自注云：「閩中舊作。」及「同戈驛」，自注云：「太宗起兵處。」兩詩皆可供參證也。

其十四云：

鍾山倒影浸南溪。靜夜欣看紫翠齊。小婦粧成無箇事，爲憐明月坐花西。（自注：「寒鐵道人余懷居面南溪，鍾山峯影下垂，杜詩半陂已南純浸山是也。」）

其十五云：

河岳英靈運未徂。千金一字見吾徒。莫將摶黍人間飯，博換君家照夜珠。（自注：「澹心方有採詩之役。」）

寅恪案，以上二首俱爲鬘持老人而作。老人所著板橋雜記，三百年來，人所習讀。其事蹟亦多有記載，故不贅引。惟錄涉及復明運動者一二條，以見牧齋此際與澹心往來，不僅限於文酒風流好事之舉也。板橋雜記中麗品門略云：

余生萬曆末年。及入范大司馬（景文）蓮花幕中爲平安書記者，乃在崇禎庚辛以後。

然則余氏既曾入質公之幕，則其人原是明末有匡世之志者，未可以尋常文士目之也。又明詩紀事辛籤壹肆「余懷」條，所選澹心詩，中有「送別剩上人還羅浮」云：

萬里孤雲反故關。一帆春草渡江灣。幾年浪迹干戈裏，何處藏身瓢笠間。愁聽笳聲吹白日，苦留詩卷伴青山。羅浮此去非吾土，須把蓬茅手自刪。

前論千山於順治三年丙戌曾兩次返粵，此詩乃關於春間之一次者，余韓關係如此，澹心之爲復明運動中之一人，自不待論。此詩末二句復明之辭旨，尤爲明顯矣。至牧齋詩自注所注「採詩之役」

一語，即指板橋雜記中選錄牧齋及諸人此時前後所賦之詩，如上卷雅遊門選有學集捌長干塔光集「金陵雜題絶句」二十五首之五首，及中卷後附「珠市名妓」門「寇湄」條，錄牧齋本題，即「丙申春留題水閣三十絶句」之末一首是也。

其十六云：

麥秀漸漸哭早春。五言麗句琢清新。詩家軒翥今誰是，至竟離騷屬楚人。（自注：「杜于皇近詩多五言今體。」）

其十七云：

著論崢嶸準過秦。龍川之後有斯人。滁和自昔興龍地，何處巢居望戰塵。（自注：「于皇弟蒼略挾所著史論，遊滁和間」。）

寅恪案，以上二首爲杜氏兄弟而作。第壹陸首謂于皇乃有志復明之詩人。今茶村詩文集俱在，例證極多，不須備引，即就變雅堂詩集貳「贈剩公」及同書叁「孔雀菴初度，又申置酒，與治剩公過談。」言之，足知于皇與祖心夢游志節相同，可取與牧齋此首互證。故此時錢杜往來唱詶，必非止尋常文酒之交際。第肆章論牧齋崇禎十三年庚辰秋季曾遊蘇州節，已引于皇贈牧齋五古一首。復檢變雅堂詩集柒「丁叟河房，用錢虞山韻。」即和有學集壹「題丁家河房亭子」者，（此詩前已引。）然則錢杜本爲舊相識，又是患難之交，其詩什唱詶，實不開始於此年甚明。但小腆紀傳補遺肆杜濬傳云：

求詩者踵至，多謝絕。錢謙益嘗造訪，至閉門不與通。（寅恪案，變雅堂文集附錄壹引李元度先正事略亦同。）

其違反事實，可不須辨。蓋自乾隆時，牧齋爲清帝所深惡，世人欲爲茶村湔洗，殊不知證據確鑿，不能妄改也。更有可笑者，黃秋岳濬花隨人聖盦摭憶云：

相傳牧齋宴客，杜茶村居上坐，伶人爨演垓下之戰，牧齋索詩，茶村援筆立書曰，年少當筵意氣新。楚歌楚舞不勝情。八千子弟封侯去，只有虞兮不負心。牧齋爲之憮然。

今檢變雅堂詩集玖「龔宗伯座中贈優人扮虞姬絕句」云：

年少當場秋思深。座中楚客最知音。八千子弟封侯去，惟有虞兮不負心。

據清史稿壹捌陸部院大臣年表貳上禮部漢尙書欄載：

康熙八年己酉五月乙未，龔鼎孳禮部尙書。

康熙十二年癸丑，龔鼎孳九月戊辰乞休。

故于皇此詩題中之「宗伯」乃龔鼎孳非錢謙益。世人習知牧齋稱「宗伯」，而不知芝麓亦曾任禮部尙書，可稱「宗伯」，遂至混淆也。至于皇此詩，究是何年所作，尙待詳考。因龔氏之爲禮部尙書，雖在康熙八年五月以後，但如板橋雜記中麗品門「顧媚」條云：

歲丁酉（合肥龔）尚書挈（顧）夫人重遊金陵。

據清史稿壹捌伍部院大臣年表壹下都察院承政漢左都御史欄載：

順治十一年甲午五月丙午，龔鼎孳左都御史。

順治十二年乙未，龔鼎孳十一月戊子降。

同書壹捌陸大臣年表貳上刑部漢尙書欄載：

康熙三年甲辰，十一月癸丑龔鼎孳刑部尚書。

康熙五年丙午，龔鼎孳九月丙申遷。

同書同卷同表兵部漢尙書欄載：

康熙五年丙午九月丙申，龔鼎孳兵部尚書。

然則順治十四年丁酉，龔顧同在金陵時，芝麓尙未任尙書之職，而澹心竟以尙書稱之者，足證板橋雜記乃後來追記之文也。惟于皇賦此詩時，是否在康熙八年五月以後，其詩題中之「龔宗伯」乃是芝麓現職，抑或與板橋雜記同爲追述之辭，未敢遽決。至黃書所引杜氏之詩，必非原作，蓋茶村當日賦詩，固不依平水韻，然亦不致近體詩廿八字內，眞庚侵三部同用也。

復次，蘼蕪紀聞上引馮見龍紳志略云：

龔鼎孳娶顧媚，錢謙益娶柳如是，皆名妓也。龔以兵科給事中降闖賊，受僞直指使。每謂人曰，我原欲死，奈小妾不肯何？小妾者，即顧媚也。

夫芝麓既不能死，轉委過於眉生以自解，其人品猶不及牧齋。于皇於芝麓座上賦詩，絕不能以虞姬比眉生，更不便藉此誚芝麓。黃氏之說，殊失考矣。

又蘼蕪紀聞上引鈕琇臨野堂集云：

> 牧齋與合肥龔芝麓，俱前朝遺老。遇國變，芝麓將死之，顧夫人力阻而止。牧齋則河東君勸之死，而不死。城國可傾，佳人難得，蓋情深則義不能勝也。二公可謂深於情矣。及牧齋歿。河東君死之。嗚呼！河東君其情深而義至者哉！

鈕氏謂眉生勸芝麓不死，河東君勸牧齋死，兩人適相反。假定鈕氏所記為事實者，則于皇亦不便於芝麓座中賦詩以譏誚之。鄙意于皇蓋以「虞姬」自比，「八千子弟」乃目其他楚人，如嚴正矩輩耳。妄陋之見，未敢自信，謹以質諸論世知人之君子。第壹柒首注謂「蒼略挾所著史論，遊滁和間。」牧齋此時適自淮甸訪蔡士英，歸途中久住金陵，即使蒼略與蔡氏無關，但牧齋必有取於紹凱文中論兵復明之旨也。

檢有學集捌「金陵雜題絕句」二十五首之十一云：

> 水榭新詩替戒香。橫陳嚼蠟見清涼。五陵年少多情思，錯比橫刀浪子腸。（自注：「杜蒼略和詩有衹斷橫刀浪子腸之句。」寅恪案，杜氏原詩見下引。）

及同書叁捌「答杜蒼略論文書」，「再答蒼略書」並同書肆玖「題杜蒼略自評詩文」等，可見紹凱與牧齋之關係矣。

其十八云：

掩户經旬春蚤齊。盈箱傍架自編題。卞家墳上澆花了，閑聽東城説鬭雞。（自注：「胡靜夫好閉關。」）

寅恪案，此首爲胡澂而作。吾炙集「舊京胡澂靜夫」條選胡詩三題。其第叁題「虞山檜歌。上大宗伯牧齋夫子。」七古云：

（上略。）七年遙隔杜鵑夢，二月重逢楊柳絲。花霧霏微舊陵闕，白頭喬木兩含悲。

同集「侯官許友有介」條云：

又題（有介詩）曰，數篇重咀嚼，不愧老夫知。本自傾蘇渙，何嫌説項斯。解嘲應有作，欲殺豈無詞。周處臺前月，長懸卞令祠。余時寓清溪水閣，介周臺卞祠之間，故落句云爾。

又有學集貳貳「贈別胡靜夫序」略云：

往余遊金陵，胡子靜夫方奮筆爲歌詩，介（林）茂之以見予。予語茂之，是夫也，情若有餘於文，而言若不足于志，其學必大非聊爾人也。爲序其行卷，期待良厚。別七年，再晤靜夫，其詩卓然名家，爲時賢眉目，余言有徵矣。靜夫屏居青溪，杜門汲古，不役役於聲名，翛然退然，循牆顧影。其爲詩，情益深，志益足，蜜爾自娛，望古遙集。視斯世喧𠫔訾謷，非有意屏之，道有所不謀，神有所不予也。靜夫屬余序其近詩，且不敢自是，乞一言以相長。余聞之古之學者，莫先於不自是。不自是，莫先於多讀書。多讀書，深窮理，嚴氏之緒言也。請以長子。趣與靜夫言別，聊書此以附贈處之義。少陵之詩曰，青眼高歌望吾子，眼中之人吾老矣。吾之有望於靜夫者遠矣。

胡詩錢文中「七年」之語，若自順治十三年丙申算起，則爲康熙元年壬寅。此時在鄭延平攻南京失敗之後不久，南京至常熟之間，清廷防禦甚嚴，旅行匪易，觀前引牧齋「丁老行」可證。靜夫之至常熟訪牧齋，疑是報告金陵此際之情況。牧齋序文末段，表面上雖是論文評詩之例語，恐亦暗寓清室舊主既殂，幼帝新立，明室中興之希望尚在也。錢序中「靜夫屏居清溪，杜門汲古。」與題許有介詩所謂「余時寓清溪水閣，介周臺卞祠之間。」等，皆可與第壹捌首自注參證。大約胡氏所居，亦與丁家水閣相近也。

又朱緒曾編國朝金陵詩徵壹「胡其毅」條云：

其毅字致果。一名澂，字靜夫，上元人曰從之子。有靜拙齋詩選，微吟集。

寅恪未得見胡氏詩集，但即就朱氏所選二十題中如「詠古，爲顧與治徵君賦。」及「林徵君歸隱乳山歌」兩題觀之，已足證胡氏與顧與治林茂之同流，皆有志復明之人也。

其十九云：

青谿孫子美瑜環。也是朱衣抱送還。盛世公卿猶在眼，方頤四乳坐如山。（自注：「倪燦闇公，文僖文毅之諸孫，相見每述祖德。」）

寅恪案，此首爲倪燦而作。其事蹟見清史列傳柒拾文苑傳倪燦傳等，茲不備引。倪氏爲明室喬木故家，與朱竹垞彝尊同類。闇公早年或亦有志復明，殆後見鄭延平失敗，永曆帝被殺，因而改節耶？俟考。

其二十云：

一矢花磚沒羽新。諸天墖廟正嶙峋。長干昨夜金光涌，手捧香鑪拜相輪。（自注：「康孝廉小范偶談清江公守贛故事。」）

寅恪案，此首爲康范生及楊廷麟而作。廷麟江西清江人，故云「清江公」。梅村家藏稾伍捌附詩話（參有學集拾牧齋已亥所作「贈同行康孝廉」七律及同書陸「爲康小范題李長蘅畫」詩，並明詩紀事辛籤貳拾「康范生」條所載「嘉定寓舍感賦」詩。）略云：

楊廷麟字伯祥，別字機部，臨江（府清江縣）人。機部後守贛州，從城上投濠死。楊機部殉節後，云已無子。康小范孝廉來吳門，攜機部在贛州詩十餘首，並言其子尚在。小范與機部同事，兵敗，被縛下獄，瀕死而免。吳門葉聖野贈之詩曰，盧諶流落劉公死，回首章門一惘然。亦俠士也。

明史貳柒捌楊廷麟傳(參小腆紀傳貳伍楊廷麟傳。)略云：

楊廷麟字伯祥，清江人。順治二年南都破，江西諸郡惟贛州存。唐王手書加廷麟吏部右侍郎。九月大兵屯泰和，副將徐必達戰敗，廷麟(劉)同升乘虛復吉安臨江，加兵部尚書兼東閣大學士，賜劍，便宜從事。十月大兵攻吉安，必達赴水死。會廣東援兵至，大兵退屯峽江，已而萬元吉至贛。十二月同升卒。三年廷麟招峒蠻張安等四營，降之，號龍武新軍。廷麟聞王將由汀州赴贛，將往迎王，而以元吉代守吉安。無何，吉安復失。元吉退保贛州。四月大兵逼城下，廷麟遣使調廣西狼兵，而身往雩都趣新軍張安來救。五月望，安戰梅林，再敗，退保雩都。廷麟乃散其兵，以六月入贛，與元吉憑城守。未幾，援兵至，圍暫解，已復合。八月水師戰敗，援師悉潰。及汀州告變，贛圍已半年，守陴皆懈。十月四日大兵登城，廷麟督戰，久之，力不支，走西城投水死。

據上引材料，知牧齋此首乃用昌黎先生文集壹叁「張中丞傳後敍」，以張巡守睢陽比楊廷麟守贛，以南霽雲比康范生，以霽雲所射之佛寺浮圖比上報恩寺塔。又韓文云：

城陷，賊以刃脅降巡，巡不屈，即牽去，將斬之，又降雲，雲未應，巡呼雲曰，南八，男兒死耳！不可爲不義屈。雲笑曰，欲將以有爲也。公有言，雲敢不死！即不屈。

梅村謂「小范與機部同事，兵敗，被縛下獄，瀕死而免。」然則小范之不死，亦即南八之所謂「欲將以有爲」之意。其在金陵與牧齋所商談者，必關涉復明之舉動，亦即準備接應鄭延平攻取南都之事，抑又可知矣。

其二十一云：

江草宮花洒淚新。忍將紫淀謚遺民。舊京車馬無今雨，桑海茫茫兩角巾。（自注：「張二嚴季筏爲其兄文峙請誌」。）

寅恪案，此首爲張氏兄弟而作。張文峙事蹟第肆章論楊宛節已略引。金陵通傳貳拾張如蘭傳附子可度傳云：

可度字二巖。既自登奉母歸，亦隱居不出，號厲筏老人。

有學集補「明士張君文峙墓誌銘」略云：

張君名可仕，字文峙。以字行，改字紫淀。書文峙，從其初也。歲在甲午四月初八日卒，年六十有四。文峙卒，四方之士會哭，議銘其旌，胥曰，古之遺民也。或有言曰，遺民之名，宋元二史無徵，名氏翳然，聲景彷彿。新安著錄，代沉人飛，東都西臺之君子，收魂畢命，在此錄也。（寅恪案，「新安著錄」指明休寧程敏政所撰宋遺民錄。見四庫總目提要史部傳記類存目叁並可參有學集肆玖「書廣宋遺民錄後」。）躔暈珥，舍奔彴，木門有向，著雍猶視。

推文峙之志，其忍媿杞肄湘纍，（寅恪案，「肄」疑是「婦」字之譌，俟覓善本校之。）遺身後名，汙竹素而塵桑海乎？必也正名，易之曰明士其可。比葬，則又曰，嗚呼！齊有二客，魯有兩生，明有士焉誰居？文峙士矣，請徵所以士文峙者。於是文峙之弟二嚴，立紫淀先生傳，而謁銘於余。余泫然流涕曰，士哉文峙！明士哉文峙！余舊史官也，其忍辭？

牧齋此首第貳句，謂不當以遺民目文峙，即前論其編列朝詩集，止於丁集之旨，茲不備述。至其文中「躔暈珥，舍奔彴，木門有向，著雍猶視。推文峙之志，其忍媿杞婦湘纍，遺身後名，汙竹素而塵桑海乎？」等語，則須略加詮釋。檢隋書壹玖天文志上云：

馬遷天官書及班氏所載，妖星暈珥，雲氣虹蜺，存其大綱，未能備舉。自後史官更無紀錄。春秋傳曰，公既視朔，遂登觀臺，凡分至啓閉必書雲物。神道司存，安可誣也。

爾雅釋天略云：

大歲在戊曰著雍。大歲在子曰困敦。奔星爲彴約。

邢昺疏云：

奔星爲彴約者，奔星即流星。

左傳僖公五年載：

春王正月辛亥朔，日南至，公既視朔，遂登觀臺以望，而書，禮也。凡分至啓閉，必書雲物，爲備故也。

同書襄公廿七年載：

〔子鮮〕遂出奔晉，公使止之，不可。及河，又使止之。止使者而盟於河，託於木門，不鄉衛國而坐。木門大夫勸之仕，不可。曰，仕而廢其事，罪也。從之，昭吾所以出也。將誰愬乎？吾不可以立於人之朝矣。終身不仕。

金氏牧齋年譜順治五年戊子條云：

歲晚過林茂之有感云，「先祖豈知王氏臘，胡兒不解漢家春。」按當時海上有二朔，皆與北曆不同也。又「三秦駟鐵先諸夏，九廟櫻桃及仲春。」又「秦城北斗迴新臘，庚嶺南枝放早春。」按是年姜瓖奉永曆年號，傳檄秦晉。王永強據榆林，方窺西安，而江西湖南等地亦歸明也。故先生有喜而作云。

同書順治六年己丑條云：

元日試筆「春王正月史仍書」云云。按行朝録，此爲監國魯四年正月辛酉朔。永曆三年正月庚申朔也。

並三國志伍柒吳書壹貳陸續傳裴注引姚信集云：

士之有誄，魯人志其勇。杞婦見書，齊人哀其哭。

依據上引資料，可以約略推測牧齋之意旨，蓋謂建州雖已入關渡江，而永曆之正朔尚存。戊子年秦晉且曾一度奉其年號。文峙雖在清人統治下之南都，仍傾向桂王，故明社猶未屋，不可以杞婦湘纍比之也。總之，牧齋學問固極淵博，但此文亦故作僻奧之句法，藉以愚弄當日漢奸文士之心目耳。然則牧齋作此題之第貳壹首時，以爲明室尚未盡亡，仍有中興之希望。張氏兄弟亦同此意旨也。

其二十二云：

> 龍子千金不治貧。處方先許別君臣。懸蛇欲療蒼生病，何限刳腸半腐人。（自注：「余就醫於陳古公。」）

寅恪案，此首爲陳元素而作。題中「就醫秦淮」之語，與此首自注：「余就醫於陳古公。」可相印證。詩中皆用醫家華敷孫思邈之典故，自是應題之作。但第貳句暗示陳氏乃不承認建州之統治權者。牧齋之稱就醫於陳古公，不過表面掩飾之辭。其實恐亦與之暗中商議接應鄭延平之事也。

寅恪初不知陳古公爲何人，後檢有學集壹捌「陳古公詩集序」略云：

> 陳子古公自評其詩曰，意窮諸所無，句空諸所有。聞者河漢其言，余獨取而證明之，以爲今之稱詩，可與談彈斥淘汰之旨，必古公也。古公之詩，梯空躡玄，霞思天想，無鹽梅芍藥之味，而有空青金碧之氣，世之人莫能名也。李鄴侯居衡山，聞殘師中宵梵唱，先悽惋而後喜

說，知其爲謫墮之人。吾今而後乃知古公矣夫。

及黃宗羲思舊錄「陳元素」條云：

陳元素字古白。余時作詩，頗喜李長吉。古白一見即切戒之，亦云益友。

取牧齋序所言古公論詩之旨，與梨洲之語相參較，可知「古公」即「古白」之別稱。

又檢定山堂集肆拾「牧齋先生及同學諸子枉送燕子磯。月下集飲，口號四首。」（此題可參有學集詩注捌「金陵雜題絕句」二十五首之九自注：「丁酉秋日與龔孝升言別金陵。」）及同書貳拾「陳古公追送淮干，和答。」云：

爾自白衣佯上相，天容丹竈補蒼生。

芝麓此七律「白衣上相」之語，乃用李鄴侯故事。（見新唐書壹叁玖李泌傳及資治通鑑貳壹捌唐紀肅宗紀至德元載七月「上欲以泌爲右相」條。）其作此七律時，似已見牧齋之序者。龔氏此次北行，在順治十四年冬間，然則牧齋之序當作於芝麓答古公詩之前，頗疑牧齋此第貳貳首與此序爲同時作品，若不然，兩者作成時間，亦相距不甚遠也。俟考。

至陳氏之事蹟，則鄒流綺漪啓禎野乘壹集壹肆「陳隱君傳」略云：

公名元素，字古白。南直長洲人也。生平多客遊，撫公亦虛館延聘，簡勅無所干。問字屨恆滿户外。公內行純備，不僅以文章重一時。後偶客蕪湖，竟死。學者稱貞文先生。

論曰，余不識陳先生。吾友徐禎起亟稱其愼取與，重然諾。蓋孝弟廉讓人也。去世之稱吳人者，不過謂風流蘊藉已耳，如先生者，可多得哉？

鄒氏稱元素爲「隱君」，牧齋與芝麓皆以「著白」之「山人」李鄴侯泌爲比，尤可證「古公」即「古白」，似無可疑也。

其二十三云：

五行祥異總無端。九百虞初亦飽看。清曉家人報奇事，小兒指椀索朝飡。（自注：「閩人黃帥先博學奇窮，戲之，亦紀實也。」

寅恪案，此首爲黃師正而作。明詩紀事辛籤壹陸「黃濬之」條，選帥先「小桃源山居詩」五首，其小傳云：

濬之初名師正，字帥先。改名後，字靜宜，又字波民。建陽人。

此條下注引陳庚煥惕園初稿云：

王貽上嘗傳濬之小桃源山居一詩。（見王漁洋感舊集壹陸及明詩紀事所選之第壹首。）小桃源爲武夷最勝處，詳其詩語，濬之蓋嘗以黃冠歸故鄉，其後出遊大江南北。

又引全閩詩雋云：

靜宜爲史公可法幕府上客，才如王景略，節如謝皋羽，詩筆姸麗，不類其人。

有學集捌長干塔光集「讀建陽黃帥先小桃源記，戲題短歌。」(吾炙集選「小桃源山居詩」四首，較明詩紀事所選少第壹首。)云：

未爲武夷遊，先得桃源記。小桃源在幔亭旁，別館便房列仙治。黃生卜築才十年，七日小刦彌烽烟。山神氀毼請迴駕，洞口仍封小有天。竭來奔竄冶城左。手指詩記揶揄我。選勝搜奇在尺幅，食指蠕動頤欲朶。彭籛之後武夷君。我是婆留最小孫。包茅欲胙乾魚祭，臥榻那容鼻鼾存。老夫不似劉子驥。仙源但仗漁人指。憑將此記作券書，設版焦瑕自今始。君不見三千鐵弩曾射潮，漢東彈丸亦如此。

據此，黃氏之爲反抗建州者，固不待論。其出遊大江南北，在冶城與牧齋初次相聚，牧齋即作此七絕第貳叁首，其後更賦七古長篇贈之。故波民於復明活動有所策劃，自無可疑也。

其二十四云：

寒窗簷掛一條冰。灰陷鑪香對病僧。話到無言清不寐，暗風山鬼剔殘燈。(自注：「乙未除夕，丙申元旦元夜，皆投宿長干，與介邱師兄同榻。」)

寅恪案，此首爲介邱而作。關於介邱之事，除前已論者外，尙有有學集捌「示藏社介丘道人，兼識乩神降語」及「臘月八日長干熏塔，同介道人孫魯山薛更生黃信力盛伯含衆居士。」二題。其第壹題「並舟分月人皆見，兩鏡交光汝莫疑。」一聯，第貳題「臘改嘉平繞墖來」句，皆與復明之意有關，可注意也。

其二十五云：

風掩籬門壁落穿。道人風味故依然。莫拈瓠子冬瓜印，印却俱胝一指禪。（自注：「曾波臣之子薙髮住永興寺。」）

寅恪案，牧齋此首爲曾氏父子而作。明畫錄壹人物門略云：

曾鯨字波臣。閩晉江人。工寫照，落筆得其神理。萬曆間名重一時。子沂，善山水，流落白門。後于牛首永興寺爲僧，釋號懶雲。

可與牧齋自注相參證。此詩第叁肆兩句，遵王已引大慧語錄及五燈會元等爲釋，茲不必詳贅。但大慧語錄載：

天臺智者大師讀法華經至是眞精進，是名眞法，供養如來，悟得法華三昧，見靈山一會，儼然未散，山僧常愛老杲和尚，每提唱及此，未嘗不歡喜踊躍，以手搖曳曰，眞箇有恁麼事，亦是表法。你每冬瓜瓠子，那裏得知？

等語，牧齋之意，以爲明社實未曾屋，其以明室爲眞亡者，乃冬瓜瓠子頭腦之人也。

又有可注意者，宋史叁柒肆張九成傳略云：

張九成字子韶。其先開封人，徙居錢塘。遊京師，從楊時學，權貴託人致幣，曰，肯從吾遊，當薦之館閣。九成笑曰，王良尚羞與嬖奚乘，吾可爲貴遊客耶？紹興二年，上將策進士，詔考官直言者，置高等。九成對策，擢寘首選。金人議和，九成謂趙鼎曰，金實厭兵，而張虛聲以撼中國。因言十事，彼誠能從吾所言，則與之和，使權在朝廷。鼎既罷，秦檜誘之曰，且成檜此事。九成曰，九成胡爲異議？特不可輕易以苟安耳。檜曰，立朝須優遊委曲。九成曰，未有枉己而能直人。上問以和議。九成曰，敵情多詐，不可不察。因在經筵，言西漢災異事，檜甚惡之，謫邵州。先是徑山僧宗杲善談禪理，從遊者衆，九成時往來其間。檜恐其議己，令司諫詹大方論其與宗杲謗訕朝政，謫居南安軍。

咸淳臨安志柒拾僧門宗杲傳略云：

〔宗杲〕字曇晦，本姓奚。丞相張浚命主徑山法席，學徒一千七百人，來者猶未已。敞千僧閣以居之，號臨濟中興。張九成與爲方外交，秦檜疑其議己，言者論其誹謗朝政，動搖軍情。九成唱之，宗杲和之。紹興十一年五月詔毀僧牒，編置衡州。二十年移海州。四方衲子忘軀命往從之。二十五年特恩許自便。明年復僧伽棃，奉朝旨住阿育山。逾年復居山。三十一年求解院事。得旨，退居明月堂。隆興改元，八月示寂。宗杲雖林下人，而義篤君親，談及時事，憂形於色，或至垂涕。時名公鉅卿如李邴汪藻呂本中曾開李光汪應辰趙令衿張孝祥陳之茂，皆委己咨叩，而張浚雅相推重。宗杲有正法眼藏三卷，又有武庫若干卷。其徒纂法語前後三十卷，浚爲序。淳熙初，詔隨大藏流行。

新續高僧傳四集壹貳「南宋臨安徑山寺沙門釋宗杲傳」云：

〔紹興〕十一年五月秦檜以杲爲張九成黨，毀其衣牒，竄衡州。二十六年十月詔移梅陽。不久，復其形服，放還。

然則宗杲爲宋時反對女眞之人。此際參與復明運動者，如懶雲等，亦與之同一宗旨，可以推知。牧齋詩之用宗杲語錄，殊非偶然也。

其二十六云：

荒菴梅老試花艱。酹酒英雄去不還。月落山僧潛掣淚，暗香枝掛返魂幡。（自注：「城南廢寺老梅三株，傳是國初孫炎手植。」）

寅恪案，此首固爲廢寺老梅而作，實暗寓孫炎事，（見明史貳捌玖孫炎傳。）意謂建康城雖暫爲建州所佔有，而終將歸明也。末句遵王引東坡「岐亭道上見梅花」詩，返魂香入嶺頭梅。甚合牧齋微旨，蓋謂桂王必當恢復明室也。

其二十七云：

子夜烏啼曲半訛。隔江人唱後庭多。籬邊兀坐村夫子，端誦尚書五子歌。（自注：「歌者與塾師比隣，戲書其壁。」）

寅恪案，此首疑爲龔芝麓之塾師而作。有學集詩注捌長干塔光集「龔孝升求贈塾師戲題二絶句」云：

都都平丈教兒郎。論語開章笑閧堂。何似東村趙學究，只將半部佐君王。

魯壁書傳字不譌。兎園程課近如何。旅獒費誓權停閣，先誦虞箴五子歌。

以牧齋贈孝升塾師兩詩之第貳首所用之辭旨與此第貳柒首相符同推之，此塾師當是一人。詩中全用尚書故實，想此塾師正以書經課蒙童也。所可注意者，旅獒費誓皆書經篇名。旅獒爲交外，費誓爲平內。牧齋以建州本爲明室舊封之酋長，故以費誓比之也。又左傳襄公四年引虞人之箴曰：

芒芒禹迹，畫爲九州，經啓九道。民有寢廟，獸有茂草。各有攸處，德用不擾。在帝夷羿，冒於原獸，忘其國恤，而思其麀牡。武不可重，用不恢於夏家。獸臣司原，敢告僕夫。

及蔡沈書經集傳夏書「五子之歌」序云：

太康尸位，以逸豫滅厥德，黎民咸貳。乃盤遊無度，畋於有洛之表，十旬弗反。有窮后羿，因民弗忍，距於河。厥弟五人，御其母以從，徯於洛之汭。五子咸怨，述大禹之戒以作歌。

由是言之，牧齋之意，蓋謂清世祖荒於遊畋，躭於歌樂，即遵王引白氏文集肆伍「與元九書」中「聞五子洛汭之歌，則知夏政荒矣。」之旨。今檢梅村年譜肆順治十三年丙申條云：

春，上駐蹕南苑閱武，行蒐禮，召廷臣恭視，賜宴行宮。先生賦五七言律詩，五七言絶句，每體一首應制。聖駕幸南海子，遇雪大獵，先生恭紀七律一首。

更參以第叁章論清世祖詢梅村秣陵春傳奇參訂者宜園主人事及第肆章論董小宛未死事，則知牧齋之詩，皆是當時史實。若清政果衰，則明室復興可望。其寓意之深，用心之苦，不可以遊戲文章等閒視之也。

其二十八云：

粉繪楊亭與盛丹。黃經古篆逼商盤。史癡畫筍徐霖筆，弘德風流尚未闌。

寅恪案，此首爲楊亭盛丹而作。牧齋之意，以爲楊盛之藝術，可追弘治正德承平之盛，與史忠徐霖媲美，斯亦明室仍可復興之微意。金陵通傳壹肆高阜傳云：

時江寧以畫隱者楊亭，字元章，居東園。家貧品峻，以丹青自娛。晚無子，與瞽妻對坐荒池草閣，雖晨炊數絕，嘯詠自若，不妄干人。

彭蘊燦歷代畫史彙傳叁壹云：

黃經清如皋人，字維之，一字濟叔。別字山松，工詩詞，善書法及篆刻，尤善畫山水。（原注：「圖繪寶鑑續纂，櫟園畫錄，桐陰論畫，（清畫錄，國朝畫識等）。」）

盛丹事蹟見金陵通傳壹肆盛鸞傳附宗人胤昌傳所載。第叁草論河東君愛酒節已引。據此可知元章伯含維之皆隱逸之流，不仕建州者。至史忠徐霖之事蹟，遵王注已詳述，並可參金陵通傳壹肆二人本傳，不須贅引。惟徐霖之故實與武宗幸南都有關，牧齋之詩旨與前引其致瞿稼軒書所謂「若謙益視息餘生，奄奄垂斃，惟忍死盼望鑾輿拜見孝陵之後，槃水加劍，席藁自裁。」等語及投筆集下後秋興之九「種柳十圍同望幸」句，皆希望桂王之得至南京也。

其二十九云：

旭日城南法鼓鳴。難陀傾聽笑瞢騰。有人割取乖龍耳，上座先醫薛更生。（自注：「旭伊法師演妙華於普德，余頗爲卷荷葉所困，而薛老特甚。」）

寅恪案，此首可參第壹壹及壹貳兩首論薛更生事。不過前二首以薛更生爲主，而此首以旭伊爲主，更生爲賓耳。

其三十云：

寇家姊妹總芳菲。十八年來花信違。今日秦淮恐相值，防他紅淚一霑衣。

寅恪案，此首爲寇白門姊妹而作。板橋雜記中附「珠市名妓門」載：

寇湄字白門。錢牧齋詩云（云），（寅恪案，牧齋詩即此題第叁拾首，故從略。）則寇家多佳麗，白門其一也。白門娟娟靜美，跌宕風流，善畫蘭，粗知拈韻。能吟詩，然滑易不能竟學。十八九時，爲保國公購之，貯以金屋，如李掌武之謝秋娘也。甲申三月，京師陷，保國生降，家口沒入官。白門以千金予保國贖身，匹馬短衣，從一婢而歸。歸爲女俠，築園亭，結賓客，日與文人騷客相往還。酒酣耳熱，或歌或哭，亦自歎美人之遲暮，嗟紅豆之飄零也。既從揚州某孝廉，不得志，復還金陵。老矣，猶日與諸少年伍。臥病時，召所歡韓生來，綢繆泣，欲留之同寢。韓生以他故辭，執手不忍別。至夜，聞韓生在婢房笑語，奮身起喚婢，自箠數十，咄咄罵韓生負心禽獸行，欲嚙其肉。病甚劇，醫藥罔效，遂死。蒙叟雜題有云：「叢殘紅粉念君恩。女俠誰知寇白門。黃土蓋棺心未死，香丸一縷是芳魂。（寅恪案，此詩見有學集詩注捌長干塔光集「金陵雜題絶句」二十五首之十。）

可取與此首相證發也。

綜觀此三十首詩，可以知牧齋此次留滯金陵，與有志復明諸人相往還，當爲接應鄭延平攻取南都之預備。據金陵通傳貳陸「郭維翰傳」略云：

郭維翰字均衛，一字石溪，上元人。父秀厓，諸生。考授典史。明亡，以隱終。國朝順治中，鄭成功犯江寧，滿帥疑有内應，欲屠城。維翰力言於知府周某轉白總督而止。（寅恪案，嘉慶重刊康熙修江寧府志壹陸職官表知府欄，無周姓者。豈此「周某」非實缺正授，抑或記載有誤耶？俟考。）軍士乘亂掠婦女，維翰又以爲言，乃放還。方是時，江上紛然，六合知縣遁去，百姓洶洶欲亂，縣人佘量字德輔，獨棹小舟，冒風穿營而渡，泣叩總督，給榜安民，一縣賴以無恐。

尤可證明鄙說之非妄也。

有學集柒爲高會堂詩集。其中絕大部分乃遊説馬進寶響應鄭成功率舟師攻取南都有關之作。清史列傳捌拾逆臣傳馬逢知傳略云：

馬逢知原名進寶，山西隰州人。順治三年從端重親王博洛南征，克金華，即令鎮守。六年命加都督僉事，授金華總兵，管轄金衢嚴處四府。十三年遷蘇松常鎮提督。

寅恪案，馬進寶之由金華總兵遷蘇松常鎮提督，在順治十三年丙申何月，雖不能確知，但以牧齋至松江時日推之，當是距離九月不遠。有學集詩注柒高會堂詩集有「丙申重九海上作」一題，似馬氏必於九月以前已抵新任。又同卷「高會堂酒闌雜詠」序末云：

歲在丙申陽月十有一日蒙叟錢謙益書於青浦舟中。

則牧齋留滯松江，實逾一月之久。其間策劃布置，甚費時日，可以想見也。牧齋「高會堂酒闌雜詠」序云：

是行也，假館於武靜之高會堂，遂以名其詩。

第叁章引王澐雲間第宅志云：

河南〔徐〕陟曾孫文學致遠宅，有師儉堂。申文定時行書。西有生生菴別墅，陟子太守琳放生處。

頗疑牧齋所謂高會堂，即徐武靜之師儉堂，乃其平日家屬所居者，與生生菴別墅，自非一地。崇禎八年春間，河東君與陳臥子同居於生生菴，順治十三年丙申秋冬間，牧齋又寄寓武靜之師儉堂。第叁章曾引宋轅文致牧齋書，其痛加詆毀，蓋由宋氏之情敵陳錢兩人，先後皆居於武靜宅內。書中妬忌憤怒之語，今日觀之，殊覺可笑也。至此集涉及之人頗不少，皆與復明運動有關者。茲不能詳論，唯擇其最饒興趣數題錄之，並略加考釋於下。

有學集詩注柒高會堂詩集「高會堂酒闌雜詠」序云：

> 不到雲間，十有六載矣。水天閒話，久落人間。花月新聞，已成故事。漸臺織女，機石依然。丈室維摩，衣花不染。點難陀之額粉，尚指高樓。被慶喜之肩衣，猶看汲井。頃者，菰蘆故國，兵火殘生。衰晚重遊，人民非昔。朱門賜第，舊燕不飛。白屋人家，新烏誰止。兒童生長於別後，競指鬚眉。門巷改換於兵前，每差步屧。常中逵而徙倚，或當饗而欷歔。若乃帥府華筵，便房曲宴。金釭銀燭，午夜之砥室生光。檀板紅牙，十月之桃花欲笑。橫飛拇陣，倒捲白波。忽發狂言，驚迴紅粉。歌間敕勒，祗足增悲。天似穹廬，何妨醉倒。又若西京宿好，耳語慨慷。北里新知，目成婉孌。酒闌燈灺，月落烏啼。雜夢囈以興謠，蘸杯盤而染翰，口如銜轡，常思吐吞。胸似碓舂，難明上下。語同讔謎，詞比俳優。傳云，惟食忘憂。又曰，溺人必笑。我之懷矣，誰則知之？是行也，假館於武靜之高會堂，遂以名其詩。

亦欲使此邦同人，摳衣傾蓋者，相與繼響，傳爲美談云爾。歲在丙申陽月十有一日，蒙叟錢謙益書於青浦舟中。

寅恪案，牧齋此序，其所用典故，遵王注解釋頗詳，讀者可取參閱，茲不復贅。惟典故外之微旨，則略表出之，以供參證。此序可分爲五段：

第壹段自「不到雲間」至「猶看汲井」。意謂於崇禎十四年六月，與河東君在茸城結褵，共歷十六年，風流韻事，遠近傳播，今已早成陳跡。河東君茸城舊居之處，如徐武靜之別墅生生菴等，依然猶在。但己身與河東君，近歲以來，非如前者之放浪風流，而轉爲假藉學道，陰圖復明之人，與維摩詰經中諸菩薩衣花不染相同，不似諸大弟子花著不墮。若取與牧齋答河東君半野堂初贈詩「霑花丈室何曾染」句相比較，足知此十七年間，錢柳已由言情之兒女，改爲復國之英雄矣。前論順治七年庚寅牧齋經河東君黃太沖之慫恿，赴金華遊說馬進寶反淸。其事頗涉危險，牧齋以得還家爲幸。今則馬氏遷督松江，此地爲長江入海之扼要重鎮，尤與牧齋頻年活動，以響應鄭延平率舟師攻取南京有關，自不能不有此行。但馬氏爲人狡猾反覆，河東君當亦有所聞知，中心惴惴，望其早得還家。據「點粉」「汲井」之語，則牧齋所以留滯松江逾一月之久，實出於不得已，蓋其間頗有周折，不能及早言旋也。所可笑者，「點難陀之額粉，尙指高樓。」二句，既目河東君爲難陀之妻孫陀利，則此「高樓」，殆指庚寅冬焚燬之絳雲樓耶？果爾，則「尙指」之「尙」，更有著落矣。

第貳段自「頃者」至「欷歔」。意謂此次之重至松江，大有丁令威化鶴歸來之感。「舊燕」指明室舊人，「新烏」指清廷新貴。本卷最後一題「丙申至日爲人題華堂新燕圖」云：

> 主人簷前海燕乳。差池上下銜泥語。依約呢喃喚主人，主人開顏笑相許。主人一去秋復春。燕子去作他家賓。新巢非復舊庭院，舊燕喧呼新主人。新燕頻更主人面。主人新舊不相見。多謝華堂新主人，珍重雕梁舊時燕。

此詩中之「新燕」「舊燕」，即指漢人滿人而言，可與序文互相參證。此「題華堂新燕圖」前一題爲「長至前三日吳門送龔孝升大憲頒詔嶺南兼簡曹秋岳右轄四首。」據清史列傳柒玖貳臣傳龔鼎孳傳云：

> 上以鼎孳自擢任左都御史，每於法司章奏，倡生議論，事涉滿漢，意爲輕重。敕令回奏。鼎孳具疏引罪，詞復支飾。下部議，應革職。詔改降八級調用。尋以在法司時，讞盜事，後先異議。又曾薦舉納賄伏法之巡按顧仁，再降三級。十三年四月補上林苑蕃育署署丞。（寅恪案，可參吳詩集覽陸上「送舊總憲龔孝升以上林苑監出使廣東」詩，並附嚴沆「送龔芝麓使粵東」詩。）

然則「新燕」「舊燕」即清帝諭旨所謂「事涉滿漢」之「滿漢」。頗疑此詩題中「爲人題華堂新燕圖」之「人」，乃龔孝升也。俟考。

第叄段自「若乃」至「醉倒」。意謂當日在松江筵讌之盛況。「帥府華筵」指馬進寶之特別招待。「便房曲宴」指陸子玄許譽卿等之置酒邀飲。「紅粉」「桃花」俱指彩生。「敕勒」指北方之歌曲。「穹廬」指建州之統治中國也。第肆段自「又若」至「知之」。意謂筵席間與座客隱語戲言，商討復明之活動，終覺畏懼不安，辭不盡意也。「西京宿好」指許霞城輩。「北里新知」亦指彩生也。第伍段自「是行」至「云爾」。則說明高會堂集命名之故。並暗指此行實徐武靜爲主動人。或者武靜當日曾參加馬進寶之幕府耶？俟考。

「雲間諸君子肆筵合樂，饗余於武靜之高會堂。飲罷蒼茫，欣感交集，輒賦長句二首。」其一云：

授几賓筵大饗同。秋堂文讌轉光風。豈應江左龍門客，偏記開元鶴髮翁。酒面尚依袍草綠，燭心長傍劍花紅。他年屈指衣裳會，牛耳居然屬海東。

其二云：

重來華表似前生。夢裏華胥又玉京。鶴唳秋風新谷水，雉媒春草昔茸城。尊開南斗參旗動，席俯東溟海氣更。當饗可應三嘆息，歌鍾二八想昇平。

寅恪案，此題爲高會堂集之第壹題，自是牧齋初到雲間，松江諸人爲牧齋接風洗塵之舉。主人甚衆，客則只牧齋一人。即俗所謂「羅漢請觀音，主人數不淸。」者也。故第壹首第壹聯上句之「江左龍門客」乃雲間諸人推崇牧齋之辭。錢氏爲明末東林黨渠魁，實與東漢李元禮無異。河東君「半野堂初贈」詩云：「今日沾沾誠銜李」。甚合牧齋當日身分，並搔著其癢處也。下句「開元鶴髮翁」乃牧齋自比，固不待論。綜合上下兩句言之，意謂此時江左第一流人物，尚有他人，何竟推我一人爲上客耶？乃其自謙之語也。第柒第捌兩句意指徐武靜。「海東」指徐氏郡望爲東海也。第貳首第貳聯謂時勢將變，鄭延平不久當率舟師入長江也。第柒句用左傳昭公二十八年「梗陽人有獄」條云：

> 退朝，（閻沒女寬）待於庭。饋入，（魏子）召之。比置，三歎。既食，使坐。魏子曰，吾聞諸伯叔，諺曰，唯食忘憂。吾子置食之間，三歎，何也？同辭而對曰，或賜二小人酒，不夕食。饋之始至，恐其不足，是以歎。中置，自咎曰，豈將軍食之，而有不足？是以再歎。及饋之畢，願以小人之腹，爲君子之心，屬厭而已。獻子辭梗陽人。

頗疑高會堂此次之筵讌，其主人中亦有馬進寶。故「將軍」即指馬氏。否則此時雲間諸人，皆與「將軍」之稱不合也。第捌句遵王注已引左傳襄公十一年晉侯以歌鐘女樂之半，賜魏絳事以釋之，甚是。然則綜合七八兩句言之，更足徵此次之盛會，馬進寶必曾參預，若不然者，詩語便無著落矣。

「雲間董得仲投贈三十二韻，依次奉答。」云：

（詩略。）

寅恪案，此詩前述國事，後言家事，末寓復明之意。以辭繁不錄，讀者可自取讀之。嘉慶修松江府志伍陸董黄傳云：

董黄字律始，號得仲，華亭人，隱居不仕，著白谷山人集。陳維崧序其集云，託泉石以終身，殉煙霞而不返。可得其彷彿焉。

足知得仲亦有志復明之人也。

「丙申重九海上作四首」其三云：

去歲登高莫釐頂，杖藜落落覽吳洲。洞庭雁過猶前旅，橘社龍歸又一秋。颶母風欺天四角，鮫人淚盡海東頭。年年風雨懷重九，晴昊翻令日暮愁。

其四云：

故園今日也登高。萸熟茶香望我勞。嬌女指端裝菊枕，稚孫頭上搭花糕。（寅恪案，「搭花糕」事，見謝肇淛五雜俎上貳天部貳。）含珠夜月生陰火，擁劍霜風長巨螯。歸與山妻繙海賦，秋燈一穗掩蓬蒿。

寅恪案，第叁首前四句指同書伍「乙未秋日許更生扶侍太公邀侯月鷺翁于止路安卿登高莫釐峰頂口占二首」之第貳首末兩句「夕陽橘社龍歸處，笑指紅雲接海東。」而言。「紅雲」「海東」謂鄭延平也。第肆首之第壹第貳兩句謂河東君在常熟，而己身則在松江，即王摩詰「獨在異鄉爲異客，每逢佳節倍思親。」之意。（見全唐詩第貳函王維肆「九月九日憶山東兄弟。」）第叁句「嬌女」指趙微仲妻。（寅恪案，趙管字微仲。見有學集壹貳東澗詩集上「壬寅三月十六日即事」詩題。考河東君壻所以名管字微仲之故，實取義於論語憲問篇「微管仲，吾其被髮左衽矣。」之語。河東君復明之微旨，於此益可證明矣。）「稚孫」指其長孫佛日。（寅恪案，有學集玖紅豆初集「桂殤四十五首」序云：「桂殤，哭長孫也。孫名佛日，字重光，小名桂哥。生辛卯孟陬月，殤以戊戌中秋日。」前論河東君和牧齋庚寅人日示內詩二首之二「佛日初暉人日沈」句，以「佛日」指永曆。牧齋其次年正月喜得長孫，以「佛日」命名，實取義於河東君之句。字以「重光」，乃用樂府詩集肆拾陸機「日重光行」之典。即明室復興之意。小名「桂哥」，亦暗寓桂王之「桂」。由此觀之，則錢柳復明之意，昭然若揭矣。）牧齋家屬雖不少，但其所關心者，止此三人，據是可以推知。第肆句用木玄虛海賦，暗指鄭延平。蓋河東君亦參預接鄭反清之謀。第伍句用左太沖吳都賦。此兩句皆與第柒句相應。又二賦俱出文選，非博聞強記，深通選學如河東君者，不足以當之也。

茲有最饒興趣之三題，皆關涉松江妓彩生者，故不依此集先後次序，合併錄之，略試考釋，以俟通人之教正。

陸子玄置酒墓田丙舍，妓彩生持扇索詩，醉後戲題八首。」其一云：

霜林雲盡月華稠。鴈過烏栖暮欲愁。最是主人能慰客，綠尊紅袖總宜秋。

其二云：

金波未許定眉彎。銀燭膏明對遠山。玉女壺頭差一笑，（涵芬樓本「玉女壺」作「阿耨池」。）依然執手似人間。

其三云：

釭花欲笑漏初聞。（涵芬樓本「漏初聞」作「酒顏醺」。）白足禪僧也畏君。上座嵬峩許給事，緇衣偏喜醉紅裙。

其四云：

殘粧池畔映餘霞。漏月歌聲起暮鴉。枯木寒林都解語，海棠十月夜催花。

其五云：

口脂眉黛並氤氳。酒戒今宵破四分。莫笑老夫風景裂，看他未醉已醺醺。

其六云：

銀漢紅牆限玉橋。月中田地總傷凋。秋燈依約霓裳影，留與銀輪伴寂寥。

其七云：

老眼看花不耐春。裁紅綴綠若爲眞。他時引鏡臨秋水，霜後芙蓉憶美人。

其八云：

交加履舄韈塵飛。蘭澤傳香惹道衣。北斗橫斜人欲別，花西落月送君歸。

「霞城丈置酒同魯山彩生夜集醉後作」云：

滄江秋老夜何其。促席行杯但怨遲。喪亂天涯紅粉在，友朋心事白頭知。朔風悽緊吹歌扇，參井微茫拂酒旗。今夕且謀千日醉，西園明月與君期。

「霞老累夕置酒，彩生先別，口占十絕句，紀事兼訂西山看梅之約。」其一云：

酒煖杯香笑語頻。軍城笳鼓促霜晨。紅顏白髮偏相殢，都是昆明刼後人。

其二云：

兵前吳女解傷悲。霜咽琵琶戍鼓催。促坐不須歌出塞，白龍潭是拂雲堆。

其三云：

促別蕭蕭班馬聲。酒波方溢燭花生。當筵大有留歡曲，何苦凄涼唱渭城。

其四云：

酒杯苦語正凄迷。（涵芬樓本「杯」作「悲」。）刺促渾如烏夜棲。欲別有人頻顧燭，憑將一笑與分攜。

其五云：

會太匆匆別又新。相看無淚可霑巾。綠尊紅燭渾如昨，（涵芬樓本「綠」作「金」。）但覺燈前少一人。（自注：「河東評云，唐人詩，但覺尊前笑不成。又云，遍插茱萸少一人。」）

其六云：

漢宮遺事剪燈論。共指青衫認淚痕。今夕驚沙滿蓬鬢，始知永巷是君恩。（自注：「魯山贈詩，傷昔年放逐，有千金不賣長門賦之句。」寅恪案，涵芬樓本此自注作「魯山贈詩有千金不買長門賦，傷先朝遺事也。」遵王本「賣」應作「買」。）

其七云：

漁莊谷水竝垂竿。烽火頻年隔馬鞍。從此音書憑錦字，小牋雲母報平安。

其八云：

緇衣居士（自注：「謂霞老。」）白衣僧。（自注：「自謂。」）世眼相看總不譍。斷送暮年多好事。（涵芬樓本此句作「消受暮年無個事」。）半衾煖玉一龕燈。

其九云：

國西營畔暫傳杯。笑口懵騰噤半開。數（自注：「上聲」。）日西山梅萬樹，漫山玉雪遲君來。

其十云：

江村老屋月如銀。繞磵寒梅破早春。（涵芬樓本「破」作「綻」。）夢斷羅浮聽剝啄，扣門須拉縞衣人。

寅恪案，許霞城事蹟見明史貳伍捌，嘉慶修松江府志伍伍及小腆紀傳伍陸本傳，李清三垣筆記中「許光祿譽卿所納名妓王微有遠鑒」條並投筆集上後秋興之四其第伍首「石龜懷海感崑山。二老因依板蕩間。」句下自注：「懷雲間許給事也。陸機詩，石龜尙懷海，我寧忘故鄉。蓋不忘宗國之詞。」等。孫魯山事蹟見馬其昶桐城耆舊傳伍其文略云：

孫公諱晉，字明卿，號魯山。始祖福一自揚州遷居桐城。〔左忠毅光斗〕以兄子妻之。天啓五年成進士，授南樂令，調滑縣，報最，擢工科給事中。以疏劾大學士溫體仁任所私人典試事，亂祖制。被謫。體仁敗，復起爲給諫。累遷大理寺卿，特疏出劉公宗周金公光宸於獄，薦史公可法於吏部。總兵黃得功被逮，疏請釋之，得出鎮鳳陽。其後江左一隅，竟賴史黃二公之力。時賢路閼塞，公在朝嶽嶽，諸君子咸倚賴之，推桐城左公後一人也。尋以兵部侍郎出督宣大。越二年以疾乞歸，凡節餉十餘萬，封識如初，即日單車歸金陵。亡何，京師陷。馬士英擁立福藩，出史公可法於外。逆黨亦攀附驟用，興大獄，目公爲黨魁。乃倉皇奉母，避讐仙居。筮得遯之咸，因自號餘菴，又曰遯翁。國朝舉舊臣，強起之，不可。築室龍眠山，率子弟讀書其中。年六十八卒。

並可參有學集捌長干塔光集「臘月八日長干薰塔同介道人孫魯山薛更生黃舜力盛伯含衆居士」一題。關於陸子玄，則須略加考釋。列朝詩集丁集叁陸永新粲小傳云：

粲字子餘，一字浚明。長洲人。

後附其弟陸秀才采小傳略云：

采字子玄，給事中子餘之弟。年四十而卒。

寅恪以爲牧齋詩題中之子玄，必非陸采，其理由有二。一陸采既是長洲人，其墓田丙舍似不應在松江也。二前論列朝詩集雖非一時刊成，大約在順治十一年甲午已流布廣遠。今未發現附見陸采一條爲後來補刻之證據。故牧齋順治十三年丙申冬，既能與采遊宴，則采於是時尚生存，小傳中自不能書「年四十而卒」。若此子玄非陸采者，則應是別一松江人。檢說夢壹「君子之澤」條云：

陸文定公(原注：「名樹聲，字興吉，號平泉。嘉靖辛丑會元，大宗伯。」)名德碩望，膾炙人口。生劬思。(原注：「名彥章，字伯達。萬曆己丑進士，官少司寇。」)劬思生公美。(原注：「名景元。存問謝恩，特蔭未仕。」)公美生子玄。(原注：「名慶曾。」)僅四世。而子玄雖登順治丁酉賢書，以此賈禍，爲異域之人。

陳忠裕全集年譜上崇禎八年乙亥條附錄李雯會業序云：

今年春闇公臥子讀書南園，余與勒卣文孫輩，或間日一至，或連日羈留。

同書壹伍幾社稾「同遊陸文定公墓舍」題下附考證引松江府志云：

文定公陸樹聲墓在北城濠之北。萬曆三十三年賜葬。

同書壹陸平露堂集「八月大風雨中遊泖塔，連夕同遊者宋子建尙木陸子玄張子慧。」題下考證引江南通志云：

陸慶曾字子玄。

同書同卷「送陸文孫省試金陵，時當七夕。」題下附考證引復社姓氏錄云：

金山衛陸慶曾字文孫。

董閬石含蓴鄉贅筆上「徙巢」條云：

陸文定公孫慶曾，素負才名。居丙舍，頗擅園亭之勝，以序貢入都中式。事發，遣戍遼左。先是，陸氏墓木悉枯，棲鳥數日内皆徙巢他往。

婁東無名氏研堂見聞雜記「科場之事」條云：

陸慶曾子玄，雲間名士平泉公之後。家世貴顯，兄弟鼎盛。年五十餘矣，以貢走京師。慕名者皆欲羅致門下，授以關節，遂獲售。亦幽囹圄，拷掠無完膚。一時人士，相爲惋惜嗟嘆。

王勝時雲間第宅志末一條略云：

北門外，陸文定公樹聲賜墓，左有廬目墓田丙舍，堂中以朱文公耕雲釣月四字爲額。公孫景元常居焉。

信天翁丁酉北闈大獄記略（寅恪案，關於慶曾事蹟，可參孟森明清史論著集刊下科場案「順天闈」

條。)略云:

歲丁酉，大比貢士於鄉，舊典也。權要賄賂，相習成風。二十五關節中，首爲陸慶曾。係二十年名宿，且曾藥愈(房師李)振鄴。借中式以酬醫，而非入賄者，亦即逮入，不少恕。

然則此名慶曾之陸子玄，即牧齋詩題之「陸子玄」，並與舒章會業序中之「文孫」及臥子「送陸文孫省試金陵」詩之「陸文孫」，同是一人無疑也。據臥子「遊陸文定公墓舍」詩及閬石勝時所記，可知陸子玄之墓田丙舍，與牧齋之拂水山莊性質頗相類，故能邀宴友朋，招致名姝也。又牧齋此次至松江，本爲復明活動。其往還唱詶之人，多與此事有關。故子玄亦必是志在復明之人。但何以於次年即應鄉試?表面觀之，似頗相矛盾。前論李素臣事，謂其與侯朝宗之應舉，皆出於不得已。子玄之家世及聲望約略與侯李相等，故疑其應丁酉科鄉試，實出於不得已，蓋建州入關之初，凡世家子弟著聲庠序之人，若不應鄉舉，即爲反清之一種表示，累及家族，或致身命之危險。否則陸氏雖在明南都傾覆以後，其舊傳田產，猶未盡失，自可生活，不必汲汲干進也。關於此點，足見清初士人處境之不易。後世未解當日情勢，往往作過酷之批評，殊非公允之論也。至彩生之事蹟，則不易考知。牧齋高會堂詩序有「北里新知，目成婉孌。」之語，可見牧齋前此並未與之相識。又觀上列第叁題第伍首，牧齋自注特載河東君評語，可見河東君與彩生深具同情，絕無妒嫉之意。取與順治九年牧齋第壹次至金華遊說馬進寶時，竟不敢買婢者大異。足證彩生亦是有志復明之人。又此題第玖首第叁句之「西山」，指虞山，蓋拂水巖在虞山南崖，而虞山在常熟縣西北，故牧齋可稱之爲「西山」。（見劉本沛虞書「虞山」及「拂水巖」條。）與第肆章所論「〔辛巳〕冬至後京江舟中感懷」八首之八及「〔癸未〕元日雜題長句」八首之七兩詩中之「西山」指蘇州之鄧尉者不同。拂水山莊梅花之盛，屢見於牧齋之詩文。可參第肆章論東山詶和集「除夕山莊探梅」詩等。第拾首第貳句「繞磵」之「磵」，即虞山之桃源磵。（見虞書「桃源磵」條。）第叁肆兩句自是用東坡「十一月二十六日松風亭下梅花盛開」詩中「海南仙雲嬌墮砌，月下縞衣來扣門。」之語。（見馮應榴蘇文忠公詩合注叁捌。）窺牧齋之意欲霞城偕彩生同至其家，與河東君相見，絕無尹邢不能覿面之畏懼。則此二女性，俱屬有志復明之人，復可以推知矣。有學集壹貳東澗集上，康熙元年壬寅春間所賦「茸城弔許霞城」七律，第貳聯云：「看花無伴垂雙白，壓酒何人殢小紅。」上句謂己身，下句謂彩生。可取與上列第叁題相參證也。嗚呼！建州入關，明之忠臣烈士，殺身殉國者多矣。甚至北里名媛，南曲才娃，亦有心懸海外之雲，（指延平王。）目斷月中之樹，（指永曆帝。）預聞復楚亡秦之事者。然終無救於明室之覆滅，豈天意之難迴，抑人謀之不臧耶？君子曰，非天也，人也！

關於上列三題中許譽卿孫晉陸慶曾及彩生諸人之事蹟，約略考證既竟，茲再就三題中諸詩，擇其可注意者，稍詮釋之於下。

第壹題第肆首「漏月歌聲起暮鴉」句之「漏月」，遵王注有「渠女名漏月」之語，但未言出於何書。檢孫星衍平津館叢書中之燕丹子，源出永樂大典本，淵如復校以他書，故稱善本，獨未載「漏月」之名。復檢有學集詩注壹肆東澗集下「病榻消寒雜詠」四十六首之三十七「和劉屏山〔汴京紀事〕師師垂老絕句」中「十指琴心傳漏月」句，「漏月」下遵王注引楊慎禪林鉤玄云：

> 漏月事見燕丹子，漏月傳意于秦王，果脱荆軻之手。相如寄聲于卓氏，終獲文君之身。皆絲桐傳意也。秦王爲荆軻所持，王曰，乞聽琴聲而死。琴女名漏月，彈音曰，羅縠單衣，可掣而絕。三尺屏風，可超而越。鹿盧之劍，可負而拔。王如其言，遂斬荆軻。

始知牧齋所賦，遵王所注，殆皆出禪林鉤玄。鄙意楊用修爲人，才高學博，有明一代罕有其比。然往往僞造古書，如雜事秘辛，即是一例。故其所引燕丹子漏月之名，果否出於古本，尚是一問題也。此首「海棠十月夜催花」句，謝肇淛五雜俎上貳云：

> 十月謂之陽月，先儒以爲純陰之月，嫌於無陽，故曰陽月，此臆説也。天地之氣，有純陽，必有純陰，豈能諱之？而使有如女國諱其無男，而改名男國，庸有益乎？大凡天地之氣，陽極生陰，陰極生陽。當純陰純陽用事之日，而陰陽之潛伏者，已駸駸萌蘖矣。故四月有亢龍之戒，而十月有陽月之稱。即天地之氣，四月多寒，而十月多煖，有桃李生華者，俗謂之小陽春，則陽月之義，斷可見矣。

紅樓夢第玖肆回「宴海棠賈母賞花妖」節云：

大家說笑了一回，講究這花（指海棠。）開得古怪。賈母道：「這花兒應在三月裏開的，如今雖是十一月，因節氣遲，還算十月，應着小陽春的天氣，因爲和暖，開花也是有的。」

太平廣記貳佰伍樂門「玄宗」條云：

〔玄宗〕嘗遇二月初詰旦，巾櫛方畢，時宿雨始晴，景色明麗，小殿内亭，柳杏將吐，覩而歎曰，對此景物，豈可不與他判斷之乎？左右相目，將命備酒，獨高力士遣取羯鼓。上旋命之，臨軒縱擊一曲，曲名春光好，上自製也。神思自得，及顧柳杏，皆已發拆，指而笑謂嬪嬙内官曰，此一事，不喚我作天公可乎？皆呼萬歲！

丁傳靖輯宋人軼事彙編壹貳引春渚紀聞云：

東坡在黄日，每有燕集，醉墨淋漓，不惜與人。至於營妓供侍，扇題帶畫，亦時有之。有李琪者，（原注：清波雜志作李琦。庚溪詩話作李宜。）少而慧，頗知書，時亦每顧之，終未嘗獲公賜。至公移汝，將祖行，酒酣，琪奉觴再拜，取領巾乞書。公熟視久之，令其磨研。墨濃，取筆大書云，東坡七載黄州住，何事無言及李琪。即擲筆袖手，與客談笑。坐客相謂，語似凡易。又不終篇，何也？至將撤具，琪復拜請，坡大笑曰，幾忘出場。繼書云，恰似西川杜工部，海棠雖好不留詩。一座擊節。

綜合上引材料，推測牧齋此詩意旨，殆與前論「戲贈塾師」詩有相似之處。清世祖徵歌選色，搜取江南名姝，以供其耳目之娛，第肆章論董小宛事已言及之。此輩女性，即牧齋詩所謂漏月之流。牧齋此詩列於「丙申重九海上作」之後，「徐武靜生日」之前。（寅恪案，陳乃乾陳洙編徐闇公先生年譜萬曆四十二年甲寅條云：「九月二十日，弟致遠生。」）可證乃九月中旬所賦。海棠於小陽春之十月，本可重開。今賦詩在九月，故用李三郎羯鼓催花之典。海棠用東坡贈李琪詩語，亦指彩生。意謂惜彩生不能與董白之流被選入宮，否則可藉以復仇如苧蘿村女之所爲，而與漏月之暗示秦王拔劍斬荆軻者，大異其趣。頗疑牧齋此詩之意，即當時最後與彩生所談之語。是耶？非耶？姑妄言之，以俟更考。

第壹題第陸首「銀漢紅牆限玉橋。月中田地總傷凋。」二句，意謂松江與桂王統治之西南區域隔離頗遠，且迫蹙一隅，土地民衆皆不及江南之富庶。「秋燈依約霓裳影，留與銀輪伴寂寥。」二句，意謂今夕吾輩之文宴，實聚商反清復明之事，聊可告慰於永曆帝也。

第貳題第壹聯「喪亂天涯紅粉在，友朋心事白頭知。」可與上引「茸城弔許霞城」詩「看花無伴垂雙白，壓酒何人殢小紅。」相參證。第伍句「朔風悽緊吹歌扇」，亦暗寓彩生不甘受清人壓迫之意。觀此，知牧齋推崇彩生甚至，而彩生之爲人，又可想見矣。

第叁題第壹首「紅顏白髮偏相殢，都是昆明刼後人。」二句，蓋牧齋之意，以彩生與霞城同具復明之志，故能親密如此，非尋常兒女之私情可比也。第貳首「兵前吳女解傷悲，霜咽琵琶戍鼓催。」

二句意謂清廷駐重兵於松江以防海。「吳女」指彩生也。「促坐不須歌出塞，白龍潭是拂雲堆。」二句，謂當時置酒於白龍潭上，而白龍潭所在之松江，已歸清室統治，與塞外之拂雲堆無異。己身與霞城輩之身世，亦與王昭君相似。其感慨沉痛，實有甚於白樂天琵琶引「同是天涯淪落人」句，(見白氏文集壹貳。)及東坡「定惠院海棠」詩「天涯淪落俱可念」者矣。(見馮氏蘇文忠公詩合注貳拾並可參容齋五筆柒「琵琶行海棠詩」條。)全唐詩第捌函杜牧肆「題木蘭廟」詩云：

彎弓征戰作男兒。夢裏曾經與畫眉。幾度思歸還把酒，拂雲堆上祝明妃。

今彩生身世類於明妃，而心事實同於木蘭。牧齋下筆時，必憶及小杜此詩無疑也。

第肆首「欲別有人頻顧燭，憑將一笑與分攜。」亦用全唐詩第捌函杜牧肆「贈別」二首之二(才調集肆題作「題贈」。)云：

多情卻似總無情。惟覺尊前笑不成。蠟燭有心還惜別，替人垂淚到天明。

而微反其意。以其出處過於明顯，故河東君不依第伍首之例，標出之耳。

第陸首「漢宮遺事剪燈論。共指青衫認淚痕。」二句，亦用白香山琵琶行之語，以指於崇禎時，兩人共忤溫體仁，曾被黜謫事。但當時雖被革退，尚在明室統治之中國，猶勝於今日神州陸沉，胡塵滿鬢。孫魯山是否不效陳皇后以千金買長門賦，藉求漢武帝之復幸，未敢決言。至牧齋被黜還家後，屢思進取，終至交結馬阮，身敗名裂，前已詳論，茲不復贅。今讀此詩，不覺令人失笑也。

第捌首「斷送暮年多好事，半衾煖玉一龕燈。」二句，牧齋老歸空門，又與河東君偕隱白泖港之紅豆山莊，自是切合。至霞城雖「國變後，祝髮爲僧。」（見小腆紀傳伍陸許譽卿傳。）但若未貯彩生於金屋，則「半衾煖玉」一語，恐尚不甚適當也。

牧齋順治十三年丙申秋冬間之遊松江，乃主於徐武靜家。前言武靜實爲此次復明活動之中心人物。故牧齋贈武靜生日詩乃高會堂集中重要篇什。茲以其詩過長，節略於下，並略加釋證。但詩中原注云：「有本事，詳在自注中。」之語，今諸本此「自注」皆已刪去，無從考知，甚爲可惜。姑以意妄加揣測，未知當否？博雅通人，幸有以教正之也。

有學集詩注柒高會堂詩集「徐武靜生日置酒高會堂賦贈八百字」云：

豐苕根滋大，澧蘭葉愈芳。長離仍夭矯，二遠竝翺翔。視草徵家集，探花嗣國香。（自注：「已上記徐氏閥閱之盛，次述板蕩凄涼。」）時危人草草，運往淚浪浪。喪亂嗟桑梓，分攜泣杕棠。午橋虛綠野，甲第裂倉琅。毳帳圍廛里，穹廬埒堵牆。上楹殘網户，遥集儼堂皇。藻井欹中霤，交踈斷兩廂。駱駞銜燕寢，雕鷲撲迴廊。綠水供牛飲，青槐繫馬枊。金扉雕綺繡，玉軸剔裝潢。篳篥吹重閣，胡笳亂洞房。重來履道里，旋憶善和坊。滅没如前夢，低迴對夕陽。老夫殊氉毷，吾子賸飛揚。（自注：「已下敍武靜生日置酒。」）奕葉違東閣，誅茅背北邙。賜書傳鼓篋，遺笏貯牙牀。著作推徐幹，交遊説鄭莊。駕從千里命，諾許片言償。故國魚龍冷，高天鴻鴈涼。撫心惟馬角，策足共羊腸。（自注：「上四語兼懷闇公。」）四十年華盛，三千風力強。開筵千日酒，初度九秋霜。上客題鸚鵡，佳兒蠟鳳凰。寒花宜晚節，淡月似初陽。且共謀今夕，相將抗樂方。鐃歌喧枉渚，鼓吹溢餘皇。（自注：「於時有受降之役。」）積氣噓陽燄，衝風決土囊。紛紛爭角觝，往往捉迷藏。身世雙樊籠，乾坤百戲場。拔河羣作隊，蹀埒巧相當。（自注：「蹀埒拋磚戲也。」）粤祝刀頭沸，倀童撞末忙。倒投應共笑，殞絕又何妨。丸劍紛跳躍，虺蛇莽陸梁。雉媒聲呃喔，鷄距羽飄颺。蚊翼飛軍檄，龜毛算土疆。蟻酣床下鬬，鼠怯穴中僵。左角封京觀，南柯缺斧斨。西垣餘落日，東牖湛清觴。鶉首天還醉，旄頭角尚芒。楚弓亡自得，鄭璧假何常。頌德牛腰重，橫經馬肆詳。（原注：「有本事，詳在自注中。」）酒兵天井動，飲器月氏良。噩夢難料理，前塵費忖量。糟床曾壁壘，茗椀揀旗槍，乍可歌鸜鵒，寧辭典驌驦。持籌徵綠醑，約法聽紅粧。笑口燈花爛，灰心燭淚行。有言多謬誤，無處愬顛狂。授色流眉睫，傳杯嚙口肪。漏殘河黯淡，舞罷斗低昂。班馬宵喧攊，隣雞曉奮吭。莫嫌相枕籍，旭日漸煌煌。

寅恪案，此時牧齋及武靜之任務，可於永曆與徐孚遠張元暢兩敕文中見之，茲全錄兩敕文於下。

徐闇公先生年譜永曆六年即順治九年壬辰條「永曆自黔遣官齎敕諭先生偕張肯堂等進取」下附敕

曰：

皇帝敕諭贊理直浙恢剿軍務兼理糧餉都察院左僉都御史徐孚遠。朕以涼德御宇，崎嶇險阻，六載於茲。每念貞臣志士，抗節遐陬，茹荼海表，不禁寢食爲廢。茲以黔方地控上游，爰於今春二月，暫蹕安龍，用資調度。賴秦王（指孫可望。）朝宗，力任尊攘，分道出師，數月之間，川楚西粵相次底定。事會既有可爲，策應自不宜緩。爾孚遠貞心獨立，忠節性成，履重險而不回，處疾風而愈勁。前晉爾都察院右僉都御史，贊理恢勦軍務，久有成命。頃覽督輔臣肯堂及爾來奏，知爾與樞司臣徐致遠等潛聯内地，不避艱危，用間伐謀，頗有成緒。朕心嘉尚。用敕國姓成功提師北上，進規直浙。爾其與督輔肯堂，鼓勵諸師，承時進取。或聯合山海義旅，張我犄角。或招徠慕義僞帥，間其心腹，務期蕩平羶穢，密奏收京，俾朕旋軫舊都，展謁陵廟。惟時爾庸若宋臣范仲淹，以天下爲己任。故其文章氣節彪炳一時，至今尚之，爾其勉旃，慰朕至望。欽哉！特敕。永字一萬一千十三號。

又附有陳洙按語云：

直浙即江南浙江，蓋江南爲明之直隸省，是時肯堂已先一年殉國舟山，桂王尚未之知，故敕中又及督輔肯堂字樣。

同書永曆八年即順治十一年甲午條「永曆遣官齎敕諭先生及張元暢。」下附敕曰：

皇帝敕諭僉憲臣徐孚遠，樞司臣張元暢，朕蹕安龍垂及三載，每念我二三忠義，戮力遠疆，艱危備歷，不禁寢食爲廢。爾僉憲臣孚遠履貞抗節，歷久不渝。近復深入虜窟，多方聯絡，苦心大力，鑒在朕心。爾樞司臣張元暢，不憚險遠，間關入覲，去春啣命東歸，百罹並涉，卒能宣德達情，克將使命。用是特部議予孚遠贊理直浙恢剿軍務，兼理糧餉關防。予元暢直浙督師軍前監軍理餉關防，俾爾疏通遠近，以便奏報。方今胡氛漸靖，朕業分遣藩勳諸師，先定楚粵，建瓴東下。漳國勳臣成功亦遣侯臣張名振等統帥舟師，揚帆北上。爾務遙檄三吳忠義，俾乘時響應，共奮同仇。仍一面與勳臣成功商酌機宜，先靖五羊，會師楚粵。俟稍有成績，爾等即星馳陛見，以需簡任，尚其勉旃，慰朕屬望。欽哉！特敕。

據上引永曆六年即順治九年敕文「招徠慕義僞帥，間其心腹。」之語，復檢清史列傳捌拾馬逢知傳云：

〔順治七年〕十一月土賊何兆隆嘯聚山林，外聯海賊，爲進寶擒獲。隨於賊營得僞疏稿，謂進寶與兆隆通往來，疏請明魯王頒給敕印。又得僞示，稱進寶已從魯王。進寶以遭謗無因，白之督臣陳錦，以明心跡。錦疏奏聞。得旨：設詐離間，狡賊常情。馬進寶安心供職，不必驚懼。

此事雖在前二年，且頒敕印者爲魯王，而非桂王，然情狀實相類似，可以互證。故招徠慕義僞帥之責，如牧齋聲望年輩及曾迎降清兵者，最足勝任。況牧齋復經瞿稼軒之薦舉從事此種工作乎？又據此敕文「爾與樞司臣徐致遠等潛聯內地，不避艱危，用間伐謀，頗有成緒。」等語，則知武靜早已遊說僞帥反清復明，稍有成緒矣。其稱之爲「樞司臣」者，正如顧亭林，魯王曾授以兵部司務事，後唐王復以職方郎召之例。（見清史稿肆捌柒儒林傳貳顧炎武傳。）但顧亭林詩箋注前附清國史館舊傳，改「魯王」及「唐王」爲「福王」，蓋有所避忌也。此種低級官銜，大抵加諸年輩資格較淺之人，武靜亭林即其證也。

又關於顧亭林受南明諸主官秩事，更牽及汪琬與歸莊爭論「布衣」問題，如堯峰文鈔叄叄「與歸元恭書」第貳通云：

> 人主尚不能監謗，足下區區一布衣，豈能盡箝士大夫之口哉？

同書同卷「與周漢紹書」略云：

> 僕再託致元恭手札，力辨改竄震川集非是。彼概置不答，而輒讕詞詬詈。又聞指摘最後札中「布衣」二字，謂僕簡傲而輕彼。於是訴諸同人，播諸京師士大夫之口，則元恭亦甚陋矣。僕不審元恭所訴何詞，士大夫何故一口附和也。由僕言之，布衣之稱，不爲不尊，不爲不重，不爲不褒且譽也。僕原書具在，上文借引人主，下文用布衣比擬，正與莊荀文義略同。以此繆相推奉，使元恭或跼蹐忸怩而不敢當，斯則宜矣。而顧謂簡傲，彼雖甚陋，豈奔走干謁之

暇，全未寓目諸書乎？記有之，學然後知不足，彼之所以忽怵詬詈至於再四，而莫止者，夫孰非不學之故與？竊願元恭少留意於學也。抑僕又妄加揣摩，得毋元恭閒從宦遊，亦既授有官秩，而僕忽忘之耶？則僕生稍晚，自世祖章皇帝以來，即從事本朝，爲郎官爲小吏於京師，是故祗知本朝官秩而已，若元恭所歷，實不能知也。以此罪僕簡傲，又奚逭焉？元恭交遊甚廣，其聲燄氣埶，皆足殺僕，不得不自白於足下，幸足下代爲雪之。

歸莊集伍「再答汪苕文」略云：

二月八日布衣歸某頓首苕文民部先生執事。自正月二十一日，連得二書。甚怪！執事第二書，謂僕斥之爲鷇，爲杜撰，爲取笑。且謂僕以區區一布衣，欲箝士大夫之口，而咆哮觝觸。鷇字，僕書初未嘗有，而横誣之。若杜撰，取笑，則誠不能諱。昔王文恪公〔鏊〕罷相歸里門，〔陸〕貞山先生〔粲〕尚爲諸生，相與質難文義，宛如平交。文恪心折於陸，每注簡端云，得之子餘。前輩之忘勢，而虚懷若此，今執事不過一郎官耳，遂輕僕爲區區一布衣，稍有辨難，便以爲咆哮觝觸。人之度量相越，乃至於此。執事每言作文無他妙訣，惟有翻案。夫翻案者，如人在可否之間，事涉是非之介，不妨任人發論。然昔人尚有以好奇害理爲戒，今執事乃故寬肆意删改之罪，而鍛鍊苦心訂正之人，此不得謂之翻案，乃是拂人之性耳。僕前書氣和而辭遜，執事顧謂其咆哮觝觸，今則誠不能無觝觸矣。蓋欲執事知區區布衣，亦有不可犯者，毋遂目中無人，而概凌轢之也。

夫玄恭與亭林同時起兵抗清，魯王既授亭林以官職，則玄恭亦必有類似之敕命。(可參小腆紀傳伍叁儒林壹顧炎武傳及同書伍捌歸莊傳。)鈍翁應知恆軒曾受明之虛銜，故挾此以要脅恫嚇。其用心狠毒，玄恭發怒，即由於此。至與周漢紹書，自「抑僕又妄加揣摩，」至「實不能知也。」一段，漢奸口吻，咄咄逼人，顏甲千重，可謂不知世間有羞恥事矣。特標出之，以告讀恆軒堯峰之集者。

又永曆六年敕「用敕國姓成功提師北上，進規直浙。」及永曆八年敕「漳國勳臣成功亦遣侯臣張名振等統帥舟師，揚帆北上，爾務遙檄三吳忠義，俾乘時響應，共奮同仇。」等語，足證牧齋諸人之謀接應延平，亦實奉永曆之命而爲之，非復明諸人之私自舉動也。永曆六年敕「務期蕩平羶穢，密奏收京，俾朕旋軫舊都，展謁陵廟。」等語，足證牧齋之頻繁往來南京，甚至除夕不還家渡歲，河東君亦能原諒之者，蓋牧齋奉有特別使命之故也。抑更有可笑者，永歷六年敕為「特敕。永字一萬一千十三號」。以區區之小朝廷，其官書之繁多如此。唯見空文，難睹實効，焉得不終歸覆滅哉？

復次，牧齋詩中有略須釋證者「長離仍夭矯，二遠竝翺翔。」一聯，指徐氏兄弟三人。「長離」謂闇公仲弟聖期。徐闇公先生年譜萬曆二十九年辛丑條云：

四月弟聖期鳳彩生。

同書永曆十一年即順治十四年丁酉條云：

七月先生弟鳳彩卒。

牧齋稱鳳彩爲「長離」者，蓋漢書伍柒下司馬相如傳「大人賦」云：

前長離而後矞皇。（原注：「師古曰，長離靈鳥也。」）

及舊題伊世珍撰瑯嬛記云：

南方有比翼鳥，（寅恪案，佩文韻府「八霽」所引，「鳥」作「鳳」。）飛止飲啄，不相分離。雄曰野君，雌曰觀諱。摠名曰長離。言長相離着也。此鳥能通宿命，死而復生，必在一處。

牧齋賦此詩在順治十三年丙申九月，是時聖期尚健在。但鈞璜堂存稿徐闇公先生年譜附錄王澐「東海先生傳」略云：

東海先生姓徐氏，名孚遠，字闇公，華亭人。父太學公爾遂，生三子，長即先生，仲鳳彩，少致遠。先生出亡時，湖海風濤，家門岌岌不自保，仲弟遂以憂卒。少弟爲世所指名，幾瀕於危。奔走急難，傾身下士，由是家門得全，家益中落，勞瘁失志，亦以憂卒。

然則聖期與武靜兄弟二人，謹愼豪俠，各有不同。（可參鈞璜堂存稿拾「武靜弟」及同書壹壹「聞聖期二弟沒，賦哀。」六首之二及五等詩。）武靜當日壽筵，牧齋及其他賓客，皆反淸復明好事之人，以意揣之，聖期未必與此輩往還。其弟生日時，或竟不預坐，亦未可知。唯牧齋壽武靜詩，歷叙徐氏家門之盛，兼懷闇公，自不能不言及聖期耳。

牧齋詩自「喪亂嗟桑梓」至「低迴對夕陽」一段，指徐氏第宅爲清兵佔據毀壞之淒涼狀況。雲間地宅志所記徐階徐陟兄弟及其子孫之屋舍甚多，恐牧齋詩中所述乃指徐階賜第即王氏書中略云：

南門内新橋河西。仙鶴館西徐文貞公階賜第，有章賜世經二堂，門有額曰，三賜存問。

是也。其他徐氏第宅，或以較爲狹小，不足供駐兵之用，遂幸得保存，如武靜之高會堂，即是其一。蓴鄉贅筆上「議裁提督」條云：

吾松郡制吴淞總兵一員駐防，其餘沿海如金山衛川沙等處，各設參戎。形勢聯絡，海濱有警，一呼俱應，最爲得策。自國朝慮海氛飄忽，專設提督，坐鎮府城。去海百餘里，分防諸弁往來請命，緩急不能即赴，賊往往乘隙揚帆突入，屢遭刼掠，逮遣兵而已無及矣。況提鎮銜尊勢重，坐享榮華，糜兵耗餉，有害無益，兼之兵民雜處，尤屬不安，百姓房屋，半成營伍。洪内院承疇議撤提督，以總兵駐吴淞。科臣亦有籌及此者，何時得復舊制，使郡中士庶復覩昇平之象耶？

足知當日提督駐在松江府城，其部下侵佔及毀壞民間房屋之情形。故閲石所記，亦可視爲牧齋詩此段之注脚也。牧齋詩「重來履道里，旋憶善和坊。」上句指武靜之高會堂。下句指文貞賜第。

「履道里」用白香山典故，固不待言。「善和坊」出柳子厚「與許孟容書」。牧齋意謂高會堂幸存，而賜第被佔也。里坊兩字可以通用，況上句既用「里」字，下句不當重複。且「坊」字爲此詩之韻脚，不能更用他字。遵王注「善和坊」，並列雲谿友議及柳文兩出處，而不加擇別，蓋范書作「善和坊」，柳文作「善和里」之故。殊不知范書所言乃是揚州之倡肆。豈可以目宰相之賜第耶？讀遵王注至此，眞可令人噴飯也。「鐃歌喧枉渚，鼓吹溢餘皇。」一聯，下注云：「于時有受降之役。」清史稿伍世祖本紀二略云：

（順治十三年丙申七月）戊申（初二日。）官軍敗明桂王將龍韜於廣西，斬之。庚戌（初四日。）鄭成功將黃梧等以海澄來降。八月壬辰（十七日。）封黃梧爲海澄公。

然則此聯上句指龍韜之敗死，下句指黃梧之降清。牧齋所謂「于時有受降之役。」即指海澄氏而言。黃氏之降，關係明清之興亡者甚大，故牧齋自注特標出之。清廷發表兩事在七月及八月。牧齋得聞知，當在八九月，距賦此詩時甚近也。或更謂清史稿伍世祖本紀貳載：

（順治十三年丙申正月）己亥（廿日。）鄭成功將犯台州，副將馬信以城叛，降於賊。

牧齋所謂受降之役，即指此事。蓋以鄭延平受馬信之降也。但牧齋自注既不詳言，故未敢決定，姑備一說，以俟續考。牧齋詩「蚊翼飛軍檄，龜毛算土疆。」一聯，上句遵王注引東方朔神異經「南方蚊翼下有小蜚蟲焉。」等語以釋之，是。牧齋之意，不過謂此時南方尚用兵也。下句遵王注引任昉述異記「夏桀時，大龜生毛，而兎生角，是兵角將興之兆。」以爲釋，自亦可通。但鄙意牧齋「龜毛」之語，蓋出佛典，如楞嚴經之類。其義謂虛無不足道。推牧齋詩旨，蓋謂南明此時疆土雖有損失，亦無害於中興之大計也。「頌德牛腰重，橫經馬肆詳。」一聯，下原注云：「有本事，詳在自注中。」夫歌功頌德之舉，乃當日漢奸文人所習爲者，淵明詩之所慨歎，亦建州入關之初，漢族士子依附武將聊以存活之常事，殊不足怪。但牧齋此聯必有具體事實，非泛指一般情況。其自注今不可見，甚難確言也。「持籌徵綠醑，約法聽紅粧。」一聯，下句之「紅粧」，當有彩生在內。末兩句「莫嫌相枕籍，旭日漸煌煌。」蓋謂此時預會諸人，雖潦倒不得志，但明室漸有中興之望，聊可自慰。牧齋斯語，不獨可爲此詩之結語，亦高會堂集諸詩之主旨也。

有學集詩注柒「雲間諸君子再饗於子玄之平原北皐(見遵王「陸機山」注。)子建斐然有作，次韻和答四首。」云：

松江蟹舍接魚灣。箬笠拏舟信宿還。愛客共尋張翰酒，開筵先酹陸機山。吹簫聲斷更籌急，舞袖風迴么鼓閒。沉醉尚餘心欲擣，江城悲角隱嚴關。

其二云：

徵歌選勝夢華年。裝點清平覺汝賢。燈下戲車開地脉，(自注：「優人演始皇築長城事。」)尊前酒户占天田。吳姬却愬從軍苦，禪客偏拈贈妓篇。看盡秋容存老圃，莫辭醉倒菊花前。

其三云：

秋漏沉沉夜壑移。餘杭新酒熟多時。笙歌氣暖燈花早，宴語風和燭淚遲。上客紫髯依白髮，佳人翠袖倚朱絲。（自注：「魯山公次余坐，彩生接席。」）頻年笑口眞難得，黄色朝來定上眉。

其四云：

幾樹芙蓉伴柳條。平川對酒碧天高。湘江曲調傳清瑟，（涵芬樓本「曲調」作「一曲」。）漢代詞人謚洞簫。（寅恪案，「謚」疑是「詠」字之譌。）自有風懷銷磊塊，定無籌策到漁樵。停杯且話千年事，（涵芬樓本「且」作「莫」。）黄竹誰傳送酒謠。（自注：「席中宋子建作致語，有云，借箸風清，效伏波之聚米。非道人本色，五六略爲申辨，恐作千古笑端耳。」）

寅恪案，前論「雲間諸君子饗余於高會堂」詩，謂牧齋初至松江，雲間諸友爲之洗塵，故合宴之於高會堂。今此詩題「再饗於子玄平原北臯」，則當是共爲餞行之舉也。子建者，宋存標之字。光緒修華亭縣志壹陸人物門云：

宋存標字子建，號秋士，堯武孫，明崇禎十五年副貢。子思玉，字楚鴻。思宏，字漢鷺。思璟，字唐鶚。

在「再饗」詩前，牧齋有「次韻答宋子建」及「次韻答子建長君楚鴻」兩題，不過詶應之作，故不備錄。此題則雲間諸人以其來松遊說馬進寶反清，略告一段落，將歸常熟，公餞席間，子建賦詩並作致語，賀其成就，故牧齋次韻和答，寓有深意。與前此兩題，僅爲尋常詶應之作者，大不相同也。第壹首七八兩句，言當日清廷駐重兵於長江入海要地之松江，以防鄭成功。毛詩壹貳小雅小弁云：

踧踧周道，鞫爲茂草。我心憂傷，惄焉如擣。

傳云：

周道，周室之通道。（可參錢飲光澄之田間詩學此篇引陳式語。）

蓋長江爲通南都之大道，與其次年所作「鐵鎖長江是舊流」句，（見有學集詩注捌「燕子磯歸舟作。」）同一辭旨也。第貳首第貳聯，下句指上引「彩生持扇索詩戲題八首」等同類之篇什。「禪客」牧齋自稱也。上句自指彩生。其愬從軍苦者，必非泛說。觀題彩生扇八首之八「北斗横斜人欲別，花西落月送君歸。」句，及「霞老累夕置酒，彩生先別。」一題，知彩生往往不待席終，即先別去，似有拘束所致。豈彩生乃當日營妓耶？俟考。

偶檢徐電發釚本事詩拾載毛馳黄先舒「贈王采生詩四首」並序云：

蓋聞柴桑高韻，非無西軒之曲。（見涵芬樓影宋刊本箋注陶淵明集陸閑情賦。）楚士貞心，亦有東鄰之賦。（見文選壹玖宋玉登徒子好色賦。）雖託興於豔歌，實權輿于大雅者也。同郡范子，天情高逸，風調霽朗，埋照濁世，混跡囂塵。莫愁湖畔，屢變新聲。阮籍壚頭，何疑沉醉。爾乃偶然命屐，暫爾逢僊。地多松栢，上賓邀除徑之歡。門掩枇杷，才子乃掃門（眉）之客。其人也，產自鶴沙，僑居鳳麓。收束近禁中之態，散朗饒林下之風。若乃妙能促柱，雅工垂手。丹唇乍啓，毫髮崩雲。響屧初來，氍毹如水。感此傾城之好，遂叶同聲之歌。白門柳下，夜夜藏烏。油壁車邊，朝朝騎馬。是以紅牋十丈，寫幽豔以難窮。白紵千絲，縈繁愁而欲斷。茂矣美矣，婉兮孌兮。南方故多佳人，而西陵洵稱良會者也。於是傳諸好事，遞撰新篇，既美一緒之聯文，且驚諸體之競爽。昔者囉嗊曲高，鏡湖開色。善和筆妙，雪嶺更題，總標美于青樓，均流音於斑管。以茲方昔，將無過之。僕憂病無方，風流殆盡。聊宣短敍，並製韻文。悔其少作，敢借口於揚雲。輒冠羣賢，終汗顏於李白云爾。

昨日非今日，新年是舊年。迷人春半草，相望隔江煙。

鴨臥香爐煖，蜂憎繡幕垂。何當寒食雨，著意濕花枝。

吳綃吹夢薄，楚簟壓嬌多。宿髻鬆鬆處，教誰喚奈何。

柳汁勻晨黛，桃脂助晚妝。誰憐薄命妾，不負有心郎。

寅恪案，「同郡范子」者，疑是范驤。清史列傳柒拾文苑傳柴紹炳傳附毛先舒傳略云：

毛先舒字稚黃，（浙江）仁和人。初以父命爲諸生，改名騤。父歿，棄諸生，不求聞達。少奇慧，十八歲著白榆堂詩，陳臥子見而奇賞之，因師子龍。復著有歊景樓詩，子龍爲之序。又從劉宗周講學。

民國修海寧州志稿貳玖文苑門范驤傳略云：

范驤字文白，號默庵。書法倣鍾王。環堵蕭然，著述不輟。俄以史禍被逮，已而得釋，志氣如常。令下郡國輯修邑乘，驤考獻徵文，書將成而卒，年六十八。

吳修昭代名人尺牘小傳柒范驤傳云：

范驤字文白，號默庵，海寧人，諸生。工書，有默庵集。

文白事蹟第叁章論「採花釀酒歌」已略及之外，今更稍詳述之。文白既與牧齋交好，又曾爲南潯莊氏史案所牽累，卒以與陸圻查伊璜同自首之故，得免於禍。（見痛史第肆種莊氏史案附陸纘任華行撰「老父雲遊始末」。）當日列名莊氏史書諸人，大抵皆江浙文士不歸心建州者。觀陸查志行，亦可以推知范氏之旨趣矣。稚黃師事陳子龍，又從劉宗周講學，則其人當亦反清之流，與文白同氣類者。由是言之，毛范之粉飾推譽彩生，殆有政治關係，不僅以其能歌善舞也。「鶴沙」即上海縣之鶴沙鎭。上海爲松江府屬縣之一，薩都刺吳姬曲云：「郎居柳浦頭，妾住鶴沙尾。好風吹花來，同泛春江水。」（見顧嗣立元詩選初集戊集所選薩天錫鴈門集。）稚黃「產自鶴沙」之語，即用此古典，亦是當日之今典。復與牧齋詩「吳姬却愬從軍苦」之吳姬相合。「鳳麓」者，指鳳凰山麓而言，即謂松江府城。蓋松江有鳳凰山。第叁章論陳臥子「癸酉長安除夕」詩「曾隨俠少鳳城阿」節，已詳引證，茲不復贅。毛氏又言「傳諸好事，遞撰新篇，既美一緒之聯文，且驚諸體之競爽。」則贈彩生詩必有專刊傳播，如東山詶和集之類。此乃明末清初社會之風氣也。「囉嗊曲高，鏡湖開色。」者，范攄雲谿友議下「豔陽詞」條略云：

安人元相國應制科之選，歷天祿畿尉，則聞西蜀樂籍有薛濤者，能篇詠，饒詞辯，常悄悒於懷抱也。及爲監察，求使劍門，以御史推鞫，難得見焉。(後)廉問淛東，別濤已逾十載。方擬馳使往蜀取濤，乃有排優周季南，季崇及妻劉採春，自淮甸而來，善弄陸參軍，歌聲徹雲，篇韻雖不及濤，容華莫之比也。元公似忘薛濤，而贈採春詩曰，新粧巧樣畫雙蛾。幔裹恆州透額羅。正面偷輪光滑笏，緩行輕踏皺文靴。言詞雅措風流足，舉止低迴秀媚多。更有惱人腸斷處，選詞能唱望夫歌。望夫歌者，即羅嗊之曲也。(原注：「金陵有羅嗊樓，即陳後主所建。」)採春所唱一百二十首，皆當代才子所作。其詞五六七言，皆可和矣。詞云：昨日勝今日，今年老去年。黃河清有日，白髮黑無緣。(寅恪案，其詞共七首，只錄其第伍首，餘皆從略。)採春一唱是曲，閨婦行人莫不漣泣。且以藁砧尚在，不可奪焉。

故稚黃詩四首之一，即倣採春所唱七首之五。頗疑毛氏此首之第壹第貳兩句之意，暗寓明社已屋，清人入關，雖標順治之年號，實仍存永曆之紀年也。况雲谿友議有「劉採春」之名，毛氏更可借用「採」字，以指「彩生」，鏡湖在越州，元微之爲浙東觀察使，鏡湖在其治所，毛氏序因云「鏡湖開色」也。又「善和筆妙，雪嶺更題。」者，雲谿友議中「辭雍氏」條略云：

崔涯者，吳楚之狂生也，與張祜齊名。每題一詩於倡肆，無不誦之於衢路。譽之，則車馬繼來，毀之，則盃盤失錯。嘲李端端〔曰〕，黃昏不語不知行。鼻似烟窗耳似鐺。獨把象牙梳插鬢，崑崙山上月初生。端端得此詩，憂心如病。〔鹽鐵〕使院飲迴，遙見二子躡屐而行，乃道傍再拜競灼曰，端端祗候〔張〕三郎〔崔〕六郎，（見岑仲勉先生唐人行第錄。）伏望哀之。又重贈一絕句粉飾之，於是大賈居豪，競臻其户。或戲之曰，李家娘子，纔出墨池，便登雪嶺。何期一日，黑白不均？紅樓以爲倡樂，無不畏其嘲謔也。祜涯久在維揚，天下晏清，篇詞縱逸，貴達欽憚，呼吸風生，暢此時之意也。贈詩云，覓得黃騮被繡鞍。善和坊裏取端端。揚州近日渾成差，一朶能行白牡丹。

毛氏用典頗妙，但王家娘子，絕非本出墨池，自不待稚黃輩爲之引登雪嶺也。一笑！

牧齋和答子建詩第叁首第貳聯上句「上客紫髯依白髮」即自注「魯山公次余坐。」之意。蓋用三國志吳書貳孫權傳「權乘駿馬，越津橋得去。」句下裴注引獻帝春秋曰：

張遼問降人，向有紫髯將軍，長上短下，便馬善射是誰？降人答曰，是孫會稽。遼及樂進相遇，言不早知之，急追自得。舉軍歎恨。

「上客紫髯」指魯山，「白髮」牧齋自謂也。下句「佳人翠袖」指彩生，「朱絲」即朱絃，謂所彈之樂器也。由是觀之，此次雲間諸子餞別牧齋，推魯山爲主要陪賓，倩彩生專事招待，又使子建特作致語，國士名姝齊集一堂，可稱盛會。頗疑此舉非僅出於武靜輩之私人交誼，實亦因永曆帝欲藉鄭延平兵力以取南都，而牧齋爲執行此政策之一人有以致之歟？

牧齋詩第肆首第壹聯上句「湘江曲調傳清瑟」，用錢起故事，遵王注已釋，乃牧齋自謂。下句「漢代詞人謚(?)洞簫」用徐陵玉臺新詠序：

> 東儲甲觀，流詠止於洞簫。孌彼諸姬，聊同棄日。猗與彤管，麗以香奩。

王褒作洞簫賦，(可參漢書陸肆下王褒傳及文選壹柒王子淵洞簫賦並徐孝穆全集肆玉臺新詠序吳顯令兆宜箋注。)「王」爲彩生之姓，故此句指彩生而言。牧齋以己身與彩生並舉，其推重彩生至於此極，必有深意，非偶然也。第貳聯上句「自有風懷銷磊塊」，即謂與彩生等文讌而已，非有其他作用。下句「定無籌策到漁樵」及自注，乃掩飾其此行專爲遊說馬進寶反清之事，所謂欲蓋彌彰者也。又雲間杜讓水登春尺五樓詩集貳「武靜先生席上贈錢牧翁宗伯」云：

> 孺子賓留老伏虔。叩鐘輒應腹便便。南朝事業悲歌裏，北固衣冠悵望前。帳内如花眞俠客，囊中有券自蠻天。酒酣緒論堪傾耳，莫使迂儒縮舌還。

寅恪案，讓水此詩第貳聯，上句指河東君，第肆章已引。下句「券」字即「丹書鐵券」之「券」借作「詔」字，疑指牧齋實受有永曆密旨。第柒捌兩句，則指武靜席上牧齋與諸人共談復明之事也。故牧齋此次至松江之企圖，得讓水此詩，益可證明矣。牧齋詩第柒第捌兩句，用穆天子傳伍所云：

　　日中大寒，北風雨雪，有凍人。天子作詩三章，以哀民曰，我徂黃竹，□員閟寒，帝收九行。嗟我公侯，百辟冢卿。皇我萬民，旦夕勿忘。我徂黃竹，□員閟寒，帝收九行。嗟我公侯，百辟冢卿。皇我萬民，旦夕勿窮。有皎者鴼，翩翩其飛。嗟我公侯，□勿則遷。居樂甚寡，不如遷土，禮樂其民。天子曰，余一人則淫，不皇萬民。□登乃宿於黃竹。

牧齋以桂王遷播西南，比之周穆王西巡。黃竹詩中「帝收九行。皇我萬民。」乃恢復神州以慰遺民想望故國故君之意。「有皎者鴼」，借「鴼」以指鷺門，即廈門。（見小腆紀年附考壹叁順治三年十一月丙寅「明鄭彩奉監國魯王次中左所，尋改次長垣。」條所云：「中左所亦名鷺門即廈門也。」並可參鈞璜堂存稿伍「鷺山」詩「鷺門之山如劍戟」句。）「居樂甚寡，不足遷土。」謂鄭成功局處海隅，不如率師以取南都也。穆天子往往有獻酒之語，如卷叁命懷諸飦獻酒之類，但未見有「送酒」之辭。豈牧齋欲以此次在松江遊說馬進寶反清之情況遣人往告永曆帝及延平王耶？牧齋詩旨隱晦，頗難通解，姑備一說，殊未敢自信也。

「茸城惜別思昔悼今，呈雲間諸遊好，兼與霞老訂看梅之約。共一千字」云：

　　（上略。）許掾來何暮，徐孃髮未宣。華顛猶躑躅，粉面亦迍邅。月引歸帆去，風將別袂褰。無言循鶴髮，有淚託鵾絃。身世緇塵化，心期皓首玄，魂由天筮予，命荷鬼生全。此日憂痌首，何時笑拍肩。臨行心痒痒，苦語淚濺濺。去矣思蝦菜，歸歟老粥饘。可知淪往刼，還許問初禪。燕寢清齋並，明燈繡佛燃。早梅千樹發，索笑一枝嫣。有美其人玉，相攜女手卷。銜寒羅袖薄，照夜縞衣妍。領鶴巡荒圃，尋花上釣船。白頭香冉冉，素手月娟娟。搔首頻支策，長歌欲扣舷，莫令漁父櫂，蘆雪獨賫緣。

寅恪案，范鍇華笑廎雜筆壹「黃梨洲先生批錢詩殘本茸城惜別詩」條云：

柳姬定情，爲牧老生平極得意事。纏綿吟詠，屢見於詩。

太沖此語，殊爲確評。牧齋平生所賦長篇五言排律如「有美詩」，「哭稼軒留守相公」及此詩等，皆極意經營之作，而此篇中以蒙古比建州，所用典故如「詐馬」「只孫」「怯薛」等，豈儉腹之妄庸鉅子自稱不讀唐以後書者所能辦。第肆章已引此詩「十六年來事」至「落月九峯烟」一節，茲不重列，僅錄此詩末段，並略加詮論，以其與河東君有關故也。「許掾來何暮，徐娘髮未宣。」一聯，上句以許詢比霞城。（見世說新語中「賞譽」下「許掾嘗詣簡文」及「支道林問孫興公，君何如許掾。」等條。）下句以徐娘昭佩比河東君。當牧齋賦此詩時，河東君年已三十九，髮尚全黑，自是事實。但南史壹貳后妃下梁元帝徐妃傳云：

帝左右暨季江有姿容，又與淫通。季江每歎曰，栢直狗雖老猶能獵，蕭溧陽馬雖老猶駿，徐娘雖老，猶尚多情。

此則斷章取義，不可以辭害意也。「華顛猶躑躅，粉面亦迍邅。」一聯，上句牧齋自謂，下句指河東君。牧齋作此詩末段邀霞城赴虞山拂水山莊看梅。恐是邀其與河東君面商復明計劃。霞城若至牧齋家，河東君自是女主人，應盡招待之責。且此段與首段皆關涉河東君，措意遣辭，如常山之蛇，首尾相應，洵爲佳作也。

復次，關於王彩生之資料，今所得尚不充足。姑先戲附一詩，以結他生之後緣云爾。

戲題有學集高會堂詩後

竹外橫斜三兩枝。分明不是暮春期。未知輕薄芳姿意，得會衰殘野老思。萬里西風吹節換，夕陽東市索琴遲。可憐詩序難成讖，十月桃花欲笑時。

順治十三年丙申秋冬間，牧齋往松江遊說馬進寶反清告一段落。次年復往金陵，蓋欲陰結有志復明之人，以爲應接鄭延平攻取南都之預備。其流連文酒，詠懷風月，不過一種烟幕彈耳。此年之詩，前已多引證，茲擇錄有學集詩注捌長干塔光集中順治十四年丁酉所作諸詩最有關復明運動及饒有興趣者詮論之於下。

「櫂歌十首爲豫章劉遠公題扁舟江上圖」其一云：

家世休論舊相韓。煙波千里一漁竿。扁舟莫放過徐泗，恐有人從圯上看。（自注：「遠公故相文端公之孫，尚寶西佩（斯瑋）之子。」寅恪案，並可參同書同卷「金陵雜題絕句」二十五首之二十二自注及華笑廎雜筆壹黃梨洲先生此題批語。）

其三云：

吳江煙艇楚江潮。瀨上蘆中恨未消。重過子胥行乞地，秋風無伴自吹簫。

寅恪案，遠公爲劉一燝之孫。明史貳肆拾劉一燝傳略云：

劉一燝字季晦，南昌人。光宗即位，擢禮部尚書兼東閣大學士。〔魏〕忠賢大熾，矯旨責一燝誤用〔熊〕廷弼，削官。追奪誥命，勒令養馬。崇禎改元，詔復官，遣官存問。八年卒。福王時，追謚文端。

季晦在福王時追謚文端，殆由牧齋之力。蓋此時牧齋任禮部尙書故也。遠公之至南京，不知有何企圖，據牧齋詩旨，以張良伍員報韓復楚相期許，則遠公之志在復明，爲牧齋所特加接納者之一，又可推知矣。

「顧與治書房留余小像自題四絕句」其一云：

崚嶒瘦頰隱燈看。况復撐衣骨相寒。指示傍人渾不識，爲他還著漢衣冠。

寅恪案，第二句有李廣不封侯之歎，即己身在明淸兩代，終未能作宰相之意。末二句則謂己身已降順淸室，爲世所笑罵，不知其在弘光以前，固爲黨社淸流之魁首。感慨悔恨之意，溢於言表矣。

其二云：

蒼顔白髮是何人。試問陶家形影神。攬鏡端詳聊自喜，莫應此老會分身。

寅恪案，末二句自謂身雖降清，心思復明，殊有分身之妙術也。

其三云：

數卷函書倚淨瓶。匡牀兀坐白衣僧。驪山老母休相問，此是西天貝葉經。

寅恪案，牧齋表面雖屢稱老歸空門，實際後來曾有隨護鄭延平之舉動。今故作反面之語，以遜辭自解，藉之掩飾也。

其四云：

褪粉蛛絲網角巾。每煩櫻拂拭煤塵。凌煙褒鄂知無分，留與書帷伴古人。

寅恪案，網巾乃明室所創，前此未有，故可以爲朱明室之標幟，周吉甫暉續金陵瑣事「萬髮皆齊」條云：

太祖一夕微行至神樂觀，見一道士結網巾。問曰，此何物耶？對曰，此網巾也，用以裹之頭上，萬髮皆齊矣。次日，有旨召神樂觀結網巾道士，命爲道官，仍取其網巾，遂爲定式。

小腆紀傳伍貳畫網巾先生傳(寅恪案，徐氏所記出戴名世撰「畫網巾先生傳」。見戴南山先生全集柒。)略云：

畫網巾先生者，不知何許人。（寅恪案，小腆紀傳叁玖劉中藻傳云：「中藻子思沛，時羈浦城獄中，聞父死，曰，父死節，子可不繼先志乎！亦死。或曰，思沛即畫網巾先生也。」小腆紀年附考壹陸順治六年四月「我大清兵克福安，明魯兵部尚書東閣大學士劉中藻死之。」條，亦載此事，但附考曰：「福建續志、福寧府志俱云思沛即世所稱畫網巾先生，而福安縣志謂思沛羈浦中獄中，聞中藻死，曰，父死節，子可不繼先志乎！亦死。浦城縣志亦云然。按畫網巾先生死泰寧之杉津，自另是一人。」茲附錄於此，以供參考。）服明衣冠，從二僕，匿迹光澤山寺中。守將吳鎮掩捕之，送邵武，鎮將池鳳鳴訊之，不答。鳳鳴偉其貌，爲去其網巾，戒軍中謹事之。先生既失網巾，盥櫛畢謂二僕曰，衣冠歷代舊制，網巾則我太祖高皇帝創爲之，即死，可忘明制乎？取筆墨來，爲我畫網巾額上。畫已，乃加冠。二僕亦交相畫也。每晨起以爲常。軍中譁之，呼曰畫網巾云。（王之綱斬之，）挺然受刃於泰寧之杉津。泰人聚觀之，所畫網巾，猶斑斑在額上也。

小腆紀年附考壹柒順治七年庚寅十二月丙申（十七日）「明督師大學士臨桂伯瞿式耜，江廣總督兵部尚書張同敞猶在桂林諭降不屈，死之。」條云：

（張）同敞手出白網巾於懷，曰，服此以見先帝。

錢曾牧齋投筆集箋注上「後秋興之二」第陸首「胡兵翻爲倒戈愁」句，牧齋自注云：

營卒從諸酋長，皆袖網巾氈帽，未及倒戈而還。

等，可以爲證。牧齋此詩前二句，亦同此旨。末二句自謂不能將兵如唐之段志玄尉遲敬德，只能讀書作文。此本是眞實語，但其在弘光時，自請督師以禦清兵，則恐是河東君之慫慂勸勉，遂有是請耳。

「題畫」云：

摵摵秋聲卷白波。青山斷處暮雲多。沉沙折戟無消息，臥着千帆掠檻過。

寅恪案，遵王注本此詩列於「燕子磯歸舟作」後一題，「歸舟」詩有「薄寒筋力怯登樓」及「風物正於秋老盡，蘆花楓葉省人愁。」等句。涵芬樓本列於「燕子磯舟中作」後一題，「舟中」詩亦有「輕寒小病一孤舟」句。並參以此詩第壹句「摵摵秋聲」之語，足證牧齋賦此「題畫」七絕，必在九月。全唐詩第捌函杜牧肆「赤壁」詩云：

折戟沉沙鐵未銷。自將磨洗認前朝。東風不與周郎便，銅雀春深鎖二喬。

前論魏白衣致書鄭延平謂「海道甚易，南風三日可直抵京口。」牧齋待至九月，以氣候風向之改變，知鄭氏無乘南風來攻南都之可能，遂不覺感樊川詩旨，而賦此「題畫」七絕也。

「有人拈聶大年燈花詞戲和二首」其一云：

蕩子朝朝信，寒燈夜夜花。也知虛報喜，爭忍剔雙葩。

其二云：

燈花獨夜多。寂寞怨青娥。一樣銀缸裏，無花又若何。

寅恪案，此爲憶河東君之作，不過藉和聶壽卿詩爲題耳。

「橋山」云：

萬歲橋山奠永寧。守祧日月鎮常經。青龍閣道蟠空曲，玄武鈎陳衞杳冥。墜地號弓依寢廟，上陵帶劍仰神靈。金輿石馬依然在。蹴踏何人夙夜聽。

寅恪案，此首爲明太祖孝陵而作。末二句則希望鄭延平率師來攻取南都也。

「雞人」云：

雞人唱曉未曾停。倉卒衣冠散聚螢。執熱漢臣方借箸，畏炎胡騎已揚舲。（自注：「乙酉五月初一日召對，講官奏曰，馬畏熱，必不渡江。余面叱之而退。」）刺閨痛惜飛章罷，（自注：「余力請援揚，上深然之。已而抗疏請自出督兵。蒙溫旨慰留而罷。」）講殿空煩側坐聽。腸斷覆杯池畔水，年年流恨繞新亭。

寅恪案，此首爲牧齋自述弘光元年乙酉時事，頗有史料價值。末二句蓋傷福王及己身等之爲俘虜而北行也。

「蕉園」云：

蕉園焚稿總凋零。况復中州野史亭。溫室話言移漢樹，長編月朔改唐蓂。謏聞人自譌三豕，曲筆天應下六丁。東觀西清何處所，不知汗簡爲誰青。

寅恪案，此首乃深惡當日記載弘光時事野史之誣妄，復自傷己身無地可託以寫此一段痛史也。噫！牧齋在弘光以前本爲清流魁首，自依附馬阮，迎降清兵以後，身敗名裂，即使著書，能道當日眞相，亦不足取信於人。方之蔡邕，尤爲可歎也。又同書同卷「金陵雜題絕句」二十五首之十三云：

人儗陽秋家汗青。天戈鬼斧付沉冥。赤龍重焰蕉園火，燒却元家野史亭。

此絕句亦自惜絳雲樓被焚，其所輯之明史稿本全部不存，與蕉園七律，可以互證，故附錄之於蕉園詩後。

「小至夜月食紀事」（自注：「十一月十有六日。」）云：

蟾蜍蝕月報黃昏。冬至陽生且莫論。飛上何曾爲玉鏡，落來那得比金盆。朦朧自繞飛烏羽，昏黑誰招顧兔魂。畫盡鑪灰不成寐，（涵芬樓本「不成」作「人不」。）一星宿火養微溫。

寅恪案，此首必有所指，今難確定，不敢多所附會。但檢小腆紀年附考壹玖「（順治十四年丁酉四月）明朱成功部將施舉與我大清兵戰於定海關，敗績死之。」條云：

時成功謀大舉入長江，令舉招撫松門一帶漁船爲鄉導。舉至定海關，遭風入港，遇水師，力戰而死。

然則鄭延平本擬於此年夏大擧入長江，不幸遭風失敗。牧齋當早知延平有是擧，故往金陵以待之，迄至小至日，以氣候之關係，知已無率舟師北來之希望，因有七八兩句之感歎歟？俟考。

「至日作家書題二絕句」云：

至日裁書報孟光。封題凍筆蘸冰霜。栴檀燈下如相念，但讀楞嚴莫斷腸。

松火柴門紅豆莊。稚孫嬌女共扶牀。金陵無物堪將寄，分與長干寶塔光。

寅恪案，此兩首文情俱妙，不待多論。唯據第貳首第貳句，知稚孫即桂哥，亦與趙微仲妻隨同河東君居於白茆港之紅豆莊，而不隨其父孫愛留寓城中宅內。然則牧齋聚集其所最愛之人於一處也。（可參前論「丙申重九海上作」四首之四。）第貳首末二句可參下一題「丁酉仲冬十有七日長至禮佛大報恩寺。」在牧齋之意，寶塔放光，即明室中興之祥瑞，將來河東君亦當分此光寵，以其實有暗中擘劃之功故也。

「和普照寺純水僧房壁間詩韻，邀無可幼光二道人同作。」云：

古殿灰沉朔吹濃。江梅寂歷對金容。寒侵牛目冰間雪，老作龍鱗燒後松。夜永一燈朝露寢，更殘獨鬼哭霜鐘。可憐漫壁横斜字，賸有三年碧血封。

寅恪案，無可即方以智，幼光即錢澄之（見小腆紀傳貳肆方以智傳及同書伍伍錢秉鐙傳並吾炙集

「皖僧幼光」條。）

方錢二人皆明室遺臣託跡方外者，此時俱在金陵，頗疑與鄭延平率舟師攻南都之計劃不能無關。牧齋共此二人作政治活動，自是意中事也。純水僧房壁間詩之作者，究爲何人，未敢決言，但細繹牧齋詩辭旨，則此作者，當是明室重臣而死國難者，豈瞿稼軒黃石齋一輩人耶？俟考。

「水亭撥悶二首」其一云：

不信言愁始欲愁。破牕風雪面淮流。往歌來哭悲鸜鵒，莫雨朝雲樂爽鳩。攬鏡每循宵茁髮。（涵芬樓本「宵茁」下自注云：「先作朝薙。」）擁衾常護夜飛頭。黃衫紅袖今餘幾，誰上城西舊酒樓。

其二云：

瑣闥夕拜不知繇。熱鐵飛身一旦休。豈有閉唇能遁舌，更無穴頸可生頭。市曹新鬼爭顱額，長夜冤魂怨髑髏。狼藉革膠供一笑，君王不替偃師愁。

寅恪案，此二首辭旨奇詭，甚難通解。遵王注雖於字面略有詮釋，亦不言其用意所在。但牧齋賦詩必有本事，茲姑妄加推測，以備一說，仍待博識君子之教正。鄙意此二詩皆爲河東君而作。第壹首謂河東君之能救己身免於黃毓祺案之牽累。第貳首謂己身於明南都傾覆後隨例北遷期間，河東君受姦通之誣謗，特爲之辨明也。第壹首第柒句「黃衫紅袖」一辭，應解作紅袖中之黃衫。有學集詩注捌「金陵雜題絕句」二十五首之十「女俠誰知寇白門」及「黃土蓋棺心未死」二句，（全詩前已引。）蓋謂白門已死，今所存之女俠，唯河東君一人足以當之。即與上引杜讓水「帳內如花眞俠客」句，同一辭旨。第捌句兼用漢書玖貳遊俠傳萬章傳：「萬章字子夏，長安人也。長安熾盛，街閭各有豪俠。章在城西新市，號曰城西萬子夏。」並太平廣記肆捌伍許堯佐柳氏傳「會淄青諸將合樂酒樓。」及「柳氏志防閑而不克。」等語。此兩出處遵王注均未引及。第貳首第壹句遵王雖用後漢書百官志引衞宏漢舊儀曰，「黃門郎屬黃門令，日暮入對青瑣門拜，名曰夕郎。」以爲釋。鄙意牧齋既未曾任給事中，則遵王所解無著落。疑牧齋意謂弘光出走，乃詔王覺斯及己身留京迎降，唐代詔書其開端必有「門下」二字，即王摩詰所謂「夕奉天書拜瑣闈」之「天書」。（見全唐詩第貳函王維肆「酬郭給事」。）弘光詔殊不知其來由也。第貳句遵王注云：

> 首楞嚴經：歷思則能爲飛熱鐵，從空雨下。五燈會元：世尊說大集經，有不赴者，四天門王飛熱鐵輪，追之令集。

甚是。蓋謂清兵突至南都，逼迫己身等執以北行也。第柒第捌兩句遵王注引列子湯問篇，周穆王怒偃師所造倡者以目招王之左右侍妾，遂欲殺偃師，偃師乃破散唱者以示王，皆革膠等假物所造之物語。牧齋意謂河東君受姦通之誣謗，實無其事，即投筆集上後秋興之三「小舟惜別」詩「人以蒼蠅汚白璧」句之旨也。

「投宿崇明寺僧院有感二首」其一云：

秋卷風塵在眼前。莽蒼迴首重潸然。（涵芬樓本「莽蒼」作「蒼茫」。）居停席帽曾孫在，驛路氈車左擔便。日薄冰山圍大地，霜清木介矗諸天。禪牀投宿如殘夢，半壁寒燈耿夜眠。

其二云：

禾黍陪京夕照邊。驅車霑灑孝陵煙。周郊昔嘆爲犧地，薊子今論鑄狄年。綸邑一成人易老，華陽十賚詰虛傳。顛毛種種心千折，祗博僧牕一宿眠。

寅恪案，此二首疑是因崇禎十七年秋間，偕河東君同赴南都，就禮部尚書之任，途中曾投宿於崇明寺，遂追感前事而作也。前論錢柳二人同赴南都在七八月間，故第壹首一二兩句謂景物不殊，而時勢頓改，殊不堪令人回首。第貳聯上句，謂南都傾覆，苟得生還者甚少。如己身及河東君，即遵王注引酉陽雜俎云：

王天運伐勃律還，忽風四起，雪花如翼，風吹小海水成冰柱，四萬人一時凍死，唯蕃漢各一人得還。

之蕃漢二人也。下句謂此次歲暮獨自還家，重經崇明寺，兵戈徧及西南，與前次過此時尚能苟且偷安者大異。第貳首一二兩句謂此次在金陵謁拜孝陵，在南都傾覆之後，不勝興亡之恨也。第壹聯上句遵王注已引左傳昭公二十二年「王子朝賓起有寵於景王。」條以釋之，但僅著詩句之出處，而未言牧齋用意所在。今以意揣之，牧齋蓋謂馬阮之起用己身爲禮部尚書，不過以其文采照耀一世之故，深愧不能如犧雞之自斷其尾，以免受禍害也。下句遵王無釋，檢王先謙後漢書柒貳下方術傳薊子訓傳云：

> 時有百歲翁，自説童兒時，見子訓賣藥於會稽市，顏色不異於今。後人復於長安東霸城見之，與一老翁共摩挲銅人，相謂曰，適見鑄此，已近五百歲矣。

牧齋意謂回首當日與河東君同赴南都，就宗伯任時，已同隔世，殊有薊子訓在秦時目睹鑄此銅人之感也。第貳聯上下兩句，遵王引史記及松陵集爲釋，甚是。牧齋意謂雖有復明之志，但已衰老，無能爲力，虛受永曆帝之令其聯絡東南僞帥遺民，以謀中興之使命也。

「金陵雜題絶句二十五首繼乙未（丙申？）春留題之作。」云：

（詩見下引。）

寅恪案，此題「乙未」二字當是「丙申」之僞。諸本皆同，恐爲牧齋偶爾筆誤也。此題廿五首，板橋雜記已採第壹第貳第肆第伍第柒第拾第壹貳等七題。皆是風懷之作，此固與余氏書體例符合。其涉及政治者，澹心自不敢遂錄，但亦有風懷之作曼翁未選者，則因事涉嫌疑，須爲牧齋隱諱也。茲先擇錄此類三首論釋之，後再略述其他諸詩。至板橋雜記所選之八首，皆不重錄，以余氏書所選牧齋之詩爲世人習讀，且多能通解故也。

第叁首云：

釧動花飛戒未賒。隔生猶護舊袈裟。青溪東畔如花女，枉贈親身半臂紗。

第捌首云：

臨岐紅淚濺征衣。不信平時交語稀。看取當風雙蛺蝶，未曾相逐便分飛。（自注：「已上雜記舊遊。」）

第壹壹首（此詩前已引，因解釋便利之故，特重錄之。）云：

水榭新詩贊戒香。橫陳嚼蠟見清涼。五陵年少多情思，錯比橫刀浪子腸。（自注：「杜蒼略和詩有祇斷橫刀浪子腸之句。」）

寅恪案，此三首皆與前論「秦淮水亭逢舊校書賦贈」詩有關。前引杜蒼略和詩及此題第壹壹首自注，可以推知。假定此秦淮舊校書女道士淨華與前所論果爲卞玉京者，則惠香公案中，此三首詩亦是有關之重要作品也。

第陸首云：

抖擻征衫趁馬蹄。臨行漬酒雨花西。于今墓草南枝句，長伴昭陵石馬嘶。（自注：「乙酉北上，吊方希直先生墓詩云，孤臣一樣南枝恨，墓草千年對孝陵。」）

寅恪案，牧齋詩集順治二年乙酉所作者，刪汰殊甚。留此注中十四字，亦可視作摘句圖也。「希直」爲方孝孺字。夫牧齋迎降清兵，被執北行，與正學事大異。「一様南枝恨」之語，乃一别解。然姚逃虚謂成祖曰，「若殺孝孺，天下讀書種子絶矣。」（見明史壹肆壹方孝孺傳。）牧齋在明清之際，確是「讀書種子」。此則不可以方錢人格高下論也。又牧齋自注中「乙酉北上」四字，涵芬樓本作「乙酉計偕北上」。遵王注本作「己酉北上」。兩書之文，皆有增改。考牧齋爲萬曆三十八年庚戌探花，己酉計偕北上，吊方希直詩，若作於此年，則牧齋當時僅以舉人北上應會試之資格，且此時明室表面上尚可稱盛世，「孤臣」之語，殊無着落。且通常由虞山北上之路，亦不經金陵。此兩本之譌，自是諱飾之辭。若作「乙酉北上」，則牧齋於南都傾覆，隨例北遷，如投筆集後秋興之十二「壬寅三月二十三日以後大臨無時，啜泣而作。」其第肆首後四句云：「忍看末運三辰促，苦恨孤臣一死遲。惆悵杜鵑非越鳥，南枝無復舊君思。」之例，則甚符合。故特爲改正。又考五臣本文選貳玖古詩十九首之一「胡馬依北風，越鳥巢南枝。」二句，注云：

善曰，韓詩外傳曰，詩云，代馬依北風，飛鳥棲故巢，皆不忘本之謂也。翰曰，胡馬出於北，越鳥來於南，依望北風，巢宿南枝，皆思舊國。

牧齋之詩，即用此典。至有關成祖生母問題，近人多所考證，雖難確定，但成祖之母或是高麗籍。元代習俗，如朝鮮實錄及葉子奇世傑草木子雜制篇等所載者，蒙古宫廷貴族多以高麗女爲媵侍。碽妃豈元代諸王之後宫耶？若廣陽雜記及蒙古源流等書所載，則又輾轉傳譌，不足道也。又據李清三垣筆記附誌二條之一云：

予閱南太常寺誌載懿文皇太子及秦晉二王均李妃生。成祖則碽妃生。訝之。時錢宗伯有博物稱，亦不能決。後以弘光元旦謁孝陵，予與謙益曰，此事與實錄玉牒左，何徵？但本誌所載，東側列妃嬪二十餘，而西側止碽妃，然否？曷不啓寢殿驗之？及入視，果然。乃知李碽之言有以也。

談遷國榷壹貳建文四年條略云：

成祖文皇帝御諱棣。太祖高皇帝第四子也。母碽妃。玉牒云，高皇后第四子。蓋史臣因帝自稱嫡，沿之耳。今南京太常寺志，載孝陵祔享，碽妃穆位第一，可據也。

談遷棗林雜俎義集彤管門「孝慈高皇后無子」條略云：

孝陵享殿太祖高皇帝高皇后南向。左淑妃李氏次皇□妃□氏〔等〕俱東列。碽妃生成祖文皇帝，獨西列。見南京太常寺志。孝陵閹人俱云，孝慈高皇后無子，具如志中。而王弇州先生最博核，其別集同姓諸王表，〔與〕吾學編諸書俱同，抑未考南太常〔寺〕志耶？享殿配位，出自宸斷，相傳必有確據，故志之不少諱，而微與玉牒牴牾，誠不知其解。

然則牧齋久蓄此疑，不但取太常志文獻爲左證，並親與李清目睹之實物相證明，然後決定。可知牧齋作史，乃是信史，而非如宋轅文所謂「穢史」也。（見第叁章論朱鶴齡與吳梅村書。）

第壹柒首云：

　盧前王後莫相疑。日下雲間豈浪垂。江左文章流輩在，何曾道有蔡克兒。

第壹捌首云：

　帝車南指豈人謀。河岳英靈氣未休。昭代可應無大樹，汝曹何苦作蚍蜉。（自注：「以上六首，雜論文史。」）

寅恪案，此兩首皆牧齋因當日有非議其文章者，感憤而作。夫牧齋爲一世文雄，自有定評，亦不必多所論辯，所可注意者，第壹柒首末句「蔡克兒」之「克」字，實應作「克」字。牧齋沿世說新語輕詆篇「王丞相輕蔡公」條之誤。且「克」字爲平聲，「克」字爲仄聲。牧齋自是用「克」字方協聲調。實由未檢晉書陸伍王導傳及柒柒蔡謨傳所致。寅恪綜覽河東君之詩文，其關涉晉代典故者，多用晉書，而不用世說新語，恐河東君讀此詩時，不免竊笑也。

第貳叁首云：

　被髮何人夜叫天。亡羊臧穀更堪憐。長鬚銜口塡黃土，肯施維摩結淨緣。

寅恪案，此詩疑爲牧齋過金陵陳名夏子掖臣故居而作。清史列傳柒玖貳臣傳陳名夏傳（參同書肆譚泰傳，同書伍寧完我傳，同書柒捌張煊傳。）略云：

　陳名夏江南溧陽人。明崇禎十六年進士，官翰林修撰，兼户兵二科都給事中。福王時，以名夏曾降附流賊李自成，定入從賊案。本朝順治二年七月名夏抵大名投誠，以保定巡撫王文奎疏薦，復原官。旋擢吏部左侍郎，兼翰林院侍讀學士。三年丁父憂，命在官任事，私居持服，並敕部議贈卹。復陳情請終制。賜銀五百兩，暫假歸葬，仍給俸贍在京家屬。明年還朝。五年初設六部尚書各一，即授名夏吏部尚書。尋加太子太保。八年授弘文院大學士，晉少保，兼太子太保。九年以黨附吏部尚書公譚泰，議罪。解院任，給俸如故。發正黃旗下，與閒散人隨朝。初睿親王多爾袞專擅威福，尚書公譚泰剛愎攬權，名夏既掌銓衡，徇私植黨，揣摩執政意指，越格濫用匪人，以迎合固寵。及多爾袞事敗，御史張煊劾奏名夏結黨行私，銓選不公諸劣蹟。下諸王部臣鞫議。會上方巡狩，譚泰獨袒名夏，定議，諸款皆赦前事，且多不實。煊坐誣論死。至是，譚泰以罪伏誅。命親王大臣復按張煊所劾名夏罪狀。名夏厲聲強辨。及詰問詞窮，涕淚交頤，自訴投誠有功，冀貸死。諭曰，此輾轉矯詐之小人也。罪實難逭。但朕有前旨，凡譚泰干連，概赦免。若復執名夏而罪之，是不信前旨也。因宥之，且諭令潔己奉公，勿以貪黷相尚。冀其自新，以副倚任。十年復補祕書院大學士。時吏部尚書員缺，侍郎孫承澤請令名夏兼攝。上以侍郎推舉大學士，有乖大體。責令回奏。復諭名夏曰，爾可無疑懼。越翼日，仍命署吏部尚書。上嘗幸内院，閱會典及經史奏疏，必與諸臣講求治理，兼訓諸臣，以滿漢一體，六部大臣不宜互結黨與。誡諭名夏，益諄切焉。會有旨，令集議刑部，論任珍家居怨望，指奸謀陷諸罪應死狀。名夏及大學士陳之遴，尚書金之俊等二十八人，與刑部九卿科道等兩議。得旨責問，名夏更巧飾欺蒙。論死。復詔從寬典，改削官銜二級，罰俸一年，仍供原職。十一年大學士寧完我列款劾奏名夏曰，名夏屢蒙皇上赦宥擢用，宜洗心易行，效忠我朝。不意蠱惑紳士，包藏禍心以倡亂。嘗謂臣曰，要天下太平，只依我兩事。臣問何事？名夏推帽摩其首云，留髮，復衣冠，天下即太平。臣思爲治之要，惟法度嚴明，則民心悦服。名夏必欲寬衣博帶，其情叵測。臣與逐事辯論，不止千萬言，灼見隱微。名夏禮臣雖恭，而惡臣甚深。此同官所共見共聞者也。今將結黨奸宄事蹟言之，名夏子掖臣居鄉暴惡，士民怨恨，欲移居避之。江寧有入官園宅在城，各官集貲三千兩代爲納價，遂家焉。掖臣横行城中，説人情，納賄賂。各官敢怒而不敢言。人人懼其威勢。名夏明知故縱，科道官豈無一人聞之？不以一疏入告，其黨衆可見矣。臣等職掌票擬，一字輕重，關係公私，臣慮字有錯誤，公立一簿注姓，以防推諉，行之已久。一日，名夏不俟臣等到齊，自將公簿注姓，塗抹一百一十四字。爲同官所阻，方止。竊思公簿何得私抹，不知作弊又在何件。本年二月上命内大臣傳出科道官結黨諭旨。臣書稿底，交付内值。及票紅發下，名夏抹去「擠異排孤」一語，改去「明季埋沒局中，因而受禍。今方馳觀域外，豈容成奸。」四句，作兩句泛語。其糾黨奸宄之情形，恐皇上看破，故欲以隻手障天也。請敕下大臣確審具奏，法斷施行。則奸黨除，而治安可致矣。遂下廷臣會勘，名夏辯諸款皆虛，惟留髮復衣冠，所言屬實。完我復與大學士劉正宗共證名夏攬權市恩欺罔罪。讞成，論斬。上以名夏久任近密，改處絞，子掖臣，逮治杖戍。

清史稿貳伍壹陳名夏傳云：

陳名夏字百史。江南溧陽人。明崇禎進士，官修撰，兼户兵二科都給事中。降李自成，福王時，入從賊案。順治二年詣大名降。以保定巡撫王文奎薦，復原官。入謁睿親王，請正大位。王曰，本朝自有家法，非爾所知也。

左傳哀公十五年云：

衞孔圉取大子蒯聵之姊，生悝。孔氏之豎渾良夫，長而美。孔文子卒，通於内。大子在戚，孔姬使之焉。大子與之言曰，苟使我入獲國，服冕乘軒，三死無與。與之盟。爲請於伯姬。

又哀公十七年略云：

十七年春，衞侯爲虎幄於藉圃。成。求令名者，而與之始食焉。大子請使良夫，良夫乘衷甸，兩牡，紫衣狐裘。至，袒裘，不釋劍而食。大子使牽以退，數之以三罪而殺之。衞侯夢於北宫，見人登昆吾之觀，被髮北面而譟曰，登此昆吾之虛。緜緜生之瓜。余爲渾良夫。叫天無辜。（杜注云：「本盟當免三死，而並數一時之事爲三罪，殺之，故自謂無辜。」）

牧齋詩第壹句以渾良夫比百史，蓋以其數次論死，雖暫得寬逭，終以自承曾言「留髮復衣冠」事處絞。夫百史辯寧完我所詰各欵皆虛，獨於最無物證，可以脱免之有關復明制度之一欵，則認爲眞實。是其志在復明，欲以此心告諸天下後世，殊可哀矣。牧齋詩第貳句謂己身與百史雖皆志在復明，而終無成。所自信者，百史不如己身之能老歸空門耳。

第貳肆首云：

長干墖繞萬枝燈。白玉毫光涌玉繩。鈴鐸分明傳好語，道人誰是佛圖澄。

寅恪案，此詩末二句遵王無注。檢慧皎高僧傳初集拾晉鄴中竺佛圖澄傳（可參晉書玖伍佛圖澄傳。）云：

光初十一年（劉）曜自率兵攻洛陽，（石）勒欲自往拒曜，内外僚佐無不必諫。勒以訪澄。澄曰，相輪鈴音云：「秀支替戾岡。僕谷劬秃當。」此羯語也。「秀支」軍也。「替戾岡」出也。「僕谷」劉曜胡位也。「劬秃當」捉也。此言軍出捉得曜也。時徐光聞澄此旨，苦勸勒行。勒乃留長子石弘共澄以鎮襄國，自率中軍步騎，直詣洛城。兩陣纔交，曜軍大潰，曜馬沒水中，石堪生擒之送勒。澄時以物塗掌觀之，見有大衆。衆中縛一人，朱絲約其肘，因以告弘，當爾之時，正生擒曜也。

牧齋詩用此典之意，言清軍主帥出戰必敗也。

第貳伍首云：

採藥虛無弱水東。飈輪仍傍第三峰。玉晨他日論班位，應次高辛展上公。（自注：「過句曲，望三峰作。」）

寅恪案，此首爲歸家途中過句容所賦。末二句意謂此次在南都作復明活動，他日成功，當受封賞也。

有學集詩注玖紅豆集中有關牧齋復明活動，而最饒興趣者，莫如「六安黃夫人鄧氏」七律一首。詩云：

鐃歌鼓吹競芳辰。娘子軍前喜氣新。（涵芬樓本作「魚軒象服照青春。鼓吹喧闐壁壘新。」但後附校勘記同注本。）繡幰昔聞梁刺史，錦車今見漢夫人。（涵芬樓本「見」作「比」。）鬚眉男子元無幾，（涵芬樓本「元」作「原」。）巾幗英雄自有眞。（涵芬樓本「巾幗」作「粉黛」。）還待麻姑擗麟脯，共臨東海看揚塵。（涵芬樓本「共臨」作「笑看」，「看」作「再」。）

寅恪案，就今所見關於黃夫人鄧氏或梅氏及黃鼎之資料，迻錄於下，恐仍未備，尚求當世君子教正。總之，牧齋詩末二句之旨，復明活動之意，溢於言表矣。

劉繼莊獻廷廣陽雜記壹（劉氏與牧齋有交誼，見楊大瓢先生雜文稿「劉繼莊傳」。）云：

霍山黃鼎字玉耳。霍山諸生也。鼎革時起義，後降洪（承疇）經略，授以總兵，使居江南。其妻獨不降，擁衆數萬，盤居山中，與官兵抗，屢爲其敗。總督馬國柱謂鼎，獨不能招汝妻使降乎？鼎曰，不能也。然其子在此，使往，或有濟乎？國柱遂使其子招之。鼎妻曰，大廈將傾，非一木所能支，然志士不屈其志。吾必得總督來廬一面，約吾解衆，喻令薙髮。然吾仍居山中以遂吾志，不能若吾夫調居他處也。其子覆命，國柱自來廬州，鼎妻率衆出見，貫甲鐵兜鍪，凜凜如偉丈夫。如總戎見制臺禮。遂降，終不出山。黃鼎居江南久，後屢與鄭氏通，郎總督時，事敗，服毒死。

痛史第柒種弘光實錄鈔壹「（崇禎十七年癸未六月）乙亥湖廣巡按御史黃澍召對，劾馬士英於上前。」條黃澍疏士英十可斬。其二云：

市棍黃鼎委署麻城，以有司之官，娶鄉宦梅之煥之女。士英利其奸邪，互相表裏。黃鼎私鑄闖賊果毅將軍銀印，託言奪自賊手，飛報先帝。士英蒙厚賞，黃鼎加副將。麻城士民有「假印不去，眞官不來。」之謠。是謂欺君，可斬。

王葆心蘄黃四十八砦紀事貳附「皖砦篇」略云：

（順治）三年秋（明荆王朱）常⿱巛水舊部李時嘉等復掠太湖，總兵黃鼎平之。是年冬揚州人明瑞昌王軍師趙正據宿松涔池間，稱明帥，屢挫大兵。安徽巡撫李棲鳳遣兵備道夏繼虞，總兵卜從善黃鼎冷允登，副將梁大用等合兵勦之。又霍山總兵黃鼎妻梅氏者，故麻城甘肅巡撫之煥女。鼎字玉耳，霍山諸生。始崇禎十六年五月鳳陽總督馬士英遣鼎入麻城諸砦説周文江反正，即委鼎署麻城知縣。聞之煥女英勇而有志節，饒父風。娶之。順治初，鼎即納欵於洪承疇，授以總兵，使居南直。梅氏獨抗節不降，擁衆數萬，踞英霍及廬鳳山中，與總督馬國柱所部兵抗，所部屢敗。（寅恪案，下文同上引廣陽雜記壹「霍山黄鼎」條。兹不重錄。）

「皖砦篇」附案語云：

此事見劉繼莊廣陽雜記。近日如夕陽紅淚錄等書，均載之。迹梅夫人壯烈之行，其夫應爲愧死，故易書鼎妻爲梅氏以予之。蓋左忠貞侯良玉沈阿翠遊擊將軍雲英後之一人也。諸書載此，均惜夫人不知誰氏。爰據弘光實錄鈔中黄澍劾馬士英十可斬疏所稱鼎娶麻城鄉宦梅之煥女之語，證夫人爲長公女。長公爲明季邊帥偉人，尤吾鄉錚錚奇男子，宜夫人英壯有父風。其始終不屈，惓惓不忘宗國，志節皭然，與其夫始附權奸，終狡逞，求作降虜，仍不能免，誠所謂薰蕕不同器者矣。惟霍山黄氏，今猶儒舊家風，夫人遺事必猶有傳者，當再訪摭之。

牧齋初學集柒叁「梅長公傳」略云：

公諱之煥，字長公，一字彬父，黄之麻城人。萬曆癸卯舉於鄉。甲辰舉進士。選翰林院庶吉士。天啓三年擢都察院僉都御史，巡撫南贛。丁母憂歸里。今上即位召還，以原官巡撫甘肅。烏程用閣訟攘相位，公在鎮，撫手罵詈，數飛書中朝，別白是非。烏程深銜之，思中以危法。己巳冬，奴兵薄都城，公奉入援詔，即日啓行。甘鎮去都門七千里，師次邠州，奉詔還鎮。已又趣入援，紆迴往還，又數千里。師行半年始至。本兵希烏程指，劾公逗留，欲用嘉靖中楊守謙例殺公。上心知公材，憐其枉，部議力持之，乃命解官歸里。久之，烏程當國，豪宗惡子嫉邑子上書告公。烏程從中下其事，中朝明知其滿讕忌公才能，借以梔公。公自是不復起矣。公聽勘久之，敍甘鎮前後功，加級，廕一子。忌公者盈朝，卒不果用。辛巳八月十三日發病卒。享年六十七。

顧苓金陵野鈔云：

〔弘光元年甲申四月〕加六安州總兵官黃鼎太子太保。先是，賊狄應奎率衆數千，自固始欲投興平伯高杰降。杰遇害，走六安，殺賊將僞權將軍路應標，挈其印降鼎。鼎報聞，授應奎副總兵，賚銀幣。

清史列傳柒玖張縉彥傳云：

豫親王多鐸統師定河南江南，縉彥乃遁匿六安州商麻山中。三年二月招撫江南大學士洪承疇檄總兵黃鼎入山招之，縉彥赴江寧納款，賚繳總督印及解散各寨士民册。

王氏據弘光實錄鈔稱黃鼎妻爲梅之煥女，牧齋詩題則稱爲「鄧氏」，頗難決定。鄙意牧齋或者如其列朝詩集閏肆「女郎羽素蘭小傳」稱翁孺安爲「羽氏」者相類，蓋「鄧尉」以梅花著稱，（可參嘉慶修一統志柒柒蘇州府「鄧尉山」條所云：「漢鄧尉隱此，故名。山多梅，花時如雪，香聞數里。」及漢書叁伍荆燕吴傳。）文人故作狡獪，遂以「梅」爲「鄧」耶？俟考。復據顧氏所言，鼎於南都未傾覆前，曾任六安州總兵官，故牧齋可稱之爲「六安黄夫人」也。又梅長公於閹訟時忤溫體仁。體仁復助其豪宗惡子嗾邑子告訐，欲加以重罪。其始末實同於牧齋與烏程之關係。由是言之，錢梅之交誼並非偶然。推其所以諱改黄夫人之姓者，豈因黄夫人曾參加復明活動，恐長公家屬爲所牽累歟？關於黄夫人事，據沈寐叟曾植文集稿本「投筆集跋」云：

黄夫人見廣陽雜記。余別有考。

子培先生曾官安徽，其作此考，自是可能。今詢其家，遺稿中並無是篇，或已佚失耶？

牧齋投筆集之命名，自是取班定遠投筆從戎之義。此集第壹疊「金陵秋興八首己亥七月初一日作」（可參有學集詩注壹叁東澗集中「秋日雜詩」末一首「旁行側理紙，堆積秋興編。發興己亥秋，未卜斷手年。」等句。）其以「金陵」二字標題，恐非偶然。又第柒首第貳句有「秋宵蠟炬井梧中」之語，用杜甫廣德二年在嚴武幕中所作「宿府」之典。（見仇兆鰲杜詩詳注壹肆及卷首所附杜工部年譜「廣德二年甲辰」及「永泰元年乙巳」條。）然則牧齋此際亦列名鄭延平幕府中耶？但仍缺乏有力之證據，姑記之，以俟更考。第叁疊「小舟夜渡，惜別而作。」八首，殆因此時延平之舟師雖敗於金陵，然白茆港尚有鄭氏將領所率之船舶，牧齋欲附之隨行，後因鄭氏白茆港之舟師，亦爲清兵所擊毀，故牧齋隨行之志終不能遂，唯留此八首於通行本有學集中，以見其微旨，但以避忌諱，字句經改易甚多，殊不足爲據。此疊八首，不獨限於個人兒女離別之私情，亦關民族興亡之大計。吾人至今讀之，猶有餘慟焉。（參梅村家藏藁貳伍「梁宮保壯猷紀」所云：「（八月八）日中丞蔣公（國柱）亦至，迺以十三日於七丫出海。白茆港有賊伏艦百餘，見之來邀，沙葦中斜出如箭。我長年捩柁向賊中流呼曰，鬭來。（梁）公（化鳳）與蔣公聞相持而近，知其遇賊。別部且戰且前，已爲我師舉礮碎其四舟，殺五百人。」及清史列傳伍蔣國柱傳略云：「（順治十六年）八月疏言自江寧大捷之後，料賊必犯崇明，急令鎭臣旋師，未渡，而賊艅大至。臣親至七丫口相度形勢，海面遼闊，距崇邑二十餘里，遙見施翹河等處賊艅密布，即發各營兵船，出口拒賊於白茆。」並金鶴沖牧齋先生年譜順治十六年己亥條所論。）投筆集諸詩摹擬少陵，入其堂奧，自不待言。且此集牧齋諸詩中頗多軍國之關鍵，爲其所身預者，與少陵之詩僅爲得諸遠道傳聞及追憶故國平居者有異。故就此點而論，投筆一集實爲明清之詩史，較杜陵尤勝一籌，乃三百年來之絕大著作也。

此集有遵王注本別行於世，但不能通解者尚多。（可參有學集詩注卷首序文所云：「余年來篝燈校讎，鼇正魚豕。間有傷時者，軼其三四首，至秋興十三和詩，直可追蹤少陵，而傷時滋甚，亦並軼之，蓋其慎也。」等語。）王應奎海虞詩苑肆錄錢曾「寒食行」並序云：

寒食夜忽夢牧翁執手諈諉，歡如平昔，覺而作此，以寫余哀。

（上略。）更端布席纔函丈，絮語雄談仍抵掌。空留疑義落人間，獨持異本歸天上。（自注：「夢中以詩箋疑句相詢，公所引書，皆非余所知者，蓋絳雲秘笈，久爲六丁下取，歸之天上矣。」）寂歷閒房黯淡燈，前塵分別總無憑。（中略。）斜行小字叢殘紙。箋注蟲魚愧詩史。未及侯芭爲起墳，不負公門庶在此。（自注：「乙卯一月八日藁葬公於山莊，故發侯芭之嘆。」）

可見遵王當日注牧齋詩之難矣。寅恪今亦不能悉論，僅就其最有關係，且最饒興趣者，詮釋之於下。此集傳本字句多有不同，唯擇其善者從之，不復詳加注明。

第壹叠遵王注除第壹首外，皆加刪汰。即第壹首亦僅注古典字面，而不注今典實指。例如「龍虎軍」止引程大昌雍錄，「羽林」止引漢書宣帝紀爲釋，鄙意唐之「龍武新軍」及漢之「羽林孤兒」，謂鄭延平之舟師，本出於唐王之衞軍。如黃太沖宗羲「賜姓始末」所云：

隆武帝即位，（成功）年纔二十一。入朝。上奇之，賜今姓名，俾統禁旅，以駙馬體統行事。封忠孝伯。

即其證也。第伍首第貳聯「箕尾廓清還斗極，鶉頭送喜動天顏。」「箕尾」指北京所在之幽州。（史記貳柒天官書云：「尾箕幽州。」即杜詩「收京」之意也。見仇氏杜詩詳注伍「收京」三首之三。）「鶉頭」即「鶉首」，指湖北通明之軍隊，即張蒼水集所附舊題全謝山祖望撰張忠烈公年譜順治十八年辛丑條所謂「鄖東郝〔永忠〕李〔來亨〕之兵。」及注中所謂「十三家之軍」者。〔可參倪璠庾子山集貳哀江南賦「以鶉首而賜秦，天何爲而此醉。」之注。及張蒼水集第貳編奇零草「送吳佩遠職方南訪行在，兼會師鄖陽。」詩及同書所附趙撝叔之謙撰張忠烈公年譜。並本文論牧齋「長干送松影上人楚遊，兼柬楚中郭尹諸公。」詩。〕第叁首「長沙子弟肯相違」句之「長沙子弟」，疑牽涉庾信哀江南賦「用無賴之子弟」一語而成。當指湖南復明之軍隊，如小腆紀傳叁叁所載之洪湑鼇，即是例證。其傳略云：

> 洪湑鼇字六生，晉江人。崇禎間拔貢生。謁隆武帝於閩，授衡州通判。督師何騰蛟奇之，請改知道州。閩亡。李赤心等十三鎮以所部奉使稱臣於粵，出道州。〔湑鼇偕郝永忠〕見永曆帝，擢右僉都御史，監諸鎮軍，駐湖南。何騰蛟死，孫可望入滇，朝問阻絕，乃與十三鎮退入西山，據楚之夷陵歸州巴東均州，蜀之巫山涪州等七州縣，屯田固守。久之，得安龍駐蹕信，間道上書言，十三鎮公忠無二，今扼險據衡，窺晉楚蜀有釁，隨時而動。議者多其功，詔加湑鼇兵部右侍郎，總督粵滇黔晉楚豫軍務。緬甸既覆，湑鼇猶偕諸鎮崛強湖湘間。康熙三年王師定巴東。〔湑鼇〕遂被執。諭降，不從。臨刑之日，神色不變，投屍巫峰三峽中。

牧齋此詩之意，謂湖南北諸軍，若見南都收復，必翕然景從。惜當日詳情，今不易考知耳。

第貳疊「八月初二日聞警而作」一題之主旨，謂延平舟師雖敗於金陵，仍應固守京口，不當便揚帆出海也。其意與張蒼水集第肆編北征錄所云：

初意石頭師即偶挫，未必遽登舟。即登舟，亦未必遽揚帆。即揚帆，必退守鎮江。

又云：

余遣一僧賫帛書，由間道訪延平行營。書云，兵家勝負何常。今日所恃者民心耳。況上游諸郡邑俱爲我守。若能益百艘相助，天下事尚可圖也。倘遽舍之而去，如百萬生靈何。詎意延平不但舍石頭去，且舍鐵甕城行矣。

等語冥合。故牧齋詩第叁首云：

龍河漢幟散沈暉。萬歲樓邊候火微。卷地樓船横海去，射天鳴鏑夾江飛。揮戈不分旄頭在，返旆其如馬首違。嚙指奔逃看韎韐，重收魂魄飽甘肥。

第肆首云：

由來國手算全棋。數子抛殘未足悲。小挫我當嚴警候，驟驕彼是滅亡時。中心莫爲斜飛動，堅壁休論後起遲。換步移形須着眼，棋於誤後轉堪思。（寅恪案，此首可參前論牧齋與稼軒書。）

第伍首云：

兩戒關河萬里山。京江天塹屹中間。金陵要奠南朝鼎，鐵甕須爭北顧關。應以縷丸臨峻坂，肯將傳舍抵孱顏。荷鋤野老雙含淚，愁見橫江虎旅班。（原注：「長江天塹，爲南北限，虜不能飛渡。」）

第陸首云：

吳儂看鏡約梳頭。野老壺漿潔早秋。小隊誰教投刃去，胡兵翻爲倒戈愁。（自注：「營卒從諸酋者，皆袖網巾氈帽。未及倒戈而還。」）爭言殘羯同江鼠，（自注：「萬曆末年有北鼠渡江之異。近皆啣尾而北。」）忍見遺黎逐海鷗。京口偏師初破竹，蕩船木柹下蘇州。

又此疊第捌首末二句云：

最喜伏波能振旅，封侯印佩許雙垂。（自注：「是役惟伏波殿後，全軍而反。」）

寅恪案，「伏波」指馬信。梅村家藏藁貳伍「深宮保壯猷紀」云：

僞提督五者，前營黃某，後營翁某，而左營馬信，則我叛將也。（寅恪案，李天根爝火錄貳伍順治十二年乙未條云：「十一月辛巳朔清鎭守台州副將馬信叛，降於張名振。」可供參證。）右營萬里，中營甘輝。唯馬信統水軍於江，餘皆連營西注。

可與牧齋自注相參證。

第叁疊「八月初十日小舟夜渡，惜別而作。」乃專爲河東君而作。雖前已多論及，然此文主旨實在河東君一生志事，故不避重複，仍全錄之，且前所論此疊諸詩，尚有未加詮釋者，亦可藉此補論之也。

此疊第壹首云：

負戴相攜守故林。繙經問織意蕭森。疏疏竹葉晴牕雨，落落梧桐小院陰。白露園林中夜淚，青燈梵唄六時心。憐君應是齊梁女，樂府偏能賦藁碪。

第貳首云：

丹黃狼藉鬢絲斜。廿載間關歷歲華。取次鐵圍同血（一作「穴」。）道，幾曾銀浦共仙槎。（寅恪案，「浦」疑當作「漢」。）吹殘別鶴三聲角，迸散棲烏半夜笳。錯記（一作「憶」。）窮秋是春盡，漫天離恨攪楊花。

第叁首云：

北斗垣牆闇赤暉。誰占朱鳥一星微。破除服珥裝羅漢，（自注：「姚神武有先裝五百羅漢之議，內子盡橐以資之，始成一軍。」）滅損虀鹽餉佽飛。娘子繡旗營壘倒，（自注：「張定西（名振）謂阮姑娘，吾當派汝捉刀侍柳夫人。阮喜而受命。舟山之役，中流矢而殞。惜哉！」）將軍鐵矟鼓音違。（自注：「乙未八月神武血戰死崇明城下。」）鬚眉男子皆臣子，秦越何人視瘠肥。（自注：「夷陵文相國來書云云。」寅恪案，「文相國」指文安之。事蹟見明史貳柒玖及小腆紀傳叁拾本傳等。）

第肆首云：

閨閣心縣海宇棋。每於方罫繫歡悲。乍傳南國長驅日，正是西牕對局時。漏點稀憂兵勢老，燈花落笑子聲遲。還期共覆金山譜，桴鼓親提慰我思。

第伍首云：

水擊風摶山外山。前期語盡一杯間。五更噩夢飛金鏡，千疊愁心鎖玉關。人以蒼蠅汙白璧，天將市虎試朱顏。衣朱曳綺留都女，羞殺當年翟茀班。

第陸首云：

歸心共折大刀頭。別淚闌干誓九秋。皮骨久判猶貰死，（原注：「丁亥歲有和東坡西臺韻詩。」）容顏減盡但餘愁。摩天肯悔雙黃鵠，貼水翻輸兩白鷗。更有閒情攪腸肚，爲余輪指算神（一作「并」。）州。

第柒首云：

此行期奏濟河功。架海梯山抵掌中。自許揮戈迴晚日，相將把酒賀春風。牆頭梅蕊疏牕白，甕面葡萄玉盞紅。一割忍忘歸隱約，少陽原是釣魚翁。

第捌首云：

臨分執手語逶迤。白水旌心視此陂。一別正思紅豆子，雙棲終向碧梧枝。盤周四角言難罄，局定中心誓不移。趣覲兩宮應慰勞，紗燈影裏淚先垂。

寅恪案，此叠第貳首末二句之「錯憶」或「錯記」兩字皆可通。但鄙意恐「記」字原是「認」字之譌。若如此改，文氣更通貫。「楊」即「柳」，乃河東君之本姓。「離恨攪楊花」五字殊妙。第叁首見前論姚志倬事，並可參沈寐叟投筆集跋，可不多贅。第陸首「摩天肯悔雙黃鵠，貼水翻輸兩白鷗。」一聯。上句「雙黃鵠」除遵王注引杜詩外，疑牧齋更用漢書捌肆翟方進傳附義傳載童謠：

反乎覆。陂當復。誰云者，兩黃鵠。

之語，暗指明朝當復興也。下句與第捌叠第陸首「鳶飛跕水羨眠鷗」句，同用後漢書列傳壹肆馬援傳。蓋謂當此龍拏虎掣，爭賭乾坤之時，己身與河東君尚難如鷗鳥之安穩也。此詩末句「幷州」或「神州」雖俱可通，鄙意以作「幷州」者爲佳。晉書陸貳劉琨傳略云：

劉琨字越石，中山魏昌人。永嘉元年爲幷州刺史。時東嬴公騰自晉陽鎮鄴，幷土饑荒，百姓隨騰南下，餘户不滿二萬，寇賊縱横，道路斷塞。琨募得千餘人，轉鬭至晉陽。愍帝即位，拜大將軍，都督幷州諸軍事。西都不守，元帝稱制江左，琨乃令長史溫嶠勸進。於是河朔征鎮夷夏一百八十人連名上表。（可參世説新語上言語篇「劉琨雖隔閡寇戎，志存本朝。」條。）

蓋以張蒼水比劉越石也。當鄭延平敗於金陵城下，蒼水尚經略安徽一帶。考張蒼水集肆「北征錄」略云：

延平大軍圍石頭城者已半月。初不聞發一鏃射城中，而鎮守潤江督師，亦未嘗出兵取旁邑。如句容丹陽實南畿咽喉地，尚未扼塞，故蘇常援虜得長驅入石頭。無何石頭師挫，時余在寧國受新都降。報至，遽反蕪城。已七月廿九日矣。

可以爲證。第柒首末二句「一割」及「少陽」，遵王注已引後漢書列傳叁柒班超傳及分類補注李太白詩壹壹「贈潘侍御論少陽」詩爲釋。但鄙意牧齋「少陽」二字，更兼用李太白詩壹貳「贈錢徵君少陽」五律並注(可參全唐詩第叁函李白壹壹。)所云：

秉燭唯須飲，投竿也未遲。如逢渭水(一作川。)獵，猶可帝王師。(原注：「齊賢曰，少陽年八十餘，故方之太公。」)

等語。綜合兩句觀之，牧齋意謂此行雖勉效鉛刀之一割，未忘偕隱之約，並暗寓終可爲明之宰輔也。第捌首言此時雖暫別，後必歸於桂王也。「碧梧枝」不獨用杜詩「鳳凰棲老碧梧枝」之原義，亦暗指永曆帝父常瀛，崇禎十六年衡州陷，走廣西梧州，及順治二年薨於蒼梧，並順治三年丁魁楚瞿式耜等迎永曆帝於梧等事。(見明史壹貳拾桂端王常瀛傳及小腆紀傳永曆帝紀上等。)即第伍叠第捌首「丹桂月舒新結子，蒼梧雲護舊封枝。」之意。「兩宮」者，指桂王生母馬太后及永曆后王氏也。(見小腆紀傳后妃傳永曆馬太后傳及王皇后傳等。)

復次，葉調生廷琯吹網錄肆「陳夫人年譜」條略云：

瞿忠宣公之孫昌文，嘗爲其母撰年譜一帙。蓋其尊人伯升(原注：「吳曉鉦釗森曰，復社姓氏錄作伯聲。」)欲紓家難，勉爲韜晦順時，而鼎革之際，家門多故，實賴陳夫人内外搘持。故私撰此譜，以表母德，而紀世變。其中頗多忠宣軼事。十餘年前從常熟許伯繊丈廷誥處見其摘鈔本。繊翁云，原本爲海虞某氏所藏，極爲秘密。惜爾時未向繊翁借錄。近從許氏後人問之，則並摘鈔本不可得見矣。譜中所載，略憶一二事。一爲錢宗伯與瞿氏聯姻，實出宗伯之母顧夫人意。云瞿某爲汝事去官，須聯之以敦世好。(見前引初學集柒肆「先太淑人述」。)後行聘時，柳姬欲瞿回禮與正室陳夫人同，而瞿僅等之孺貽生母。柳因蓄怒，至乙酉後，宗伯已納欵，忠宣方在桂林拒命，柳遂唆錢請離婚。其餘逸事尚多，惜不甚記矣。

寅恪案，錢瞿聯姻事，第肆章引顧太夫人語已論及。牧齋以兩人輩分懸殊，故託母命爲解。其實稼軒亦同意者也。同章末論絳雲樓落成，引牧齋與稼軒書，亦足見稼軒深重河東君之爲人。至當日禮法，嫡庶分别之關係，復於第肆章茸城結褵節詳論之，今不贅述。若乙酉明南都陷落，河東君勸牧齋殉國，顧云美河東君傳中特舉沈明掄爲人證，自屬可信。豈有反勸牧齋與稼軒離婚之事。且乙酉後數年，錢瞿之關係，雖遠隔嶺海，仍往來甚密，備見錢瞿集中。河東君與其女趙微仲妻遺囑，有「我死之後，汝事兄嫂，如事父母。」之語，(見河東君殉家難事實。)孫愛復「德而哀之，爲用匹禮，與尚書公並殯某所。」(見䕨蕪紀聞引徐芳「柳夫人傳」。)凡此諸端皆足證河東君無唆使牧齋令其子與稼軒女離婚之事。鄙意昌文之作其母陳夫人年譜，殆欲表示瞿錢兩家雖爲姻戚，實不共謀之微旨，藉以脱免清室法網之嚴酷耶？附記於此，以俟更考。

第肆叠「中秋夜江村無月而作」八首，皆牧齋往松江後，追憶而作也。金鶴沖錢牧齋先生年譜云：

〔順治十六年己亥八月〕初四日國姓遣蔡政往見馬進寶，而先生亦於初十日後往松江晤蔡馬。十一日後國姓攻崇明城，而馬遣中軍官同蔡政至崇明，勸其退師，以待奏請，再議撫事。此時先生或偕蔡政往崇明，亦未可知。

寅恪案，金鶴沖謂牧齋曾往松江晤馬進寶，其説可信。但謂牧齋亦往崇明，則無實據。此叠第貳首「浩蕩張賽漢（一作「海」。）上槎」句，自出杜氏，「奉使虛隨八月槎」之語，可用「海」字，但第叁叠第貳首「幾曾銀浦共仙（一作「雲」。）槎」句，則當用博物志及荆楚歲時記之典，各不相同也。此叠第叁首末兩句並自注云：

衹應老似張丞相，捫摸殘骸笑瓠肥。（自注：「余身素瘦削，今年腰圍忽肥。客有張丞相之謔。」）

本文第叁章論釋牧齋膚黑而身非肥壯。今忽以張丞相自比者，蓋用史記玖陸張丞相傳。（遵王注已引，不重録。）牧齋語似諧謔，實則以宰相自命也。此叠第捌首末二句「莫道去家猶未遠，朝來衣帶已垂垂。」第肆章論東山詶和集貳河東君次韻牧齋「二月十二日春分横山晚歸作」詩中「已憐腰緩足三旬」，已詳釋論，讀者可取參閲，不多贅也。第伍叠「中秋十九日暫回村莊而作」八首。觀第壹首「石城又報重圍合，少爲愁腸緩急磁。」二句似牧齋得聞張蒼水重圍金陵，而有是作，其實皆非眞況，然其意亦可哀矣。

第陸叠「九月初二日泛舟吳門而作」八首。牧齋忽於此時至吳門，必有所爲。但不能詳知其內容。鄙意其第叁首「躍馬揮戈竟何意，相逢應笑食言肥。」及第捌首「要勒浯溪須老手，腰間硯削爲君垂。」等句，豈馬逢知此際亦在蘇州耶？俟考。

第玖叠「庚子十月望日」八首，第捌首末二句云：「種柳合圍同望幸，殘條禿鬢總交垂。」遵王引元遺山「爲鄧人作」詩爲釋，其實第壹手材料乃晉書玖捌桓溫傳及庾子山集壹枯樹賦等。此爲常用之典，不必贅論。唯「望幸」二字出元氏長慶集貳肆連昌宮詞「老翁此意深望幸」之語。自指己身與河東君。但鄙意「殘條」之「殘」，與「長」字，吳音同讀，因而致譌。若以「殘條」指河東君，則與虎丘石上詩無異。故「殘」字應作「長」，否則「禿鬢」雖與己身切當，而「殘條」未免唐突河東君也。

第拾叠「辛丑二月初四日夜宴述古堂，酒罷而作。」與有學集壹壹紅豆三集「辛丑二月四日宿述古堂，張燈夜飲，酒罷而作。」題目正同。

檢清史稿伍世祖本紀貳略云：

（順治）十八年春正月壬子，上不豫。丁巳崩於養心殿。

及痛史第貳種哭廟紀略云：

〔順治十八年〕二月初一日，章皇上賓哀詔至姑蘇。

可知此兩題共十二首，乃牧齋聞清世祖崩逝之訊，心中喜悅之情，可想而知。故寓遵王宅，張燈夜飲，以表其歡悅之意。但檢牧齋尺牘中「與遵王」三十通之十六云：

明日有事於邑中，便欲過述古，了宿昔之約，但四海遏密，哀痛之餘，食不下咽，只以器食共飯，勿費內廚，所深囑也。

此札當作於順治十八年辛丑二月初三日，即述古堂夜宴前一日。牧齋所言，乃故作掩飾之語，與其內心適相反也。觀投筆集及有學集之題及詩，可以證明矣。但金氏牧齋年譜以此札列於康熙元年壬寅條，謂「正月五日先生自拂水山莊與遵王書云〔云〕。」又謂「按永曆帝爲北兵所得，今已逾月，先生蓋知之矣。」金氏所以如此斷定者，乃因有學集壹貳東澗集上第貳題爲「一月五日山莊作」，第叁題爲「六日述古堂文讌作」之故。檢小腆紀年貳拾順治十八年辛丑條云：

〔十二月〕戊申〔初三日〕緬酋執明桂王以獻於王師。

同書同卷康熙元年壬寅條云：

三月丙戌〔十三日〕吳三桂以明桂王由榔還雲南。

四月戊午〔十五日〕明桂王由榔殂於雲南。

投筆集下後秋興第壹貳叠題爲「壬寅三月二十三日以後大臨無時，啜泣而作。」第壹叁叠題爲「自壬寅七月至癸卯五月，訛言繁興，鼠憂泣血，感慟而作，猶冀其言之或誣也。」且第壹貳叠後一題爲壬寅三月二十九日所作「吟罷自題長句撥悶」二首之二末兩句爲「賦罷無衣方卒哭，百篇號踊未云多。」足證牧齋於康熙元年三月以後，方獲知永曆帝被執及崩逝之事。金氏以札中之「四海遏密」及詩題「大臨無時」混淆胡漢，恐不可信。又第玖叠詩八首，關涉董鄂妃姊妹者甚多，茲不詳引，讀者可參張孟劬采田編次列朝后妃傳稿並注。

第壹壹叠題云：「辛丑歲逼除作。時自紅豆江村徙居半野堂絳雲餘燼處。」檢張蒼水集第壹編順治十八年辛丑「上延平王書」云：

殿下東都之役，豈誠謂外島足以創業開基。不過欲安插文武將吏家室，使無内顧之憂。庶得專意恢勦。但自古未有以輜重眷屬，置之外夷，而後經營中原者，所以識者危之。或者謂女眞亦起於沙漠。我何不可起於島嶼？不知女眞原生長窮荒，入中土如適樂郊，悦以犯難，人忘其死。若以中國師徒，委之波濤漂渺之中，拘之風土狉獉之地，眞乃入於幽谷。其間感離恨別，思歸苦窮，種種情懷，皆足以墮士氣而損軍威，況欲其用命于矢石，改業於耰鋤，何可得也！故當興師之始，兵情將意，先多疑畏。茲歷暑徂寒，彈丸之城攻圍未下，是無他，人和乖而地利失宜也。語云，與衆同欲者罔不興，與衆異欲者罔不敗。誠哉是言也。今虜酋短折，孤雛新立，所云主少國疑者，此其時矣。滿黨分權，離畔叠告。所云將驕兵懦者，又其時矣。且災異非常，征科繁急。所云天怒人怨者，又其時矣。兼之虜勢已居強弩之末，畏澥如虎，不得已而遷徙沿海，爲堅壁清野之計。致萬姓棄田園，焚廬舍，宵啼路處，蠢蠢思動，望王師何異飢渴。我若稍爲激發，此並起亡秦之候也。惜乎殿下東征，各汛守兵，力綿難恃。然且東避西移，不從僞令，則民情亦大可見矣。殿下誠能因將士之思歸，乘士民之思亂，迴旗北指，百萬雄師可得，百什名城可下矣。又何必與紅夷較雌雄於海外哉？況大明之倚重殿下者，以殿下之能雪恥復仇也。區區臺灣，何預於神州赤縣？而暴師半載，使壯士塗肝腦於火輪，宿將碎肢體于沙磧，生既非智，死亦非忠，亦大可惜矣。況普天之下，止思明一塊乾淨土，四澥所屬望，萬代所瞻仰者，何啻桐江一絲，繫漢九鼎？故虜之虎視，匪朝伊夕，而今守禦單弱，兼聞紅夷搆虜乞師，萬一乘虛窺伺，勝敗未可知也。夫思明者，根柢也。臺灣者，枝葉也。無思明，是無根柢矣，安能有枝葉乎？此時進退失據，噬臍何及？古人云，寧進一寸死，毋退一尺生。使殿下奄有臺灣，亦不免爲退步，孰若早返思明，別圖所以進步哉？昔年長江之役，雖敗猶榮，已足流芳百世。若捲土重來，豈直汾陽臨淮不足專美，即錢鏐竇融，亦不足並駕矣。倘尋徐福之行蹤，思盧敖之故跡，縱偷安一時，必貽譏千古。即觀史載陳宜中張世傑兩人褒貶，可爲明鑑。九仞一簣，殿下寧不自愛乎？夫虬髯一劇，祇是傳奇濫說，豈眞有扶餘足王乎？若箕子之居朝鮮，又非可以語於今日也。

寅恪案，鄭氏之取臺灣，乃失當日復明運動諸遺民之心，而壯清廷及漢奸之氣者，不獨蒼水如此，即徐闇公輩亦如此。牧齋以爲延平既以臺灣爲根據地，則更無恢復中原之希望，所以辛丑逼除，遂自白茆港移居城内舊宅也。然河東君仍留居芙蓉莊，直至牧齋將死前始入城者，殆以爲明室復興尙有希望，海上交通猶有可能。較之牧齋之心灰意冷，大有區別。錢柳二人之性格不同，即此一端，足以窺見矣。

第壹叁叠後附「癸卯中夏六日重題長句二首」其第壹首有「逢人每道君休矣，顧影還呼汝謂何。」一聯，意謂時人盡知牧齋以爲明室復興，實已絕望，而河東君尙不如是之頹唐。「影」即「影憐」之謂。斯乃投筆一集之總結，愈覺可哀也。

關於鄭延平之將克復南都，而又失敗之問題，頗甚複雜，茲略引舊記以證明之。

魏默深源聖武記捌「國初江南靖海記」（可參小腆紀年附考壹玖「（順治十六年七月）壬午二十三日明朱成功敗績於江寧，崇明伯甘煇等死之，成功退入於海，瓜洲鎭江皆復歸於我大清。」條。）略云：

（順治）十四年明桂王遣使自雲南航海進封成功延平郡王，招討大將軍。成功分所部爲七十二鎭，設六官理事假永明號，便宜封拜。聞王師三路攻永曆於雲貴，乃大舉内犯江南，以圖牽制。十六年六月由崇明入江，時蘇松提督駐松江，江甯提督駐福山，分守要害，圌山及譚家洲皆設大礮，金焦二山皆鐵鎖横江。煌言屢卻不前，令人泅水斷鐵索，遂乘風潮，以十七舟徑進，沿江木城俱潰，破瓜洲，獲提督管效忠圍鎮江，五路疊壘而陣。周麾傳檄，聲沸江水。攻北固山，士卒皆下馬死戰，官兵退入城，成功軍逐之而入，遂陷鎮江，屬邑皆下。部將甘輝請取揚州，斷山東之師。據京口，斷兩浙之漕，嚴扼咽喉，號召各郡，南畿可不戰自困。成功不聽。七月直薄金陵，謁孝陵，而煌言別領所部由蕪湖進取徽甯諸路。時江甯重兵移征雲貴，大半西上，城内守備空虚。松江提督馬進寶(原注：「改名逢知。」)不赴援，陰通於寇，擁兵觀望。成功移檄遠近。(寅恪案，張蒼水集第壹編載己亥代延平王作「海師恢復鎮江一路檄」可供參考。)太平甯國池州徽州廣德無爲和州等四府三州二十四縣，望風納欵。維揚常蘇旦夕待變。東南大震，軍報阻絕。世祖幸南苑集六師議親征。兩江總督郎廷佐佯使人通欵，以緩其攻。成功信之，按兵儀鳳門外，依山爲營，連亙數里。巡撫蔣國柱，崇明總兵梁化鳳皆赴援。化鳳登高望敵，見敵營不整，樵蘇四出，軍士浮後湖而嬉，乃率勁騎五百，夜出神策門，先擣白土山，破其一營，以作士氣。次日，大出師由儀鳳鐘阜二門以三路攻其前，而騎兵繞出山後夾攻。成功令甘輝守營，而自出江上調舟師。諸營見山上麾蓋不動，不敢退。又未奉號令，不暇相救，遂大潰。甘輝被執死。化鳳復遣兵燒海艘五百餘，成功遂以餘艦揚帆出海，攻崇明不下。冬十月還島。而煌言遇我征貴州凱旋兵浮江下，亦戰敗走徽甯山中，出錢塘入海。

延平王戶官楊英從征實錄「永曆十三年己亥」條略云：

〔五月〕十九日移泊吳淞港口，差監紀劉澄密書通報僞提督馬進寶合兵征討，以前有反正之意，至是未決，欲進圍京都時舉行，故密遣通之。未報。

〔七月〕十一日伏□□塘報一名，稱南京總督管効忠自鎮江敗回□（日？），將防城器棋料理，並差往蘇松等處討援兵，並帶急燕都奏請救援。稱松江提督馬進寶陰約歸，現在攻圍南都，危如纍卵，乞發大兵南□（下）救援撲滅，免致燎原滔天云云。藩得報，喜曰，似此南都必降矣。重賞之。

是日藩札鳳儀門。密書與馬提督知防。

十七日各提督統領進見。甘輝前曰，大師久屯城下，師老無功，恐援虜日至，多費一番功夫。請速攻拔，別圖進取。藩諭之曰，自古攻城掠邑，殺傷必多，所以未即攻者，欲待援虜齊集，必樸（撲）一戰，邀而殺之。管効忠必知我手段，不降亦走矣。況屬邑節次歸附，孤城絕援，不降何待。且銃炮未便。又松江馬提督□約未至，以故援（緩）攻。諸將暫磨勵以待，各備攻棋，候一二日，令到即行。諸將回營〔十八日〕遣監督高綿祖，禮部都事蔡政前往蘇州松江。往見僞撫院馬提督，約日起兵打都城，並令常鎮道馮監軍撥大官座二隻，多設儀仗帳，戴（載）高蔡二使前往蘇松會師。

二十一日再遣禮都事蔡政往松江見馬進寶，並安插陳忠靖□(宣)毅前鎮陳澤等護眷舡，授以機□。先時祖等見進寶，以家眷在燕都未决，回報。至是再遣諭之曰，見馬提督，先以婉言開陳，須不剛不柔，務極得體，要之先事□(爲)妙。若至攻破南都日方會□爲晚也。

二十二午虜就鳳儀門撻炮與前鋒鎮對擊。

二十三〔日〕藩見大勢已潰，遂抽下□(船)。

二十八日派程班師，駕出長江。

〔八月〕初四日師泊吳淞港，遣禮都事蔡政往見馬進寶。進京議和事機宜，俱授蔡政知之，亦無書往來。

初八日舟師至崇明港。

初十日傳令登岸札營攻崇明縣城。

十一日辰時開炮至午時西北角城崩下數尺，河溝塡滿，藩親督催促登城，守將梁華(化)鳳死敵不退。

藩見城堅難攻，傳令班回。是日晚適馬提督差中軍官同都事蔡政至營，言馬提督□(因？)聞大師攻圍崇明，特遣中軍前來説和。稱欲奏請講和，仍又加兵襲破城邑，教我將何題奏，貴差將何面君？不如捨去崇明，暫回海島，候旨成否之間，再作良圖，亦未爲晚。藩諭之曰，爾酋等大張示諭，謂我水陸全軍覆沒，國姓亦沒陣中，清朝無角逐英雄之患。吾故打開崇明，安頓兵眷，再進長驅，爾主其亦知之否？我今攙（纔）施數銃，其城已倒及半，明日安炮再攻，立如平地。既爾主來説，姑且緩攻，留與爾主好題請説話也。令人同看營中兵器船只整備。嘆曰，京都覆沒，豈有是耶？

藩令搬營在船。

十二日遣蔡政同馬提督中軍再回吴淞，往京議和。

十二月藩駕註（駐）思明州。蔡政自京回，京報和議不成。逮繫馬進寶入京。

清史列傳伍郎廷佐傳（參碑傳集陸貳引盛京通志郎廷佐傳。）云：

是年（順治十六年己亥）二月廷佐因巡閲江海，密陳海防機宜，言海賊鄭成功擁衆屯聚海島，將侵犯江南，而江省各汛兵數無多，且水師舟楫未備，請調發鄰省勁兵防禦。疏下部議，以鄰省亦需兵防守，寢其事。五月海賊陷鎮江，襲據瓜州，遂犯江寧。時城中守禦單弱，會副都統噶楚哈等從貴州凱旋，率兵沿江而下，廷佐與駐防總管喀喀穆邀入城，共議擊賊。

同書同卷梁化鳳傳（可參梅村家藏藁貳伍「梁宮保壯猷紀。」）略云：

梁化鳳陝西長安人。順治三年武進士。十二年陞浙江寧波副將。海寇張名振犯崇明之平洋沙，總督馬國柱委化鳳署蘇松總兵事，至則遣都司談忠出戰，名振復高橋，化鳳親馳援剿擊，敗其衆。（寅恪案，清史稿貳佰叁疆臣年表壹江南江西總督欄順治十一年甲午載：「馬國柱九月丁未休。十月馬鳴佩總督江南江西。」順治十三年丙申載：「馬鳴佩閏五月己酉病免。」表面觀之，似「馬國柱」爲「馬鳴佩」之誤。但清史稿伍世祖本紀貳略云：「順治十一年四月壬申官軍擊故明將張名振於崇明，敗之。」清史列傳伍馬國柱傳云：「十一年正月海賊張名振屢犯崇明。」然則梁化鳳傳之「十二年」應作「十一年」無疑也。）十六年七月成功以大艦陷鎮江瓜州，直犯江寧，南北中梗。化鳳率所部三千人，疾抵江寧。賊大敗奔北。江南遂通。成功敗，遁入海。化鳳遣將防崇明，賊果薄城下，適化鳳兵自江寧回，聲勢相應，括民舟出白茆港，絕流迅擊，賊復大敗。

清史列傳捌拾馬逢知傳略云：

（順治）十三年遷蘇松常鎮提督。十六年海寇鄭成功犯江寧，連陷州縣，梁化鳳擊退之。九月部臣劾逢知失陷城池，當鎮江失守，擁兵不救，賊遁，又不追剿，應革世職，並現任官，撤取回旗。得旨，馬逢知免革職，着解任。先是户科給事中孫光祀密糾逢知當賊犯江寧時，竟不赴援，及賊攻崇明，爲官兵所敗，反代其請降，巧行緩兵之計。鎮海大將軍劉之源，江南總督郎廷佐，蘇松巡按馬騰陞先後疏報僞兵部黃徵明乃數年會緝未獲之海逆，今經緝獲解京。其姪黃安自海中遣諜陳謹賫緣行賄，計脱徵明，竝貽書逢知，傳遞關節。禮科給事中成肇毅亦疏陳逢知通海情形昭著。請即逮治，竝令撫按嚴究黨羽。十七年六月命廷臣會鞫，以逢知交通海賊，擬並誅其子。八月上以未得逢知叛逆實事，命刑部侍郎尼滿往江南，同之源廷佐確審，尋合疏陳奏逢知於我軍在沙埔港獲海賊柳卯，即聲言卯係投誠，賞銀給食，託言令往招撫，縱之使還。又海賊鄭成功曾遣僞官劉澄説逢知改衣冠領兵往降。逢知雖聲言欲殺劉澄，反餽以銀兩。又遣人以扇遺成功，並示以投誠之本。又私留奉旨發回之蔡正，不即斥逐，竝將蔡正之髮薙短，以便潛往。且遣人護送出境。是逢知當日從賊情事雖未顯著，然當賊犯江南時，託言招撫，而陰相比附，不誅賊黨，而交通書信，兼以潛謀往來，已爲確據。疏入，仍命議政王貝勒大臣核議。尋論罪如律，逢知伏誅。

梅村家藏藁貳伍「梁宮保壯猷紀」云：

江寧告急之使，馬皆有汗。同時大將之擁兵者，按甲猶豫，據分地爲解。

小腆紀年附考壹玖「順治十六年五月癸酉(十三日)明延平王朱成功，兵部左侍郎張煌言，復會師大舉北上以援滇。」條云：

成功欲順風取瓜州，煌言曰，崇明爲江海門户，有懸洲可守，先定之以爲老營，脱有疏虞，進退可據。馮澄世亦言取之便。成功曰，崇明城小而堅，取之必淹日月。今先取瓜州，破其門户，截其糧道，腹心潰，則支體隨之，崇明可不攻而破也。乃遣監紀劉澄，密通我江南提督馬進寶，而請煌言以所部兵爲前軍鄉導。己卯（十九日）經江陰，舟楫蔽江而上。

據上引資料，知成功之不能取江寧，其關鍵實在馬逢知兩方觀望，馬氏之意以爲延平若成功，聲威功績必遠出其上。若不成功，已身亦可邀得清廷之寬免。此乃從來漢奸騎牆之故技。實不知建州入關，其利用漢人，甚爲巧妙。若可利用之處已畢，則斬殺以立威也。

又黄秋岳濬花隨人聖盦摭憶略云：

> 繆小山（荃孫）雲自在堪筆記所述康熙時諸漢臣相訐相軋事至詳，而未言所本。後乃知小山所本，爲李榕村（光地）日記。榕村日記無刊行者，清史館有抄本，繆所錄中，有一段極饒意義者，爲李光地與施琅語，縱談及海上順治十六年攻南京事。李（「李」當作「予」。下同。）云，當時若海寇不圍城池，揚帆直上，天下岌岌乎殆哉！施笑曰，直前，是矣。請問君何往？從何處而前？予無以應。移時又促之，云，從何處往前？李曰，或從江淮，或趨山東，奈何？施曰，此便大壞。何（以）言之，直前，縱一路無阻，即抵京師，本朝兵勢尚強，決一死鬥。兵家用所長，不用所短。海寇之陸戰，其所短者，計所有不過萬人。能以不習陸戰之萬人，而敵精於陸戰之數十萬人乎？不過一霎時，便可無噍類矣。李爽然自失，曰，然則奈何？施曰，不顧南京，直取荆襄，以其聲威，揚帆直過，決無與敵者。彼閉城不出，吾置之不論。彼若通欵，與一空札，羈縻之。遇小船則燬之，遇大船則帶之。有領兵降者，以我兵分配彼

兵，散與各將而用之。得了荆襄，呼召滇粤三逆藩，與之連結，搖動江以南，以撓官軍，則禍甚於今日矣。施所見如此，眞是梟雄。

寅恪案，馬進寶是時正在觀望。若延平克南京，則反清。若不能，則佐清。延平既不能克南京，必急撤退。不然者，將被封鎖於長江口內，全軍覆沒矣。施琅之論，未必切合當日情勢及了解延平心理也。至清史補編捌「鄭成功載記」記載此役，其史料眞僞夾雜，文體不倫，未可依據，故不引用。

復檢清史稿貳陸柒黃梧傳（可參清史列傳黃梧傳。）略云：

黃梧字君宣，福建平和人。初爲鄭成功總兵，守海澄。順治十三年梧斬成功將華棟等，以海澄降。大將軍鄭親王世子濟度以聞，封海澄公。十四年總督李率泰疏請益梧兵合四千人，駐漳州。梧牒李率泰薦委署都督施琅智勇忠誠，熟諳沿海事狀，假以事權，必能剪除海孽。又言成功全藉内地接濟木植絲綿油蔴釘鐵柴米。土宄陰爲轉輸，齎糧養寇。請嚴禁。並條列滅賊五策，復請速誅成功父芝龍。率泰先後上聞，琅得擢用，芝龍亦誅。尋命嚴海禁，絕接濟，移兵分駐海濱，阻成功兵登岸，增戰艦，習水戰，皆梧議也。

小腆紀年附考貳拾順治十八年十二月「明延平王朱成功取臺灣。」條略云：

成功以臺灣平，謂諸將曰：「此膏腴之土，可寓兵於農。」既聞遷界令下，成功嘆曰：使吾徇

> 諸將意，不自斷東征，得一塊土，英雄無用武之地矣。沿海幅員上下數萬里，田廬邱墓無主，寡婦孤兒望哭天末，惟吾之故。以今當移我殘民，開闢東土，養精畜鋭，閉境息兵，待天下之清未晚也。」乃招漳泉惠潮流民，以闢汙萊。制法律，定職官，興學校，起池館，待故明宗室遺老之來歸者。臺灣之人是以大和。

然則延平急於速戰速決之計既不能行，內地接濟復被斷絕，則不得不別取波濤遠隔，土地膏腴之臺灣以爲根據地。且叛將黃梧擁兵海澄，若遲延過久，則頗有引清兵攻廈門之可能。觀黃梧傳「(順治)十四年總督李率泰疏請益梧兵合四千人，駐漳州。」並小腆紀年附考貳拾「(順治十七年)五月甲子(初十日)我大清兵攻廈門，明延平王朱成功禦卻之。」及同書同卷「我大清康熙二年癸卯冬十月「王師取金門廈門。」條，即是其證。故延平帥舟師速退，亦用兵謹慎之道。其主旨雖與張蒼水輩別有不同，未可盡非也。

寅恪論述牧齋參預鄭延平攻取南都之計劃，又欲由白茆港逃遁出海，而不能實行之事既竟，讀者必懷一疑問，即牧齋何以終能脫免清廷之殺害。痛史第伍種研堂見聞雜記云：

> 海氛既退，凡在戎行諸臣，以失律敗者，各遣緹騎捕之，以鋃鐺鏁去，如縛羊豕，而間連染於列邑搢紳，舉室俘囚，游魂旦暮。

又云：

乙亥海師至京口，金壇諸搢紳有陰爲款者，事既定，同袍訐發，遂羅織紳衿數十人。撫臣請於朝，亦同發勘臣就訊，既抵，五毒備至，後駢斬，妻子發上陽。

據此可知當日縉紳因己亥之役受牽累者殊不少。牧齋何以終能脱免一點，實難有確切之解答。但後檢諸書，似有痕迹可尋，惜尚是推測之辭，不敢視爲定論。俟他日更發現有關史料再詳述之。

清史列傳柒玖梁清標傳略云：

梁清標直隸正定人。明崇禎十六年進士，官庶吉士。順治元年投誠，仍原官。尋授編修，累遷侍講學士。十三年四月遷兵部尚書。十六年海賊鄭成功由鎮江犯江寧，給事中楊雍建疏言（寅恪案，楊氏事蹟可參同書陸本傳。）海氛告警，宵旰焦勞，樞臣職掌軍機，於地形之要害，防兵之多寡，剿撫之得失，戰守之緩急，不發一謀，不建一策，僅隨事具覆，依樣葫蘆，不曰今應再行申飭，則曰臣部難以懸擬。既不能盡心經畫，決策於機先，又不能返躬引咎，規效於事後，請天語嚴飭，以儆尸素。詔兵部回奏。時尚書伊圖，奉使雲南。清標同侍郎額赫里劉達李棠馥疏辯。得旨，此回奏，巧言飾辯，殊不合理，著再回奏。於是自引咎下吏部察議，三侍郎皆降二級，清標降三級，各留任。十七年二月京察自陳。諭曰，梁清標凡事委卸，不肯擔任勞怨，本當議處，姑從寬免。其痛自警省，竭力振作。五月上以歲旱，令部院諸臣條奏時務，清標與李棠馥疏言，奸民揑造通賊謀叛，蠹設貪官，借端取貨，生事邀功，著確指其人。於是復奏，藉通賊謀叛名，魚肉平民，則有桐城知縣葉貴祖，常熟知縣周敏等。爲給事中汪之洙，巡按何元化所劾。（寅恪案，江南通志壹佰陸職官志巡撫監察御史欄載：「何可化直隸人進士順治十七年任。」清進士題名碑載：「何可化順治三年第三甲直隸大寧都都水衛。」「何元化」當爲何可化之譌。）其未經劾奏者，不知凡幾。故請旨飭禁，懲前以毖後。疏下部知之。

同書玖施琅傳略云：

（康熙）二十年七月内閣學士李光地奏，鄭錦已死，子克塽幼，部下爭權，征之必克，因薦琅素習海上情形。上遂授琅福建水師提督加太子太保。諭之曰，海寇一日不靖，則民生一日不寧。爾當相機進取，以副委任。二十一年七月彗星見，詔臣工指陳時務。户部尚書梁清標（寅恪案，梁清標康熙十一年調户部尚書。）謂天下太平，凡事不宜開端，當以安靜爲主。上因命暫停征剿臺灣。

乾隆修江南通志壹佰柒職官志常熟知縣欄載：

周敏。武康人。拔貢。順治十五年任。

張燮。大興人。拔貢。順治十七年任。

寅恪案，前論黄毓祺案，已詳及眞定梁氏與牧齋之密切關係。今觀清史列傳所言，清標身任兵部尙書，其對己亥戰役之態度如此冷淡，雖云滿尙書伊圖奉使雲南，當日漢人無權（可參前引龔芝麓疏。）不敢特有主張，但其不爲淸廷盡心經畫，以防禦鄭氏，與二十餘年後之反對進攻臺灣。疑是同一心理。至傳中所指常熟知縣周敏，藉通賊謀叛，魚肉平民之事，恐是乘機爲牧齋輩解脫於鄭延平失敗之後，淸廷大肆搜捕之時也。

又牧齋尺牘下「致周縣尊」云：

治某抱病江鄉，朝夕從漁夫樵叟，歌詠德音，雖復屏跡索居，未嘗不神馳鈴閣也。頃者□□□狂悖無狀，老父母以覆載洪恩，付之不較，第此人欺主枉上，罪在不赦。若不重治，並及其共事者，何以懲創奸宄，使魑魅寒心？又口稱有兩宦書帖，其中不無假冒。某鄉居不知城邑之事，若有不得已相聞，必有手書印記。並祈老父母留心查覈，勿爲黎丘之鬼所眩。此尤所禱祀而求者也。

又「致□□□」略云：

恆雲握別，遂踰星紀。塵泥迥絕，寒暄邈然。相知北來，備道盛雅。注存無已，煦育有加。竊念益草木殘生，桑榆暮齒，灰心世故，息念空門，固未嘗爭名爭利，攘臂於市朝，亦未嘗有黨有仇，廁跡於壇坫，有何怨府，犯彼兇鋒？所賴金石格言，巖廊竑論，片語解呶，單詞止沸。此則養國家之元氣，作善類之長城，四海具瞻，千秋作則者也。

頗疑牧齋所謂「周縣尊」即周敏。而信中所言「兩宦書帖」其中之一當爲告訐牧齋之物證。至「致□□□」一札，因信中有「恆雲」二字故認爲即致梁清標者。「犯彼兇鋒」之「彼」當指周敏。「金石格言，巖廊竑論」似指清標順治十七年五月所上之疏。若所揣測者不誤，則此等材料，或可作爲牧齋之免禍與梁清標有關之旁證。

復次，當日在朝有梁清標主持兵部，凡在外疆臣武將皆不得不爲牧齋迴護。周敏之不能久任常熟知縣，其理由或在此也。又牧齋集中頗多與郎廷佐梁化鳳等相關之文字，茲節錄涉及己亥之役者於下。牧齋外集玖「奉賀郎制府序」略云：

> 每念節鎮之地，襟江帶海，潢池弄兵，海島竊發。單車小艇，巡行水陸，宵征露宿，涉鯨波而衝颶浪，所至搜討軍實，申明斥堠，布置要害。衝波跋浪之士，靡不骨騰肉飛。裹粮求敵，德威宣布，軍聲烜赫。於是海人蜑户，連艘投誠。鯨鯢猰貐，聞風遠遁。萑苻解散，菰蘆宴如，則公之成勞也。

同書同卷「梁提督累廕八世序」略云：

> 自古國家保定疆圉，乂安寰宇，必有精忠一德，能羆不二心之臣，爲之宣猷僇力，經營告成。其在今日，則大宮保梁公是也。公以鞭霆掣電之風略，拔山貫日之忠勇，奮跡武威，守禦山右。旋調崇川，總領水師。未幾海氛大作，蹂躪瓜步，搖撼南服。公出奇奮擊，雷劈電

奔，斧螗鋒蝟，江水爲赤。已而復窺崇川，公隨飛援追勦，海波始靖，而東南獲有安壤。余江邨老民，藉公廣廈萬間之庇，安枕菰蘆，高眠晚食，方自愧無以報公，而又念舊待罪太史氏，勒燕然之銘，香旆常之續，皆舊史所有事也。於諸君之請，遂不辭而爲之序，亦使後世之史館，尚論武略者，於斯文有考焉。

同書貳肆「海宴亭頌序」略云：

今都督長安粱公，山西出將，冀北空羣。惟此東南，惠徼節鉞。頃者海波蕩潏，江表震驚，艦塞長江，風乘萬里。惟公奮其老謀，遏彼亂略。遂使鮐文之老，安井舊於熏風。劍負之童，息戈鋋於麗日。既庇鴻庥於上將，應銘偉伐於通都。地卜虎邱，亭名海宴。萬古千秋，擁勝槩於長洲之苑。黄童白叟，騰頌聲於闐闠之城。益也托庇遺民，欣逢盛舉。磨盾草檄，良有愧於壯夫。勒石考文，敢自後于野史。

此外牧齋尚有爲粱化鳳之父孟玉所作之「誥封都督粱公墓誌銘」（見牧齋外集壹陸。）等及與郎粱諸人之書札（見牧齋尺牘。）茲不暇多引。要之，牧齋此類文字，雖爲諂媚之辭，但使江南屬吏見之，亦可以爲護身符也。

錢氏家難

關於牧齋八十生日，除前論「丁老行」，謂丁繼之於干戈擾攘之際，特來虞山祝壽，殊爲難得外。牧齋尙有紅豆詩十首，皆關涉其己身及河東君並永曆帝者，故與頗饒興趣之牧齋辭壽札及歸玄恭壽序各一篇，錄之於下。至錢曾「紅豆和詩」十首並其他涉及牧齋八十生日之文字尙多，不能盡錄，讀者可自參閱也。

有學集詩注壹壹紅豆三集「紅豆樹二十年復花，九月賤降時，結子一顆，河東君遣童探枝得之。老夫欲不誇爲己瑞，其可得乎？重賦十絕句，示遵王，（寅恪案，此題前第陸題爲「遵王賦胎仙閣看紅豆花詩，吟嘆之餘，走筆屬和。」八首。故云，「重賦」。其詩後附有錢曾「紅豆樹二十年不花，今年夏五，忽放數枝。牧翁先生折供胎仙閣，邀予同賞，飲以仙酒，酒酣，命賦詩，援筆作斷句八首。」一題。）更乞同人和之。」云：

院落秋風正颯然。一枝紅豆報鮮妍。夏梨弱棗尋常果，此物眞堪薦壽筵。

春深紅豆數花開。結子經秋只一枚。王母仙桃餘七顆，爭教曼倩不偷來。

二十年來綻一枝。人間都道子生遲。可應滄海揚塵日，還記仙家下種時。

秋來一顆寄相思。葉落深宮正此時。舞輟歌移人既醉，停觴自唱右丞詞。

朱噣啣來赤日光。苞從鶉火度離方。寢園應並朱櫻獻，玉座休悲道路長。
千葩萬蘂葉風凋。一撚猩紅點樹梢。應是天家濃雨露，萬年枝上不曾銷。
齊閣燃燈佛日開。丹霞絳雪壓枝催。便將紅豆興雲供，坐看南荒地脈迴。
炎徼黃圖自討論。日南花果重南金。書生窮眼疑盧橘，不信相如賦上林。
旭日平臨七寶闌。一枝的皪殷流丹。上林重記虞淵簿，莫作南方草木看。
紅藥闌干覆草萊。金盤火齊抱枝開。故應五百年前樹，曾裹儂家錦繡來。

有學集叁玖「與族弟君鴻求免慶壽詩文書」略云：

夫有頌必有罵，有祝必有咒，此相待而成也。有因頌而招罵，因祝而招咒，此相因而假也。今吾撫前鞭後，重自循省，求其可頌者而無也。少竊虛譽，長塵華貫，榮進敗名，艱危苟免。無一事可及生人，無一言可書册府。瀕死不死，偷生得生。絳縣之吏不記其年，杏壇之杖久懸其脛。此天地間之不祥人，雄虺之所慭遺，鵂鶹之所接席者也。子如不忍於罵我也，則如勿頌。子如不忍於咒我也，則如勿祝。以不罵爲頌，頌莫禕焉。以無咒爲祝，祝莫長也。

牧齋尺牘中「與君鴻」云：

村居荒僻，繙經禮佛，居然退院老僧。與吾弟經年不相聞問，不謂吾弟記憶有此長物也。日月逾邁，忽復八旬，敕斷親友，勿以一字詩文枉賀。大抵賀壽詩文，只有兩字盡之。一曰罵，二曰咒。本無可賀而賀，此罵也。老人靠天翁隨便過活，而祝之曰長年，曰不死，此咒也。業已遍謝四方，豈可自老弟破例耶？若盛意，則心銘之矣。來詩佳甚，漫題數語，勿怪佛頭拋糞也。詩箋已領，不煩再加繕寫也。謝謝！（寅恪案，此札與前札，辭壽之旨雖同，而詳略有異。頗疑此札乃復其族弟之私函，前札則屬於致親朋之公啓。故此札乃前札之藍本也。）

歸莊集叁「某先生八十壽序」略云：

先生之文云，絳縣之老，自忘其年。杏壇之杖，久懸其脛。據所用論語之事，先生蓋自罵爲賊矣。吾以爲賊之名不必諱。李英公嘗自言少爲無賴賊，稍長爲難當賊，爲佳賊，後卒爲大將，佐太宗平定天下，畫像凌煙閣。且史臣之辭，不論國之正僭，人之賢否，與我敵，即爲賊。是故曹魏之朝，以諸葛亮爲賊。拓跋之臣，以檀道濟爲賊。入主出奴，無一定謂。然則賊之名何足諱，吾惟恐先生之不能爲賊也。先生自罵爲賊，吾不辨先生之非賊，又惟恐先生之非賊，此豈非以罵爲頌乎？先生近著有太公事考一篇，（寅恪案，有學集肆伍「書史記齊太公世家後」末云：「今秋脚病，蹣跚顧影，明年八十，恥隨世俗舉觴稱壽，聊書此以發一笑，而並以自勵焉。」玄恭所言，即指此文。）舉史傳所稱而參互之，知其八十而從文王，垂百歲而封營丘。先生之寓意可知。莊既以先生之自戲者戲先生，亦以先生之自期者期先生而已，他更無容置一辭也。先生如以莊之言果詛也，果駡也，跪之階下而責數之，罰飲墨汁一斗，亦惟命。如以爲似詛而實祝，似駡而實頌也，進之堂前，賜之卮酒，亦惟命。以先生拒人之爲壽文也，故雖以文爲獻，而不用尋常壽序之辭云。

寅恪案，河東君於牧齋生日，特令童探枝得紅豆一顆以爲壽，蓋寓紅豆相思之意，殊非尋常壽禮可比。河東君之聰玥能得牧齋之歡心，於此可見一端矣。又陳琰藝苑叢話玖「錢牧齋字受之」條云：

柳於後園劃地成壽字形，以菜子播其間，旁栽以麥。暮春時候，錢登樓一望，爲之狂喜，幾墜而顛。

此雖是暮春時事，與牧齋生日無關。但河東君之巧思以求悦於牧齋，亦一旁證也。遂並附記於此。兹更擇錄後來諸家關於芙蓉莊，即紅豆莊之詩文三則於下，藉見河東君以紅豆爲牧齋壽一舉及牧齋紅豆詩之流播久遠，殊非偶然也。

柳南隨筆伍「芙蓉莊」條云：

芙蓉莊在吾邑小東門外，去縣治三十里，顧氏別業也。某尚書爲憲副臺卿公外孫，故其地後歸尚書。莊有紅豆樹，又名紅豆莊。樹大合抱，數十年一花，其色白。結實如皂莢，子赤如櫻桃。順治辛丑，是花盛開，邑中名士咸賦詩紀事。至康熙癸酉再花，結實數斗，村人競取之。時莊已久毁，惟樹存野田中耳。今樹亦半枯，每歲發一枝，訖無定向。聞之土人，所向之處，稻輒歉收，亦可怪也。唐詩紅豆生南國。又云紅豆啄餘鸚鵡粒。未知即此種否，俟再考之。

顧備九鎮虞東文録捌「芙蓉莊紅豆樹歌」云：

田園就蕪三徑荒。秋風破我芙蓉莊。莊中紅豆久枯絶，村人猶記花時節。花時至今七十年。我生已晚空流傳。一宵纖芽發故處。孫枝勃窣兩三樹。此樹移來自海南。曲江（自注：「族祖諱耿光。」）手植世澤覃。錢家尚書我自出。庾信曾居宋玉宅。紅豆花開及壽時。尚書誇誕賦新詩。我嘗讀詩感胸臆。鳩占中間僅一息。今得神明復舊觀。古根不蝕精神完。（下略。）

孫子瀟原湘天眞閣集壹玖「芙蓉莊看紅豆花詩」序云：

吾鄉芙蓉莊紅豆樹，自順治辛丑花開後，至今百六十又四年矣。乾隆時樹已枯，鄉人將伐爲薪，發根而蛇見，遂不敢伐。閲數年復榮，今又幢幢如蓋矣。今年忽發花滿樹，玉蘂檀心，中挺一莖，獨如丹砂，莖之本轉綠，即豆莢也。辛烈類丁香，清露晨流，香徹數里，見日則合矣。王生巨川邀余往觀，爲乞一枝而歸。葉亦可把玩，瓏瓏不齊。王生言，至秋冬時，丹黄如楓也。道光四年五月記。

復次，紅豆雖生南國，其開花之距離與氣候有關。寅恪昔年教學桂林良豐廣西大學，宿舍適在紅豆樹下。其開花之距離爲七年，而所結之實，較第壹章所言摘諸常熟紅豆莊者略小。今此虞山白茆港錢氏故園中之紅豆猶存舊篋，雖不足爲植物分類學之標本，亦可視爲文學上之珍品也。

寅恪論述牧齋八十生日事既竟，請附論牧齋晚年臥病時一段饒有興趣之記載於下。

恬裕齋瞿氏藏牧齋楷書蘇眉山書金剛經跋橫幅墨蹟，其文後半節云：

> 病榻婆娑，繙經禪退，杜門謝客已久。奈文魔詩債不肯捨我，友生故舊四方請告者繹絡何！今且休矣，執筆如握石，看書如障綃，窮年老朽，如幻泡然，未知能圓滿此願否？後人克繼我志者，悉爲潢池完好，以此跋爲左券云。
>
> 海印弟子八十一翁蒙叟錢謙益拜書

又後跋云：

> 老眼模糊不耐看。繙經盡日坐蒲團。東君已漏春消息，猶覺攤書十指寒。
>
> 立春日早誦金剛經一卷，適河東君以棗湯餉余，坐談鎮日。檢趙文敏金汁書蠅頭小楷楞嚴經示余。余兩眼如蒙霧，一字見不，（寅恪案，「見不」當作「不見」。）腕中如有鬼，字多舛謬，詫筋力之衰也。口占一絕，並誌跋後。甲辰立春日蒙叟題。

寅恪案，依鄭氏近世中西日曆表，康熙三年甲辰立春爲正月初八日。若有差誤，亦不超過兩三日。考牧齋卒於甲辰五月廿四日，其作此絕句時，已距死期不遠。河東君本居白茆港之紅豆莊，正月初八日其在常熟城內錢氏舊宅者，或因與牧齋共度除夕，或由牧齋病勢已劇，留住侍疾，不再返白茆港，皆未能確定。但據此兩跋及詩句，可以推知牧齋垂死時猶困於「文魔詩債」有如是者，殊爲可嘆。又觀其與河東君情感篤摯，至死不變，恐牧齋逝世後，若無遵王等之壓迫，河東君亦有身殉之可能也。

關於錢柳之死及錢氏家難本末，本章首已詳引顧苓河東君傳，今不重錄。虞陽說苑甲編有「河東君殉家難事實」一書，所載韓世琦安世鼎等（韓氏見乾隆修江南通志壹佰伍職官志江蘇巡撫欄。安氏見同書壹佰陸職官志蘇松常兵備道欄。）當時公文頗備，不能盡錄，但擇其最有關者，稍加解釋。茲除河東君遺囑並其女及婿之兩揭外，略附述當日爲河東君伸冤諸人之文字，亦足見公道正義之所在也。至同時人及後來吟詠錢柳之詩殊多，以其無甚關涉，除黃梨洲龔芝麓等數首外，其餘概從省略。

黃太沖思舊錄「錢謙益」條云：

> 甲辰余至，值公病革。一見即云以喪葬事相託。余未之答，公言顧鹽臺求文三篇，潤筆千金。亦嘗使人代草，不合我意，固知非兄不可。余欲稍遲，公不可。即導余入書室，反鎖於外。三文，一顧雲華封翁墓誌，一雲華詩序，一莊子注序。余急欲出外，二鼓而畢。公使人

將余草謄作大字，枕上視之，叩首而謝。余將行，公特招余枕邊云，惟兄知吾意，歿後文字，不託他人。尋呼孫貽（寅恪案，牧齋子孫愛，字孺貽。梨洲混爲「孫貽」。）與聞斯言。其後孫貽別求於龔孝升，使余得免於是非，幸也。

柳南續筆叁「賣文」條略云：

東澗先生晚年貧甚，專以賣文爲活。甲辰夏臥病，自知不起，而喪葬事未有所出，頗以爲身後慮。適鹾使顧某求文三篇，潤筆千金。先生喜甚，急倩予外曾祖陳公金如代爲之，然文成而先生不善也。會餘姚黃太沖來訪，先生即以三文屬之。越數日而先生逝矣。（寅恪案，牧齋尺牘中載「與陳金如」札十九通。其中頗多託代撰文之辭。又光緒修常昭合志稿叁壹陳燦傳附式傳云：「陳式字金如。副貢生。行己謹敕，文筆溫麗。」等語，皆可供參證。）

江左三大家詩鈔叁卷末載盧綋跋云：

吳江顧君茂倫趙君山子有三大家詩鈔之輯。刻既成，乃以弁言來命。憶綋于虞山，相遇最晚。壬寅歲以駐節海虞，始得近趨函丈。初見懽若生平，勤勤慰勉。不二年，且奄逝矣。易簀之前二日，貽手書，以後事見囑，是不可謂不知己也。康熙七年歲次戊申春季楚蘄受業盧綋頓首譔。

民國修湖北通志壹伍貳盧綋傳略云：

盧紘字元度，一字澹巖。蘄州人。順治乙丑進士。屢遷蘇松參議，長蘆鹽運使。嘗修蘄州志，錢謙益甚稱之。著有四照堂文集三十五卷，樂府二卷。

牧齋尺牘壹「致盧澹巖」四首。其一略云：

老公祖以遷固雄文，發軔蘄志。謹承台命，聊援禿管，以弁簡端。承分清俸，本不敢承。久病纏綿，資生參朮，藉手嘉惠，以償藥券。

其二略云：

頃蒙翰教，謹於尊府君志中添入合葬一段，以文體冗長，但撮略序次，不能如梅村志文之詳贍也。腆貺鄭重，不敢重違台意，敢再拜登受。（寅恪案，有學集補「盧府君家傳」及「盧氏二烈婦傳」並牧齋外集捌「四照堂文集序」等，皆牧齋爲盧氏一門所作之文也。）

其三云：

昨者推士民之意，勒碑頌德，恨拙筆無文，不足以發揚萬一，殊自愧也。（寅恪案，頌德碑乃歌功頌德之文。牧齋作此碑文必有潤筆。此潤筆之資，雖非澹巖直接付出，但必鄉人受盧氏之指示而爲者，其數目當亦不少。然則此亦澹巖間接之厚貺也。）

其四云：

重荷翰貺，禮當叩謝。辱委蘄志序，須數日內力疾載筆。（寅恪案，據其內容，此札應列第壹通之前。）

寅恪案，牧齋賣文爲活之事，前已於第伍章黃毓祺案節論及之。今觀梨洲東溆澹巖關於牧齋垂死時之記載，益可知其家無餘貲，貧病交迫之實況矣。至若牧齋致盧澹巖札，尤足見其晚年之窮困，非賣文不能維持生計及支付醫藥之費。總之，此雖爲牧齋家庭經濟問題，但亦河東君致死主因，故不憚煩瑣爲之饒舌也。

「柳夫人遺囑」云：

汝父死後，先是某某並無起頭，竟來面前大罵。某某還道我有銀，差遵王來逼迫。遵王某某皆是汝父極親切之人，竟是如此詐我。錢天章犯罪，是我勸汝父一力救出，今反先串張國賢，騙去官銀官契，獻與某某。當時原云，諸事消釋。誰知又逼汝兄之田，獻與某某。賴我銀子，反開虛賬來逼我命，無一人念及汝父者。家人盡皆捉去，汝年紀幼小，不知我之苦處。手無三兩，立索三千金，逼得汝與官人進退無門，可痛可恨也。我想汝兄妹二人，必然性命不保。我來汝家二十五年，從不曾受人之氣，今竟當面凌辱。我不得不死，但我死之後，汝事兄嫂，如事父母。我之冤仇，汝當同哥哥出頭露面，拜求汝父相知。我想陰司，汝父決不輕放一人。垂絕書示小姐。

威逼姓名，未敢原稿直書，姑闕之。

「孝女揭」云：

揭爲婪贓殺命，奇陷屠門，勢抗縣憲，威脅大吏。母泣冤沈，女號公磔事。竊父母與舅姑一也。不能爲孝婦者，竊願爲孝女。生事與死事一也。不得報恩於生前者，竊願報仇於死後。如今日活殺吾母柳氏一案，操戈而殺母者，獸族謙光與獸姪孫曾也。主謀而令其殺者誰，呼其名，無不疾首痛心，稱其爵，無不胆戰股慄，敍其惡，無不髮豎眥裂。在今血控，不敢顯觸其兇鋒，嗣後登聞，誓必直陳其惡款。止就二獸之罪案，涕泣而歷陳之。我母柳氏，係本朝秘書院學士我父牧齋公之側室，本朝唐令兄孺貽之庶母也。母歸我父九載，方生氏。母命不辰，止有一女。我父不忍嫁氏，因贅翰林院趙月潭公之第三子爲婿。依依膝下者，四歷寒暑。每以不得侍奉舅姑爲疚。不料父年八十有三，染病益篤。氏助兄嫂日侍湯藥，身不克代，乃於五月二十有四日，一旦考終。嗚呼痛哉！方思與兄共守苫塊，以盡半子之誼，以終哀戚之期，而後託吾母於嫡兄，從吾夫以歸養。豈期族難陡作，貴賤交熾。昔之受厚恩於吾父者，今日忽挺戈而入室。昔之求拯救於吾父者，今日忽背噬而甘心。昔之呼高上於堂下，執弟子於門牆者，今日忽揭竿樹幟，眈眈而逐逐，如錢謙光錢曾，其手倡斬喪者也。謙光係行劣徒夫，不齒婣族，曾則爲銷奏之黜衿也。（寅恪案，奏銷事可參孟心史森明清史論著集刊上「奏銷案」一文。）於分爲曾姪孫，於誼爲受業門人。其飲斯食斯，舉書學字，得以名列膠庠，家稱封殖者，伊誰之力，而一旦背義滅倫至此。噫！異矣！其挾命而酷炙，則曰某。其狐假而虎逼，則曰某。其附會而婪烹，則曰某。始焉逼我杯皿，以九爵進未已也。少焉扞釘膏腴六百畝矣。少焉俘獲僮僕十數輩矣。痛毀之餘，不敢爰及干戈，而惡等反視爲弱肉，益肆鴟張。復於六月二十八日，大聲疾呼曰，我奉族貴命，立索柳氏銀三千兩。有則生，無則死。毋短毫釐，毋遲瞬息，毋代貲飾。忽而登幕，忽而入室，忽而漸臥，直逼吾母無地自容，登樓吮血，囑咐煌煌。嗟乎！以吾父歸田之後，賣文爲活，煢煢女子，蓄積幾何，而有此現帑三千，以供狼獸之婪逼哉？族梟權僕密佈環糾，擦拳磨掌，穢身肆詈。斯時吾母即不死，不可得也。即不速死，亦不可得也。因遂披麻就縊，解經投繯。威逼之聲未絕於閫外，而呼吸之氣已絕於閨中。嗚呼痛哉！比之斧鑕爲尤甚，較之鼎鑊爲尤慘者也。五内崩裂，痛聲徹外，惡始抱頭竄鼠，棄帽微行，追之不及，奔告捕衙門驗縊解經，隨告本縣驗傷暫殮。復控糧道，仰係審解。兄隨刊布血情，近陳都邑，遠達京師。巨惡情虚慮播，哀浼戚紳，吐贓服罪，盡收梓刻。至今揭板原贓，現貯居間，豈其陽爲求息，陰肆把持？赫赫當權，誰能抗令？雖有執法之神明，莫制負隅之魑魅。僅將獸光薄杖，獸曾薄擬。嗟乎！以立逼立斃之人命，與六百兩六百畝之眞贓，而止以薄懲定案，豈所以上報王章，下慰冤魂哉？兄因一控鹽憲，再控撫憲，俱批蘇常道親審招牌。惡復賁謀賄縣，任意抗違。賄差楊安，不解不審。

視憲詞爲兒戲，賤母命爲草菅，棺骸慘暴，案獄浮沉，五罪五刑，有此不論不議之律乎？惡慮命確贓眞，到底難逃重辟，乃遂幻造流言，鑿空飛駕，始焉殺吾母一人之命也，今且殺吾父兄閤門之命及其子孫也。狼謀叵測，一至是哉！在兄孺飴賦性柔孱，或迫於權重。在夫趙管，弱齡緦壻，或阻於嚴親。而氏也仰事惟母，母也俯育惟氏，母既不惜一死以報父，氏亦何惜一死以報母。從此身命俱損，舅姑莫養，行即觸階哭憲，旋復擊鼓叩閽，誓不與殺母之賊共戴一天。嗟乎！帷車袖劍，有白日報父之趙娥，抉目掩皮，有道旁殉弟之聶姊。事狀罄竹難書，止就六月廿六日至廿八日。謂區區女子遂無尺寸之刃哉？敢揭之以告通國，伏乞當道滿漢大人，各郡縉紳先生鼎持公道，斧磔元凶，慰死救生，合門幸甚！康熙三年七月嫡女錢氏謹揭。

「公婿趙管揭」云：

謹陳逼死實跡事，痛岳父於五月二十四日去世，驀遭凶惡錢曾錢謙光等搆釁謀害，恣意擇之，逼寫田房，擄穽僮僕，凌虐岳母絕命時，三日夜內事言之。岳母柳氏有糶米納官銀兩，向貯倉廳張國賢收管。錢曾錢謙光探知，廿六日擒國賢妻並男張義至半野堂，官刑私拷，招稱倉廳上有白銀六百兩。錢曾即遣家人陸奎先索去銀杯九只，此廿六日午後也。黃昏後，復令陸奎押張義到倉廳取前銀。義將蒲包裹木匣，付陸奎手持去。曾又突至孝幕中，岳母以曾爲受恩岳父之人，伏地哀泣。曾猶談笑自若。其時恐嚇之語，不可盡述。廿七日曾遣奎來傳言。其話比前尤甚。是日逼去家財及葉茂陳茂周和。僮僕輩盡皆股慄散去。黄昏時，曾復喚徐瑞來傳述云，要我主持，須先將香鑪古玩價高者送我。廿八日謙光先來向管云，汝與岳母説云，速速料理貴人，否則禍即到矣。言畢竟出。頃之曾來，直入孝幕，坐靈牀前，大呼曰，止隔明日一日矣。各貴諸奴俱已齊集，即來吵鬧，不得開喪。復至書房内，大張聲勢。管懼其威燄，不敢置可否。坐逼良久，曾方出門，而謙光又踵至矣。云，汝家事大壞，遵王現在坊橋上，須請遵王來，方可商量。適曾亦令奎來。謙光隨令請至。二人一唱一和，皆云我奉族貴令，必要銀三千兩，如少一釐，不下事。命管傳言。岳母驚駭不能答。二人復傳内王進福妻出去，所言皆人所不能出之口者。復命一催促幾次。許之田房。謙光云，芙蓉莊已差十六人發四舟去搬矣。誰要汝田？管復力懇一時無措。二人云，三千兩原有幾分分的，斷少不得。隨分付要吃葷點心。吃過，復喚王進福妻傳話，大聲叱咤，今日必等回報，然後去得。岳母云，稍静片刻，容我開賬。攜筆紙登樓。二人在外大叱管云，初一日先要打汝夫妻出門。還不速速催促。被逼不過，只得入户，見樓緊閉，踢開時，岳母已縊死矣。管急趨出，二人棄帽逃竄。趕至坊橋，二人拚命逃奔，躲匿族貴家中，不能追獲。此實情實事也。乘喪威逼，固非一人，投繯之時，惟此二賊。悉載岳母遺囑中。另録刊布。先此略述一二，以俟伸雪云。

寅恪案，河東君遺囑前已節引，以其與趙管夫婦兩揭，同爲錢氏家難主要文件，故全錄三文，並略加以論述。遺囑中所謂「某某」，即錢朝鼎。由遺囑後其女所附「威逼姓名未敢原稿直書，姑闕之。」及其揭中所云：「主謀而令其殺者誰？呼其名，無不疾首痛心。稱其爵，無不膽戰股慄。敍其惡，無不髮豎眥裂。在今血控，不敢顯觸其兇鋒。嗣後登聞，誓必直陳其惡款。」等語，可知此人當日在常熟之勢力爲何如矣。

「原任蘇州府常熟縣知縣瞿四達揭」略云：

揭爲貪紳屠族逼命，義切同仇，冒死直陳事。今夏五（牧翁錢）夫子亡後匝月，遽有逼死柳夫人之變。及問致死者誰？則貪惡俗紳錢朝鼎也。請陳其實。朝鼎爲浙臬司，婪張安茂厚賂，内有銀杯兩隻，工鐫細文「茂」字於杯脚。天敗落四達之手。先年具揭首告，朝鼎挽腹親，王曰，俞解其事。此大證佐也。爲科臣柯諱聳張諱惟赤交章通劾，故雖躐升副憲，並未到任，旋奉嚴旨。何嘗一日眞都憲哉？今猶硃標都察院封條告示，封芙蓉莊房屋。其逼死柳夫人實案一。朝鼎居官狼藉，如湖州司李龔廷歷情極刎頸，若浼錢夫人捨身挽救，得豁重罪，乃反誣以受賂。當夫子疾篤臥牀，即遣狼僕虎坐中堂，朝暮逼索，致含憤氣絕。隨逼柳婿趙生員含淚立虛契，奪田四百畝。其逼死柳夫人實案二。夫子生前分授柳家人張國賢，以知數久，家頗溫。夫子亡未及二七，朝鼎遽拿國賢於靈柩前，杖八十，夾兩棍，逼獻銀四百六十兩，米二百石。柳母子痛哭求情，面加斥辱，穢媟不堪。其逼死柳夫人實案三。凡此三案，法應按律治罪，追贓充餉，朝鼎其何辭？乃僅治虎翼之罪，卸禍錢謙光錢曾二人，欲草草了此大獄。夫謙光等行同狗彘，死有餘辜。雖肆諸市朝，豈足令堂堂宮保烈烈幽魂，瞑目地下哉？

光緒修常昭合志稿貳陸耆舊門錢朝鼎傳略云：

錢朝鼎字禹九，號黍谷。順治丁亥進士。授刑部主事，歷員外郎中，升廣東提學道。端士習，正文風，爲天下學政最。轉浙江按察使，誓於神曰，歸橐名一錢，立殛死。超擢副都御史，忌者託詞稽留欽案，露章參之。丁内艱，服闋，補鴻臚卿，遷大理少卿。

寅恪案，瞿四達此揭所言錢朝鼎豪霸惡蹟，即就以解任已久之封條封閉芙蓉莊一事，可爲明證。至牧齋之殞命，亦因朝鼎遣僕登堂，朝暮逼索所致。然則朝鼎不但逼死河東君，亦逼死牧齋矣。朝鼎在鄉何以有如此權勢，恐與四達揭中所云：「朝鼎挽腹親，王曰，愈解其事。」等語有關。「腹親」二字，疑爲「福晉」之別譯。即滿文「王妃」之義。以當日情事言之，漢人必不能與滿洲親王發生關係。疑四達所指之王，乃尚可喜。據道光修廣東通志肆叁職官表叁肆載：

錢朝鼎。順治十年任廣東提學道。

張純熙。順治十三年任廣東提學道。

清史列傳柒捌尙可喜傳略云：

尙可喜遼東人。崇禎初，可喜爲廣鹿島副將。據廣鹿，遣部校盧可用金玉奎赴我朝納款，時天聰七年十二月也。崇德元年封智順王。七年錦州下，賜所俘及降户。可喜奏請以部衆歸隸漢軍。於是隸鑲藍旗。八年隨鄭親王濟爾哈郎征明。順治元年四月隨睿親王多爾衮入山海關，擊敗流賊李自成。六年五月改封平南王，賜金册金印。統將士征廣東。擕家駐守。十三年賜敕記功，歲增藩俸千兩。是時粤地皆隸版圖。〔康熙〕四年諭曰，近聞廣東人民爲王屬下兵丁擾害，失其生理。此皆將領不體王意，或倚爲王親戚，以小民易欺，唯圖利己，恣行不法之故。自今務嚴加約束，以副委任。

可知朝鼎任廣東提學道之時，在可喜「統將士征廣東，擕家駐守。」之期間。豈朝鼎爲平南王之親戚，故習於「唯圖利己，恣行不法。」耶？俟考。

虞陽說苑乙編後虞書云：

瞿知縣四達比較錢糧，即過銷單，必加夾打，云以懲後。

又云：

瞿知縣殺諸生馮舒於獄。邑中各項錢糧，惟舒獨知其弊。諸生黄啓耀等，合詞上瞿貪狀。瞿以賄飾。疑詞出舒手。故殺之。

今若援以常昭合志稿所載朝鼎事蹟，則爲能「端士習，正文風」。「歸槖不名一錢」及「執法持正」之人。而後虞書則謂瞿四達乃一貪酷之縣官。由是觀之，明清間之史料，是非恩怨，難於判定，此又一例也。

家難事實附各臺讞詞「督糧道盧，爲伐喪殺命等事批。」云：

錢謙光以宦門宗裔，甘作無良，乘喪挾威，逼柳氏投繯，命盡頃刻，誠變出意外也。尤可怪者，錢曾素以文受知太史，宜有知己之感，奈何亦爲謙光附和耶？審訊猶曉曉申辨，如詐贓一百廿兩，銀杯九隻。據張國賢供稱，陸奎經收分受，則光等之婪贓殺命，律有明條，該縣徇情玩縱，大乖讞法。但人命重情，必經地方官審究眞確，方可轉報。仰常熟縣再將有名人犯各證嚴加訊究，并分贓確數，致死根由，依律定擬入招解道，以憑轉解撫院正法，移明學道革黜。事關重案，該縣務須大破情面，贓罪合律，毋得徇縱，復煩駁結，速速繳。康熙三年又六月十九日。

寅恪案，有學集補「盧府君家傳」云：

〔紘康熙元年〕壬寅奉命督糧蘇松，建節海虞。

可知「督糧道盧」，即上引江左三大家詩鈔跋之作者盧紘，亦即上引「孝女揭」中「復控糧道，仰係審解。」之「糧道」。澹巖跋云：「易簀之前二日貽手書，以後事見囑。」可知牧齋早已預料其身死之後，必有家難。（此點可參上引瞿四達揭文「當夫子疾篤臥牀，〔朝鼎〕即遣狼僕虎坐中堂，朝暮逼索，致含憤氣絕。」等語及寅恪所論。）故以後事託盧氏。今觀澹巖批語，左袒河東君，而痛責錢謙光錢曾等，可謂不負其師之託，而河東君遺囑（詳見上引。）云：

我之寃仇，汝當同哥哥出頭露面，拜求汝父相知。

據此，澹巖乃河東君垂絕時，心中所認爲牧齋相知之一無疑。斯又可證澹巖跋中「不可謂不知己」之語誠非虛構矣。又各臺讞詞「鹽院顧，爲乘喪抄逼，活殺慘命事批。」云：

錢宦棄世，曾幾何日，而族人遽相逼迫，致其庶室投繯殞軀，風俗乖張，莫此爲甚，仰蘇松道嚴究解報。

寅恪案，此「鹽院顧」，當即上引梨洲思舊錄中之「顧鹽臺」及柳南續筆之中「鹺使顧某」，亦即求牧齋作三篇文之人。此人既欲藉牧齋之文以自重，其批語亦左袒河東君，殊不足異。但其人與牧齋似無深交，非如澹巖受業於牧齋者之比。故其批詞亦不及澹巖之嚴厲也。

復次，觀上引錢氏家難三文，當日河東君被迫死之情狀，已甚了然。唯其所謂「三千金」或「銀三千兩」者，與虞陽說苑甲編馮默菴舒撰虞山妖亂志中所言錢曾父裔肅有關。默菴之文（可參同編據梧子撰筆夢末兩段所載及河東君殉家難事實顧苓歸莊致錢遵王兩札。）略云：

錢裔肅者，故侍御岱孫，憲副時俊子也。岱罷官歸，家富於財，聲伎冠一邑。裔肅亦中順天乙卯舉人。諸孫中肅貲獨饒。有女伎連璧者，故幸於侍御，生一女矣，而被出。肅悦之，召歸，藏玉芝堂中二年，而家人不得知，與生一子，名祖彭，爲縣庠生，其事始彰。萬曆丁巳，侍御舉鄉飲，將登賓筵，一邑譁然。監生顧大韶出檄文討其居鄉不法事，怨家有欲乘此甘心者，〔錢〕尚書〔謙益〕素不樂侍御，口語亦藉藉。錢〔裔肅〕乃大懼，遽出連璧。已而侍御死，憲副亦歿。諸兄弟皆惎裔肅，有爲飛書告邑令楊鼎熙，言連璧事者，楊以諗尚書。尚書答曰，此帷箔中事，疑信相參。書似出匿名，盍姑藏弆之，當亦盛德事耶？有錢斗者，尚書族子也。素傾險好利。裔肅以尚書相昵，故亦親之。遂交搆其間，須三千金賕尚書。裔肅諾。斗又邀其家人齎銀至家。斗居城北，其鄰有徐錫策者，稱好事。詗得裔肅賍賕事，遂訟言告人。銀未入尚書家，而迹已昭著不可掩。裔肅族人時傑者，又白之於巡按御史。尚書亦唯唯，無所可否。於是其事鼎沸。時傑得賄，幾與尚書等。裔肅始以其事委尚書，出重賄，要萬全。已而尚書不甚爲力，故怨之。裔肅諸弟又日以憲副故妓人納之尚書，裔肅不得已亦獻焉。凡什器之貴重者，錢斗輩指名索取，以爲尚書歡。是時撫吳爲張公國維。尚書辛丑所取士也。以故府縣風靡，無不嚴重尚書者。裔肅所費既不貲，當事者姑以他事褫革，而置奸祖妾不問。邑人自此仄目尚書矣。

然則河東君遺囑所謂「手無三兩，立索三千金。」孝女揭所謂「奉族貴命，立索柳氏銀三千兩。有則生，無則死。」及趙管揭所謂「必要銀三千兩，如少一釐，不下事。」等語中之「三千金」，疑即此文裔肅賕尚書之「三千金」。而遵王向微仲索取之「香鑪古玩價高者」，恐即指錢斗向錢裔肅「指名索取，以爲尚書歡。」之貴重什器也。如此解釋，是否合理，仍俟更考。

又虞陽說苑甲編「過墟志感」一書，雖爲僞託，但其中用語，可與孝女揭相參校者，如稱錢曾爲「獸曾」之類是也。至劉寡婦以其家資全付與其婿錢生者，殆常熟風俗，婦人苟無親生之子，例以家資付其女及婿。此所以錢朝鼎錢曾等由是懷疑河東君以牧齋資財，盡付趙管夫婦，因而逼索特甚，致使「進退無門」，且叱管云，「初一日先要打汝夫妻出門。」故過墟志感雖爲僞託之書，於當時常熟風俗，仍有參考價值也。

復次，遵王與牧齋之關係，除光緒修常昭合志稿叁貳及同治修蘇州府志壹佰本傳外，章式之鈺錢遵王讀書敏求記校證補輯類記所載「錢曾傳」，頗爲詳盡，茲不備引，讀者可自取參閱。唯憶昔年寅恪旅居北京，與王觀堂國維先生同遊廠甸，見書攤上列有章氏此書。先生持之笑謂寅恪曰：「這位先生(指章式之)是用功的，但此書可以不做。」時市人擾攘，未及詳詢，究不知觀堂先生之意何在？特附記於此，以資談助。

又家難事實載嚴武伯熊「負心殺命錢曾公案」文云：

竊聞恩莫深於知己，而錢財爲下。罪莫大於負心，而殺命尤慘。牧齋錢公主海内詩文之柄五十餘年，同里後學硯席侍側者，熊與錢曾均受教益。今公甫逝，骨肉未寒，反顔肆噬，逼打家人徐瑞寫身炙詐銀三十六兩。今月廿八日復誣傳族勢赫奕，同錢天章虎臨喪次，立逼柳夫人慘縊。亙古異變，宇宙奇聞。熊追感師恩，鳴鼓討賊。先此佈告，行即上控下訴，少效豫讓吞炭之意。

王漁洋感舊集壹貳「嚴熊」條，盧見曾補傳云：

熊字武伯，江南常熟人。有雪鴻集。

小傳下附宋琬安雅堂集「武伯詩序」（可參陳壽祺郎潛紀聞捌「虞山錢宗伯下世」條。）云：

錢牧齋先生常顧余于湖上，語及當代人物。先生曰，吾虞有嚴生武伯者，縱横跌蕩，其才未易當也。後與武伯定交吳門，先生已撤琴瑟再閏矣。武伯身長八尺，眉宇軒軒，驟見之，或以爲燕趙間俠客壯士也。酒酣以往，爲言先生下世後，其族人某，妄意室中之藏，糾合無賴，囂於先生愛妾之室，所謂河東君者，詬厲萬端，迫令自殺。武伯不勝其憤，鳴鼓草檄，以聲其罪。其人大慚，無所容。聆其言，坐客無不髮上指者。嗚呼！何其壯哉！又一日飲酒，漏三鼓，武伯出先生文一篇示余，相與辨論，往復不中意，武伯鬚髯盡張如蝟毛，欲擲鐵燈檠於地者再，厥明酒醒，相視而笑曰，夜來眞大醉也。雖狂者之態固然乎？而其護師門如干城，不以生死易心，良足多也。

龔鼎孳定山堂集肆貳康熙丙午迄庚戌存笥稿「嚴武伯千里命駕，且爲虞山先生義憤，有古人之風，於其歸，占此送之。」七絕五首云：

清秋紈扇障西風，紅豆新詞映燭紅。扣策羊曇何限淚，一時沾灑月明中。
死生膠漆義誰陳。挂劍風期白首新。却笑關弓巢卵事，當時原有受恩人。
河東才調擅風流。賭茗拈花是唱詶。一著到頭全不錯，瓣香齊拜絳雲樓。
高平門第冠烏衣。珠玉爭看綵筆飛。曾讀隱侯雌霓賦，至今三嘆賞音稀。
君家嚴父似嚴光。一臥谿山歲月長。頭白故交零落盡，幾時重拜德公牀。

寅恪案，牧齋與嚴氏一家四代均有交誼，前已言及。晚歲與武伯尤爲篤摯。觀上列材料並有學集叁柒「嚴宜人文氏哀辭並序」，（此序前已引。）同書肆捌「題嚴武伯詩卷」及「再與嚴子論詩語」等篇，可知武伯之「爲虞山先生義憤」，固非偶然。但武伯之「縱橫跌蕩」「眉宇軒軒，如燕趙間俠客壯士。」自是別具風格之人。故其與錢曾輩受恩於牧齋者同，而所以報之者迥異也。

河東君殉家難事實一書中尙有嚴熊「致錢求赤書」一通云：

往年牧翁身後，家難叢集，破巢毀卵，傷心慘目，孺貽世翁長厚素著，飲恨未申，至不能安居，薄遊燕邸。弟客春在北，每見名賢碩彥，罔不憐念之者。豈歸未逾月，仁兄首發大難，出揭噬臍，必欲斬絕牧齋先生之後，意何爲耶？況仁兄此揭不過爲索逋而起，手書歷歷，要挾在前，難免通國耳目。嗚呼！索逋如此，萬一事更有大於索逋者，仁兄又將何以處之乎？

光緒修常昭合志稿貳陸錢裔僖傳附族人上安傳略云：

族人上安，原名孫愛，字孺貽。順時曾孫。性孤介。順治丙戌舉於鄉。父歿，蒙家難，必伸其意而後已。謁選除永城令。始至，人以爲貴公子，不諳吏事。升大理評事，遂歸，閉户不見一人，即子孫罕見之。

同書叁貳錢孫保傳云：

錢孫保字求赤。謙貞子，趙士春婿也。

清史列傳柒玖貳臣傳乙龔鼎孳傳略云：

康熙元年諭部以侍郎補用。明年起都察院左都御史。三年遷刑部尚書。五年轉兵部。八年轉禮部。十二年八月以疾致仕，九月卒。

據上列之材料，可知嚴武伯至北京，乃在康熙五年丙午後，龔氏任職京師之際。而此時牧齋之從侄孫保，曾再發起向孫愛索逋之事。牧齋身後，其家況之悲慘如此，可哀也已！又曹秋岳溶靜惕堂集肆肆「嚴武伯錢遵王至」二首，其二云：

浮雲刼火動相妨。紅豆當年倚恨長。容我一瓻鴛水北，往來吹送白蘋香。

豈由於秋岳之調解，後來武伯遵王復言歸於好耶？俟考。據康熙四年正月廿七日總督郎憲牌及同年同月廿九日理刑審語，（俱見河東君殉家難事實。）知此案懸擱「五月有餘」及郎廷佐追問，始草草了事，而所加罪者，惟陸奎楊安等不足道之人及細微之款項，而錢曾等取去之六百金及勒索三千金，逼死河東君一事，則含糊不究。可知其中必有禹九之權勢及遵王之「錢神又能使鬼通天」，（見家難事實歸莊「致錢遵王書」，並可參同書李習之洊「致錢黍谷大憲咸亭御史書」及「貽錢御史第二書」黍谷即朝鼎，事蹟見上引常昭合志稿貳陸，咸亭即延宅，事蹟見同書同卷。）故可以不了了之也。當日清廷地方漢奸豪霸之欺凌平民，即此一端，可想見矣。

復次，河東君縊死之所，實在榮木樓，即舊日黃陶菴授讀孫愛之處。（可參陸翼王輯黃陶菴先生集壹陸和陶詩「和飲酒二十首序」所云：「辛巳杪冬客海虞榮木樓。」及陳樹悳輯黃陶菴年譜崇禎十四年辛巳條所云：「先生三十七歲，館虞山。」等語。）徐芳「柳夫人小傳」等所謂「自取縷帛結項，死尚書側。」則齊東野人之語，不可信也。至若俞蛟夢厂雜著齊東妄言玖「柳如是傳」等所言昭文縣署之事，其爲妄謬，則更不足道矣。

歸莊集捌「祭錢牧齋先生文」云：

先生通籍五十餘年，而立朝無幾時，信蛾眉之見嫉，亦時會之不逢。抱濟世之略，而纖毫不得展，懷無涯之志，而不能一日快其心胸。其性迂才拙，心壯頭童。先生喜其同志，每商略慷慨，談讌從容。剖腸如雪，吐氣成虹。感時追往，忽復淚下淋浪，髮豎鬔鬆。窺先生之意，亦悔中道之委蛇，思欲以晚蓋。何天之待先生之酷，竟使之賫志以終。人誰不死，先生既享耄耋矣。嗚呼！我獨悲其遇之窮。先生素不喜道學，故居家多恣意，不滿於輿論，而尤取怨於同宗。小子之初拜夫靈筵也，頗聞將廢匍匐之誼，而有意於興戎。哀孝子之在疚，方喪事之縱縱。雖報施之常，人情所同。顧大不伐喪，春秋之義。虐煢獨者，箕子所恫！聞其人固高明之士，必能怵於名義，而渙然冰釋，逝者亦可自慰於幽宮。虞山崔崔，尚湖渢渢。去先生之恆幹，飆舉於雲中。哀文章之淪喪，孰能繼其高蹤？悲小子之失師，將遂底於惛懵。自先生之遘疾，冬春再掛夫孤篷。入夏而苦賤患，就醫於練水之東。嘗馳問疾之使，報以吉而無凶。方和高詠以自慰，（可參有學集壹貳東澗集上「贈歸玄恭八十二韻，戲效玄恭體。」及同書壹叁東澗詩集下「病榻消寒雜詠四十六首」序。）豈謂遂符兩楹之夢，忽崩千丈之松。嗚呼！手足不及啓，含斂不及視，小子抱痛於無窮。跪陳詞而薦酒，不知涕之何從。尚饗！

南雷詩歷貳「八哀詩」之五「錢宗伯牧齋」云：

四海宗盟五十年。心期末後與誰傳。憑裀引燭燒殘話，囑筆完文抵債錢。（自注：「問疾時事。宗伯臨歿，以三文潤筆抵喪葬之費，皆余代草。」）紅豆俄飄迷月路，美人欲絕指箏絃。（自注：「皆身後事。」）平生知己誰人是，（自注：「應三四句。」）能不爲公一泫然。（自注：「應五六句。」)

定山堂詩集壹肆康熙壬寅迄丙午存笥稿「輓河東夫人」五律二首。其一云：

驚定重揮涕。蘭萎恰此辰。甘爲賷志事，應愧受恩人。石火他生刦，蓮花悟後身。九原相見日，悲喜話綦巾。

其二云：

豈少完人傳，如君論定稀。朱顏原獨立，白首果同歸。絕脰心方見，齊牢寵不非。可憐共命鳥，猶逐絳雲飛。

寅恪案，當時名流與牧齋素有交誼者，除黃龔歸三人外，如吳梅村者，必有追輓錢柳之作，但今不見於吳氏集中。世傳梅村家藏藁，必非最初原稿，乃後來所刪削者，由此亦可斷言矣。

錢泳履園叢話貳肆「東澗老人墓」條云：

虞山錢受翁，才名滿天下，而所欠惟一死，遂至罵名千載。乃不及柳夫人削髮投繯，忠於受翁也。嘉慶二十年間，錢塘陳雲伯(文述)爲常熟令，訪得柳夫人墓在拂水巖下，爲清理立石，而受翁之塚即在其西偏，竟無人爲之表者。第聞受翁之後已絕，墓亦荒廢。余爲集刻蘇文忠書曰「東澗老人墓」五字碣，立於墓前。觀者莫不笑之。記查初白有詩云，「生不並時憐我晚，死無他恨惜公遲。」(見敬業堂集壹陸「拂水山莊」三首之三。)君子之澤，五世而斬。信哉！

翁同龢瓶廬詩稿捌「東澗老人墓」云：

秋水堂安在，荒涼有墓田。孤墳我如是，（自注：「墓與河東君鄰。」）獨樹古君遷。（自注：「柹一，尚是舊物。」）題碣誰摹宋，（自注：「碑字集坡書。」）居人尚姓錢。爭來問遺事，欲説轉凄然。

鄧文如之誠君骨董全編骨董瑣記柒「錢蒙叟墓」條云：

常熟寶巖西三里許，曰劉神濱。再西三里，曰虎濱。兩濱適中曰界河沿，又曰花園濱，錢牧齋墓在焉。有碣題「東澗老人墓」五字，集東坡書，字逕五六寸。嘉慶中族裔所立，本宗久絕矣。河東君墓即在左近。其拂水山莊，今爲海藏寺。距劍門不遠，有古柏一，銀杏二，尚存。

寅恪案，此俱錢柳死後，有關考證之材料，故並錄之。草此稿竟，合掌説偈曰：

刺刺不休，沾沾自喜。忽莊忽諧，亦文亦史。述事言情，憫生悲死。繁瑣冗長，見笑君子。

失明臏足，尚未聾啞。得成此書，乃天所假。臥榻沉思，然脂暝寫。痛哭古人，留贈來者。

陳寅恪集後記

我們從小就知道全家最寶貴的東西是父親的文稿。從抗戰逃難直至「文化大革命」，父親文稿都是用全家最好的箱子裝載，家人呼之為「文稿箱」。避日軍空襲時，首先要帶的就是「文稿箱」。出版父親文集自然是父母，也是我們姐妹最大心願。

父親一生坎坷，抗日烽火中，顛沛流離，生活窘迫，雙目失明，暮年骨折卧床，更經痛苦。然而無論世道變換，病殘齊至，始終未曾間斷學術創作。而父親為學一貫堅持「獨立之精神，自由之思想」，「未嘗侮食自矜，曲學阿世」。如今父親全集出版，學界儻能於研究父親著述時，更知父親此種精神之所在，則為我們姐妹辛勞的最高報償。

一九六二年胡喬木同志來訪，談及文稿，父親直言：「蓋棺有期，出版無日。」胡答：「出版有期，蓋棺尚遠。」父親聽了很高興，以為有望見到文集面世。豈知「文化大革命」開始，父母備受摧殘，蒼涼離世，終未能見到陳集出版。父親生前已將出版文稿重任託付於弟子蔣天樞先生，不料文稿在「文革」中竟被洗劫一空，片紙不留。「文革」結束後，我們姐妹將歷經曲折於一九七八年五月追回的父親文稿，送交蔣天樞先生。蔣先生沒有辜負父親囑託，付出艱巨勞動，於一九八〇年主持出版了陳寅恪文集，由上海古籍出版社刊行，這只是父親文字的一部分。一九八八年六月，蔣天樞先生不幸突然病逝，於是我們姐妹繼續收集整理父親的文字。

現在出版的陳寅恪集，是在上海古籍出版社所刊印之陳寅恪文集基礎上進行的，增加了陳寅恪詩集(附唐篔詩存)，書信集，讀書札記一集(舊新唐書之部)、二集(史記、漢書、晉書、唐人小說等之部)、三集(高僧傳之部)，並講義及雜稿(兩晉南北朝史講義、唐史講義、備課筆記、論文、講話、評語、聽課筆記等)。一九八〇年出版的寒柳堂集，金明館叢稿初編、二編，隋唐制度淵源略論稿，唐代政治史述論稿，元白詩箋證稿，柳如是別傳諸集，此次出版時作了校對，除寒柳堂集中詩存併入詩集，寒柳堂記夢未定稿據一九八七年六月收回的殘稿作了校補外，其餘編排均不作變動，因父親生前託付蔣天樞先生代為出版文集過程中已親自審定文集編目及有關事宜，故仍按父親原意進行。而此次刊行全集所增補之內容，則是期望從不同角度反映父親的學術生涯。

父親的文稿墨跡命運亦如其人，頻遭劫難，面世困難。抗戰時已遺失了多箱撰有眉識的書籍，其中有的被戰火焚燬，有的在運輸途中被盜，或存放親友處丟失，現下落不明，難覓其蹤。這些皆為父親「廿年來所擬著述而未成之稿」，如蒙古源流注、世說新語注、五代史記注、佛教經典之存於梵文者與藏譯及中譯合校、巴利文長老尼詩偈集中文舊譯並補譯及解釋其詩等等(見一九四二年九月廿三日父親致劉永濟信)。而父親晚年整理就緒準備出版的文稿，於「文革」中全被查抄，「文革」過去撥亂反正後，雖於一九七八年五月及一九八七年六月兩次收回詩文稿，但仍未全部歸還。即便抗戰勝利後在清華大學授課、研究之講義、資料等，亦未曾得見。總之，散落在各處的文字，迄今尚有部分未能獲見。這次刊印父親文集，因其為目前所收集之最全者而拟名「陳寅恪全集」，轉又考慮到其實並不能「全」，故稱「陳寅恪集」。

此次父親遺作付梓，三聯書店非常重視，投入很大力量以保證質量；同時我們得到父母親朋故舊，海內外學者弟子，我們姐妹的友人以及相識或不相識的各界人士支持幫助。首先感謝蔣天樞先生一九八〇年於上海古籍出版社主持出版了陳寅恪文集，黃萱先生協助蔣先生做了不少工作。校補寒柳堂記夢未定稿及參與輯錄並審閱讀書札記等多位先生亦於此一併致謝。在我們收集父母詩文書信資料過程中，劉節先生的夫人錢澄女士，華忱之先生等將珍藏了多年「文革」劫後幸存的父親書函贈送，各種支持幫助不勝枚舉，難以一一敬列，在此謹向一切參與、推動、幫助、支持出版陳寅恪集的人士表示衷心感謝。

歷經十年的艱難曲折，陳寅恪集終於面世，當此之時，我們百感交集，真不知何以表述其經過於萬一。出版陳集為中外學者深望，此書之所以遲至今日方能面世，其間有許多我們始料未及的困擾，於此無需細述。而今陳集業已付印，我們希望以此集告慰逝去的父母，父親自謂「文字結習與生俱來，必欲於未死之前稍留一二痕跡以自作紀念」，他於「賸有文章供笑罵」之時，尚望「後世相知儻破顏」。我們更希望將父親的這些文字，作為祖國文化遺產，獻給後世相知。

陳流求 美延 謹述　一九九九年七月三日父親誕生一百零九週年

陳寅恪集再版説明

三聯書店出版的陳寅恪集十三種十四册，自二〇〇一年一月至二〇〇二年五月面世後，時逾八載。現藉再版重印的機會我們做了少量校勘修訂工作，如：糾正個別誤字、圖片説明；唐代政治史述論稿對照手寫本唐代政治史略稿，個別詞句作了變動；略增改書信集、詩集中的某些注釋；更正書信集中致傅斯年、致胡適、致聞宥少數函件的時間認定，編排順序也相應有所變動。但未及增補近年來新發現的一些陳寅恪信札、詩作，亦屬憾事。

在此，特向熱心提供資料及指出陳寅恪集中訛誤的讀者朋友，致以衷心謝忱！並希望此次再版重印後仍一如既往得到大家的支持和幫助。

陳流求
陳美延　二〇〇九年四月